01
数字经济
·系列·

数字经济大变局

The Unprecedented Challenges of Digital Economy

龚六堂 李志男 张微
——著

世界图书出版公司
北京·广州·上海·西安

图书在版编目（CIP）数据

数字经济大变局 / 龚奕，李志男，张微著. — 北京：世界图书出版有限公司北京分公司，2023.1
ISBN 978-7-5192-9537-0

Ⅰ.①数… Ⅱ.①龚… ②李… ③张… Ⅲ.①信息经济—研究 Ⅳ.①F49

中国版本图书馆CIP数据核字（2022）第069830号

书　　名	数字经济大变局 SHUZI JINGJI DA BIANJU
著　　者	龚　奕　李志男　张　微
策划编辑	徐国强
责任编辑	张绪瑞　夏　丹
出版发行	世界图书出版有限公司北京分公司
地　　址	北京市东城区朝内大街137号
邮　　编	100010
电　　话	010-64038355（发行）　64033507（总编室）
网　　址	http://www.wpcbj.com.cn
邮　　箱	wpcbjst@vip.163.com
销　　售	新华书店
印　　刷	三河市国英印务有限公司
开　　本	710mm × 1000mm　1/16
印　　张	21
字　　数	316千字
版　　次	2023年1月第1版
印　　次	2023年1月第1次印刷
国际书号	ISBN 978-7-5192-9537-0
定　　价	68.00元

出版说明

数字经济是指以数据资源作为关键生产要素、以现代信息网络作为重要载体、以信息通信技术的有效使用作为效率提升和经济结构优化的重要推动力的一系列经济活动。

近年来，数字经济发展速度之快、辐射范围之广、影响程度之深前所未有，正在成为重组全球要素资源、重塑全球经济结构、改变全球竞争格局的关键力量。人类社会正在进入以数字化生产力为主要标志的新阶段，数字经济已经成为引领科技革命和产业变革的核心力量。

世界图书出版公司是中国出版集团旗下唯一的科技类出版社，多年来为我国科技和教育的发展做出了重要贡献。当此人类经济丕变之局，世图公司推出“数字经济系列”，拟编选有关互联网、大数据、云计算、元宇宙、人工智能、另类数据、能源转型、数字制造、数字化治理、数字新基建等一系列主题的优秀原创著作，开阔知识视野，启迪管理思维，促进产业转型，引领社会进步，共襄时代盛举。

世界图书出版公司

2023年1月

序

人活不过百年，知识却可以记录、传承几千年甚至更久。人死立碑，几百年模糊难辨；知识却可以世代相传，永远保存在人类发展史上。知识从口耳相传到文字记录，从竹简到纸张，从电子设备到信息产品，所有的载体都远远短于知识本身的寿命。确保知识生命的延续，最好的路径，一是更广泛更快速地传播，二是更高效、更深刻地被记录和使用。前者造就了互联网经济，后者成就了数字经济。

从互联网经济到数字经济，这场大变局，不仅是劳动者对知识、智慧需求的提升，更是世界发展的主要趋势。全球各国各地积极发展数字经济的主要原因还包括以下四点。

一是，在全球范围内，继续发展全球化，必须增加要素流动性。信息经济发展至今有几个突出的缺陷：信息的不对称性；各大型信息平台的垄断行为凸显；信息的流通性受限于语言、网络结构、政治等要素；信息的所有权、准确性和价值评估等难以保证。因此，信息化虽然助力了全球化的发展，但是到了这个阶段，再依靠信息化肯定是不行的，只能发展数字化。从逻辑上说，数字化可以真正打通和链接所有的全球化要素，使它们完全流通、协同起来，加快生产、生活和交易、消费的速度，并提升它们的质量。

二是，面向未来，技术上需要自主创新，必须要突破技术垄断，探索颠覆性技术，建立智能经济基础。经济全球化的未来发展目标是生产力智能化提升和产业智能化升级，数字化刚好是实现这一目标的基础。从技术上来说，数字化技术是智能化技术的基础，智能化技术是未来智能经济的基础，所以数字技术发展是必经之路。科技发展至今，有一个趋势即借助各学科发展优势，开展交叉性研究取得创新突破，而交叉性研究的基础仍是数字化，因为数字化使技术之间便于“标准化合作”，且数字化是交叉性创新突破可验证、易验证的前提。当前还有一个较突出的技术发展趋势，由于大到全球化、小到产业链、生产链，系统的协同需要技术的扁平化，这正是数字化的用武之地，一方面扁平化技术需要数字化的链接，另一方面数字化需要扁平化技术的支撑。未来技术还有一个趋势即多维化，未来技术的集合发挥的作用远远大于各个技术本身，这是不争的事实，但是多个技术集合形成多维化的复杂技术包，以及这些多维技术包的应用、运营都需要数字化的支撑和服务。

三是，经济上的产能过剩等问题需要供给侧结构性改革，产业需要升级，生产力需要提升。从经济上来说，中西方都存在产能过剩或生产过剩的问题，数字化能从根本上避免这些问题的发生。不论是身处按劳分配或按资分配的哪一种社会，我们都有这种体会，即并非绝对的多劳多得，付出与所得有时并不成正比。这是为什么呢？是因为，我们的工作大多没有具备效率、效果及效益。在之前的社会，劳动力没有被充分发挥和分配，潜力没有得到完全释放，根本原因在于生产要素和生产力结构，将劳动力框架在劳动量的表层，缺乏对质的及时掌控。而未来，这正是数字经济要解决的根本问题。在世界发展到当前阶段，数字经济能够让人们实现各个阶层、各个社会都殷切期盼的愿景——所劳即所得。

四是，从政治上来说，各国要参与全球化，均需要优化宏观资源配置、调节机制，需要防止非国家的垄断、建立数字主权，需要打破发展上的人地财局限，实现这些目标的基础仍是数字化。数字经济与产业经济有着本质的区别，即打破人地财的局限，不再以点的形式聚集，而是以更加分散化、集散化的形式存在，再通过更普惠化、智能化、万物互联的网络链接，以优化配置、全程监管、安全保障、科学合理的方式为用户提供以数据要素化为主线地融入产业数字化和数字产业化的服务。在这一服务过程中，每个服务方都将被要求提供其最具有优势的服务，只有不断提升自身的能力并充分发挥优势，才能获得工作机会。同时，传统的由单一服务方提供服务产品的服务模式将被多服务方分工合作的服务模式所替代。因而，未来的网络化平台将不再专注于为用户提供信息服务，而是将更关注于对合作与交易模式的保障性服务。数字经济的网络将更直接、更有针对性、更细化地服务于合作与交易的各方。为了达成这一目标，需要大量的算力、算法，需要创新的服务模式，也需要更具合作与交易能力的网络。因此，相关的数字技术应用效果得以充分发挥。

前三次工业革命中各国的角色地位不同，中国正从追随者、参与者的角色努力转变为引领者。通过对比各国的技术革命路线和产业革命路线，当前我国正从技术上追赶和产业发展上学习发达国家的路线和思路，转变为选择新路线和创造新模式的思路。这得益于我国在高新科技领域的成就、市场及工业产业发展优势，特别是各要素的储备上，具备了参与第四次工业革命引领者角逐的基础。当前我国工业体系大而全、精而广，发展数字经济不仅具有工业产业优势，我国体制制度与数字经济的普惠目标也具有高度一致性。

外媒称，中国未来5～10年的四个重要工作是监管、安全、资源配置和自主创新。这四个重要工作都与数字经济密切相关，其核心都是数据。党的十九届四中全会通过的《中共中央关于坚持和完善中国特色社会主义制度、推进国家治理体系和治理能力现代化若干重大问题的决定》中明确指出："健全劳动、资本、土地、知识、技术、管理、数据等生产要素由市场评价贡献、按贡献决定报酬的机制。"首次将数据确定为第七种生产要素。从根本上指明了我国的发展方向，已从生产结构变革转变为生产力、生产要素的变革。这对中国来说是一场数字经济大变局。

虽然变局已至，但大多数人尚未能明晰这场变局的前世、今生和来世。在此，我们总结和探讨了包括"什么是数字经济""世界数字经济局势""中国数字经济局势""产业数字化""数字产业化""数字化治理""数字新基建""数字经济发展趋势""数字经济未来展望"九个主题。希望同有志于数字经济的朋友共同进步，努力携手在这场数字经济大变局中做出一些微薄的贡献。

目录

第一章　什么是数字经济 001

一、数字经济的内涵、特征与框架 002

数字经济内涵 / 数字经济特征 / 数字经济框架

二、数字经济的技术基础 016

技术架构与内涵 / 关键技术

三、数字社会理论 031

信息社会 / 数字社会 / 元宇宙

第二章　世界数字经济局势 053

一、世界数字经济分布 054

各洲数字经济发展趋势对比 / 全球数字经济呈现几大态势 / 中美两国差距

二、全球数字经济发展战略 064

全球数字经济发展战略概况 / 主要国家数字经济发展战略

三、全球数字主权争夺战 083

背景及战况 / 各国应对策略

第三章　中国数字经济局势 095

一、国内数字经济整体情况 096

数字经济规模 / 数字经济结构 / 疫情爆发前后我国数字经济发展对比

二、核心区域分布及对比 101

4+N 区域格局的总体分布及对比 /4 大核心区域具体情况

三、各大省市情况对比 117

政策及新基建对比 / 经济情况对比 / 优势产业对比 / 发展类型比较

第四章 产业数字化 137

一、农业数字化 138

数字养殖 / 农业加工数字化 / 农业商业服务数字化

二、工业数字化 144

智能制造 / 两化融合

三、服务业数字化 150

平台经济 / 在线服务 / 信息消费

四、新业态、新模式、新生态 161

新模式 / 新业态 / 新生态

第五章 数字产业化 171

一、基础电信服务业 172

二、电子信息制造业 174

电子信息制造业概况 / 电子信息制造业发展现状

三、ICT 服务业 182

ICT 服务业概况 /ICT 服务业发展现状

第六章 数字化治理 193

一、公共安全治理 194

数字安防 / 网络安全

二、智慧城市 201

三、数字政府 204

四、环境生态治理 209

第七章 数字新基建 215

一、什么是新基建 216

二、典型新基建 218

5G 基建 / 大数据中心 / 人工智能 / 工业互联网 / 特高压

三、新基建产业及生态 232

第八章 数字经济发展趋势 239

一、未来数字经济的全球化创新走向 240

数字经济助推“创新全球化”/ 数据要素全球化的高质量发展

二、未来数字经济的下一发展阶段 249

智能经济即将到来 / 元宇宙与数字经济的关系 / 元宇宙的发展趋势

三、未来数字经济下的产业发展方向 256

供给侧结构性改革和产能过剩 / 数字经济与供给侧结构性改革异曲同工

四、未来数字经济组织架构变革 273

数字经济治理组织的目的 / 数字经济治理组织的理论核心 / 数字经济治理组织的未来再升级

第九章 数字经济未来展望 281

一、理论思想问题及建议 282

发展路径问题及建议 / 数据要素问题及建议 / 数字经济技术问题及建议

二、发展基础问题及建议 289

新基建问题及建议 / 供需问题及建议 / 区域分布问题及建议 / 产业问题及建议

三、政策治理问题及建议 296

人才问题及建议 / 安全保障问题及建议 / 治理问题及建议

参考文献 303

后记 315

图目录

图 1.1　数字经济框架图　013
图 1.2　现代工业数字化进程　014
图 1.3　云计算架构　026
图 1.4　云计算产业链　027
图 1.5　元宇宙的构建基础　049
图 1.6　元宇宙的虚实融合三元世界架构　050
图 1.7　元宇宙的技术体系　051
图 3.1　中国数字经济规模与 GDP 占比情况　097
图 3.2　中国数字经济增速与 GDP 增速　098
图 3.3　数字经济结构　098
图 3.4　中国数字经济渗透率　099
图 3.5　长三角三层四级的协同发展治理结构　107
图 3.6　已有“新基建”专项规划城市建设方向　124
图 4.1　数字农业农村发展水平　139
图 4.2　G20 国家制造业智能化指数水平　146
图 4.3　新业态新模式发展活力象限　166
图 4.4　数字经济生态系统运行机制　167
图 4.5　我国数字经济生态系统演化发展过程　167
图 5.1　近四年我国电子信息制造业与工业出口交货值月度累计增速对比　177
图 5.2　近五年电子信息制造业与全国工业营业收入月度累计增速对比　177
图 6.1　安防产业发展历程　196

图 6.2 AI+ 安防全景图 198
图 6.3 网络安全行业依据功能及形态分类 199
图 6.4 智慧城市架构图 202
图 6.5 智慧城市发展阶段 203
图 6.6 数字技术助力碳达峰、碳中和的思路框架 211
图 6.7 数字技术助力碳达峰、碳中和的主要途径 212
图 7.1 新基建的四大层次 218
图 7.2 数据流转环节 219
图 7.3 新兴 ICT 技术关系 219
图 7.4 5G 商业合作模式 220
图 7.5 特高压输电示意图 229
图 7.6 特高压 1000kV 交流与 500kV 交流性能对比 230
图 8.1 全球化和逆全球化核心要素的组织架构图 243
图 8.2 全球化和逆全球化核心要素的流动图 243
图 8.3 元宇宙的构建阶段 251
图 8.4 元宇宙的产业影响 254

表目录

表 1.1　数字经济及其核心产业统计分类　004
表 1.2　全球科技三大趋势　017
表 1.3　2021 年各省份及中央部委区块链扶持政策　022
表 1.4　2014—2021 年区块链相关注册企业数量　024
表 1.5　5G 应用场景分类　028
表 1.6　社会演进的历史趋势　035
表 2.1　2019 年各洲数字经济规模、GDP 占比和增速数据　055
表 2.2　2020 年各国数字经济规模　056
表 2.3　2020 年各国数字经济占 GDP 比重　057
表 2.4　2019 年全球不同国家的数字经济结构　058
表 2.5　2018 年、2019 年三次产业渗透率数据　060
表 2.6　2019 年中国与德国、英国三次产业渗透率数据　061
表 2.7　2019 年中美两国数字经济差距　063
表 2.8　世界主要国家和地区的产业数字化转型重点举措　066
表 2.9　欧盟数字经济发展阶段　067
表 2.10　欧盟主要国家工业数字化部分相关战略　069
表 2.11　美国先进制造业战略布局的时间线　073
表 2.12　国家层面数字经济相关战略　074
表 3.1　4+N 区域格局　102
表 3.2　京津冀区域间联系指数表　103
表 3.3　长三角主要城市关联强度表　103

表 3.4 珠三角区域间联系 104
表 3.5 京津冀、长三角、珠三角、川渝地区的数字经济优势产业 105
表 3.6 国际四大湾区的重点数据对比 109
表 3.7 国际四大湾区的平均 GDP 产出情况 110
表 3.8 2019 年成渝双城经济圈部分经济指标 114
表 3.9 2019 年成都市、重庆市产业结构及区位熵 115
表 3.10 2020 年成渝两地支柱产业增加值情况 116
表 3.11 “北上广”战略定位对比 118
表 3.12 广东省出台的部分数字经济政策 119
表 3.13 浙江省出台的部分数字经济政策 120
表 3.14 江苏省出台的部分数字经济政策 121
表 3.15 山东省出台的部分数字经济政策 122
表 3.16 北京市出台的部分数字经济政策 123
表 3.17 上海市出台的部分数字经济政策 124
表 3.18 2019 年和 2020 年各地数字经济规模、GDP 占比及增速对比 125
表 3.19 2019 年和 2020 年各地数字经济数字产业化对比 126
表 3.20 2019 年和 2020 年各地数字经济产业数字化对比 127
表 3.21 部分数字经济优势发展省市的具体优势产业对比 128
表 3.22 数字经济城市划分 134
表 4.1 第一梯队国家分行业智能化水平分类 146
表 4.2 区块链在制造业领域应用案例 147
表 4.3 传统产业集群与虚拟产业集群对比分析 162
表 4.4 新业态新模式的具体表现形式 163
表 5.1 我国电信业历年收入与增速 173
表 5.2 2020 年部分新兴业务增长情况 173
表 5.3 千兆宽带用户情况 174
表 5.4 2018 年 12 月—2019 年 12 月电子信息制造业增加值和出口交货值分月增速 175

表 5.5 2019 年 12 月—2020 年 12 月电子信息制造业增加值 175
表 5.6 2013—2021 年电子信息制造业与全国工业增加值对比 176
表 5.7 2013—2021 年电子信息制造业固定资产投资增速 176
表 5.8 2013—2019 年中国集成电路产业销售规模 178
表 5.9 2019 年 ICT 上市企业资产、利润及研发情况 179
表 5.10 全球 ICT 制造业部分热点方向的热点技术和设备 180
表 5.11 全球 ICT 服务业部分热点方向的热点技术 181
表 5.12 2012—2020 年软件业务收入增长情况 183
表 5.13 2019 年、2020 年软件和信息技术服务业发展对比 183
表 5.14 2019 年、2020 年我国各地区软件业务情况对比 184
表 5.15 2019 年、2020 年软件和信息技术服务业细分领域发展对比 184
表 5.16 2019—2020 年全球互联网服务业融资轮次案例数占比分布 185
表 5.17 2013—2020 年互联网业务收入增长情况 185
表 5.18 2019 年、2020 年互联网业务发展对比 186
表 5.19 2019 年、2020 年互联网服务业细分领域发展对比 186
表 5.20 2012—2020 年我国网民规模和互联网普及率 187
表 5.21 2020 年我国游戏产业发展现状 188
表 5.22 2014—2020 年全球 B2C 跨境电商市场规模 191
表 5.23 2011—2019 年中国电子商务交易总额 191
表 5.24 2013—2019 年中国非银行支付机构发生的网络支付金额 192
表 5.25 2019—2020 年我国的网络零售发展状况 192
表 6.1 2015—2020 年国家发布的 AI 安防部分相关政策 195
表 6.2 2015—2020 年中国安防行业产值情况 196
表 6.3 安防细分行业产品形式 197
表 6.4 2016 年以来我国在网络安全领域出台的重要政策与法律法规 200
表 6.5 电子政务与数字政府的主要区别 205
表 6.6 区块链应用于政务服务领域典型案例 205
表 6.7 部分国家现行数字政府战略 207

表 6.8 部分省级政府数字政府规划发布情况 208
表 6.9 全球和中国能源消耗结构图 210
表 6.10 数字技术对碳中和重点行业的赋能手段及效果 213
表 7.1 数字新基建和传统基建对比 216
表 7.2 国家发展和改革委员会对于新型基础设施的分类 217
表 7.3 2016—2021 年部分大数据政策 222
表 7.4 省市级大数据管理局 224
表 7.5 2021 年我国电网建设部分相关政策 230
表 7.6 新基建重构产业链领域 233
表 7.7 新基建助推产业升级发挥的作用 234
表 8.1 全球化、逆全球化与创新全球化的对比 244
表 8.2 从工业社会到智能社会的三个阶段划分 250
表 8.3 四次工业革命的革命性基础要素 262
表 8.4 中国在四次工业革命中的角色变化 265
表 8.5 各国及组织出台的部分代表性政策 266

第一章

什么是数字经济

从互联网开始，数字经济革命就已在酝酿之中。由于信息、数据的流动性远高于以往的所有生产要素，数字经济带来的超速变革已超出人们的预期，这本身即是数字经济的一大魅力。数字经济技术的集中爆发可以说是数字经济革命的技术驱动力，也可以说是其技术表象。人们对数字经济的认识已由最早的技术创新和新产业形成，扩展为新技术变革和新产业经济态势，继而认识到数字经济已成为“以新技术与新产业为核心的，全面渗透并改变经济、科技、社会的”创新性革命。

一、数字经济的内涵、特征与框架

要解释什么是数字经济，就要明确数字经济的内涵、特征和框架。由于数字经济的技术发展趋势具有融合性特征，技术发展具有更强的可变性和弹性，且数字化对各产业、行业、领域渗透性极强，数字经济领域扩张速度极快，因此，数字经济的内涵、特征和框架将不断演化。综合人们对数字经济的内涵、特征与框架的认识，大致可以描述出现阶段数字经济基本趋向一致的范畴及核心内容。

数字经济内涵

1996年，美国新经济学家唐·泰普斯科特提出了数字经济的概念，之后，不同行业、不同时期的学者和组织对数字经济的定义给出了不同的解释。但综合来看，人们对于数字化、信息网络和信息通信技术在数字经济中的关键作用的认识逐渐地统一了起来。这一认识在2016年 G20杭州峰会上达成的《二十国集团数字经济发展与合作倡议》对数字经济的定义中得以体现。即：数字经济是指以使用数字化的知识和信息作为关键生产要素、以现代信息网络作为重要载体、以信息通信技术的有效使用作为效率提升和经济结构优化的重要推动力的一系列经济活动。G20杭州峰会给出的数字经济定义得到了各界广泛的认可，但数字经济概念的发展并未止步于此。《数字经济及其核心产业统计分类（2021）》中给出的数字经济定义为“以数据资源作为关键生产要素、以现代信息网络作为重要载体、以信息通信技术的有效使用作为效率提升和经济结构优化的重要推动力的一系列经济活动”[1]。

比较《数字经济及其核心产业统计分类（2021）》和G20杭州峰会的数字经济两大定义，可以看出，两者的区别在于：关键生产要素由“数字化的知识和信息”变为“数据资源”。这标志着数字经济已由信息化升级转变为真正的数字化，数据要素化使数字化全面渗透进生产的各个方面，且数据作为要素资源流动起来。事实上，从四次工业革命的历史上看，经济进步的本质正在于生产要素的流动性不断提升，可流动的要素不断扩展，以及新增要素带来的新增效率提升和结构优化。数据要素正是第四次工业革命的新生产要素。当前数据要素化的到来必然会以指数级提升生产效率，优化经济结构，并大幅度提升经济增速。这正是人们看好数字经济的关键原因。

相对来说，在数字经济概念上，共识在于：信息网络和信息技术的重要作用。在数字经济中，现代信息网络与数字平台作为载体的作用，远大于互联网与宽带。云计算、大数据、物联网、人工智能、区块链等信息通信与数字技术将成为数字经济的关键驱动支撑技术。正因为在技术上人们的认识是普遍一致的，对数字经济相关技术的投入更容易得到支持和激励。

关于数字经济有一句大多数人都听过的经典论断：“数字经济是一场产业革命和技术变革。”从技术和应用的角度，有学者认为：“数字经济是以数字技术创新为核心驱动力，并通过与传统产业融合、渗透，促进传统产业数字化、自动化与智能化水平不断提高，从而加速经济升级与社会转型的经济形态[2]。”或者认为：“数字经济是以数字技术为重要内容的一系列经济活动的总和，这些活动既包含了数字化要素催生的一系列新技术、新产品、新模式、新业态，也包括数字化要素与传统产业深度融合带来的经济增长[3]。”

从数字经济的渗透程度上来区分数字经济的层次，目前数字经济大致分为四到五个层次。第一层是软件、硬件的电子交易基础设施层，第二层是建立在网络基础设施层上的数字化商务网络与组织交易层，第三层是涵盖了从原材料、半成品运输、加工组装到制成品出厂、销售整个过程的数字化交易产品层，第四层是纯数字化物品交易的网络社交和互联网搜索层，以及近年来新涌现出来的共享经济、众筹众包、短视频直播服务平台等不同形式的虚拟商品和服务[2]。随着数字经济的渗透程度不断加深，数字经济将会向更多层次扩张。

由于之前数字经济的概念定义尚未统一，因此，对于数字经济的范畴和基本构成认识更难以统一，对数字经济测量核算的标准更难以确定。目前，国内比较权威的划分方法见表1.1，将数字经济产业范围确定为：01数字产品制造业、02数字产品服务业、03数字技术应用业、04数字要素驱动业、05数字化效率提升业等5个大类。数字经济核心产业是指为产业数字化发展提供数字技术、产品、服务、基础设施和解决方案，以及完全依赖于数字技术、数据要素的各类经济活动。本分类中01～04大类为数字经济核心产业。

表1.1　数字经济及其核心产业统计分类

大类	中类	内容
数字产品制造业	计算机制造	计算机整机制造、计算机零部件制造、计算机外围设备制造、工业控制计算机及系统制造、信息安全设备制造、其他计算机制造
	智能设备制造	工业机器人制造、特殊作业机器人制造、智能照明器具制造、可穿戴智能设备制造、智能车载设备制造、智能无人飞行器制造、服务消费机器人制造、其他智能消费设备制造
	电子元器件及设备制造	半导体器件专用设备制造、电子元器件与机电组件设备制造、电力电子元器件制造、光伏设备及元器件制造、电气信号设备装置制造、电子真空器件制造、半导体分立器件制造、集成电路制造、显示器件制造、半导体照明器件制造、光电子器件制造、电阻电容电感元件制造、电子电路制造、敏感元件及传感器制造、电声器件及零件制造、电子专用材料制造、其他元器件及设备制造
	其他数字产品制造业	记录媒介复制，电子游戏游艺设备制造，信息化学品制造，计算器及货币专用设备制造，增材制造装备制造，专用电线、电缆制造，光纤制造，光缆制造，工业自动控制系统装置制造

续表

大类	中类	内容
数字产品服务业	数字产品批发	计算机、软件及辅助设备批发，通信设备批发，广播影视设备批发
	数字产品零售	计算机、软件及辅助设备零售，通信设备零售，音像制品、电子和数字出版物零售
	数字产品租赁	计算机及通信设备经营租赁、音像制品出租
	数字产品维修	计算机和辅助设备修理、通信设备修理
	其他数字产品服务业	
数字技术应用业	软件开发	基础软件开发、支撑软件开发、应用软件开发、其他软件开发。
	电信、广播电视和卫星传输服务	电信、广播电视传输服务和卫星传输服务
	互联网相关服务	互联网接入及相关服务、互联网搜索服务、互联网游戏服务、互联网资讯服务、互联网安全服务、互联网数据服务及其他互联网相关服务
	信息技术服务	集成电路设计、信息系统集成服务，物联网技术服务，运行维护服务，信息处理和存储支持服务，信息技术咨询服务，地理遥感信息及测绘地理信息服务，动漫、游戏及其他数字内容服务，其他信息技术服务业
	其他数字技术应用业	三维（3D）打印技术推广服务、其他未列明数字技术应用业
数字要素驱动业	互联网平台	互联网生产服务平台、互联网生活服务平台、互联网科技创新平台、互联网公共服务平台、其他互联网平台
	互联网批发零售	互联网批发、互联网零售
	互联网金融	网络借贷服务、非金融机构支付服务、金融信息服务
	数字内容与媒体	广播、电视、影视节目制作，广播电视集成播控，电影和广播电视节目发行，电影放映，录音制作，数字内容出版，数字广告
	信息基础设施建设	网络基础设施建设、新技术基础设施建设、算力基础设施建设、其他信息基础设施建设
	数据资源与产权交易	
	其他数字要素驱动业	供应链管理服务、安全系统监控服务、数字技术研究和试验发展

续表

大类	中类	内容
数字化效率提升业	智慧农业	数字化设施种植、数字林业、自动化养殖、新技术育种、其他智慧农业
	智能制造	数字化通用、专用设备制造，数字化运输设备制造，数字化电气机械、器材和仪器仪表制造，其他智能制造
	智能交通	智能铁路运输、智能道路运输、智能水上运输、智能航空运输、其他智能交通
	智慧物流	智慧仓储、智慧配送
	数字金融	银行金融服务、数字资本市场服务、互联网保险、其他数字金融
	数字商贸	数字化批发、数字化零售、数字化住宿、数字化餐饮、数字化租赁、数字化商务服务
	数字社会	智慧教育、智慧医疗、数字化社会工作
	数字政府	行政办公自动化、网上税务办理、互联网海关服务、网上社会保障服务、其他数字政府
	其他数字化效率提升业	数字采矿，智能化电力、热力、燃气及水生产和供应，数字化建筑业，互联网房地产业，专业技术服务业数字化，数字化水利、环境和市政设施管理，互联网居民生活服务，互联网文体娱乐业

信息来源：《数字经济及其核心产业统计分类（2021）》[1]

要充分理解数字经济，必须了解数字经济和其他一些相关概念（如知识经济、数据经济、互联网经济、网络经济或信息经济）的关系。其中，互联网经济、网络经济或信息经济强调了使用者对信息丰富性和借助互联网快速传输的特征。知识经济强调了使用者对信息和知识的主导作用。有人认为数字经济即互联网经济、网络经济或信息经济的升级，数字经济使得信息经济由信息化及其结构升级为数字化及其结构，两者基础和本质没有太大变化，数字经济是信息经济的发展方向。更普遍的观点认为，互联网经济、网络经济或信息经济只是数字经济的第一阶段或前一阶段，它们从领域、深度、效能、影响力等方方面面都远远不及数字经济。这些观点曾被认为是正确的，但随着数字经济的发展，人们对其认识发生了较大的转变。

现在很多人同意一种看法，即数字经济是继农业经济、工业经济之后的一种新的经济社会发展形态。也就是说，数字经济与第三次工业革命具有本质区别，数字经济的新生产要素——数据要素与第三次工业革命的新生产要素——信息要素也是有本质区别的。本书作者认为互联网经济、网络经济或信息经济与实体经济的集合才是数字经济的第一阶段，当前数据要素化的阶段也是数字渗透于实体经济的阶段，随后随着数字经济的发展，虚实相融的智能经济阶段即将到来。

数字经济特征

关于数字经济的特征，早期有学者认为包括知识驱动、数字化、虚拟化、分子化、集成/互联工作、去中介化、聚合、创新、消费者也是生产者、及时、全球化、不一致性[4]。国内有学者认为数字经济的基本特征是：数据是数字经济的核心生产要素；数字基础设施是数字经济发展的关键基础；数字技术是数字经济的主要驱动力；数字产业是数字经济的基础性先导产业；数字经济平台生态成为数字经济下的主流商业模式。

根据数字经济的内涵，本书认为数字经济的主要特征应包括：数字技术等新兴技术的融合，数据要素化与价值化，数字化渗透的产业生态的完善，以及数字化治理的结构性、系统性的升级。

（1）数字技术等新兴技术的融合

数字经济新兴技术如同雨后春笋般不断取得新的突破，典型代表有移动互联网、云计算、大数据、人工智能、物联网、区块链等。未来数字经济新兴技术将呈现更多可能性，而这些技术之间也将存在错综复杂的关系。随着技术版图的不断扩大完整，不难发现单一技术远不及多技术融合的发展成效和前景。技术融合并不是“1+1=2”的加法，而是“1+1>2”甚至是可能等同于指数倍升级或两相乘积的结果。

谈到新兴技术的融合性，一定要谈到一项典型代表性的融合技术，即信息物理系统。顾名思义，信息物理系统就是要将信息和物理世界融合起来，作为一个系统去监管和执行。信息物理系统可以说是工业4.0的主要技术基础，而工业4.0则是第四次工业革命最初的核心，也是数字经济产业数字化早期的核心。信息物理系统的重要性在于融合，它不仅融合了计算、通信、控制技术，还融合了信息和物理世界，使信息不再是独立于物理世界的映射，而是和物理世界一体化共同作用。在这个融合的基础上，信息世界更贴近实际，模拟仿真和演算研究更有依据；物理世界与信息世界的融合，加速了物理世界的发展，扫除了物理世界的空间距离阻碍。

信息物理系统仅是数字经济新兴技术融合的一个代表。未来更多的技术融合将不再只停留在技术层面，更多的将是以基于技术融合的新模式、新产业的诞生为典型，使技术融合更具有目的性、创新性和方向性。

（2）数据要素化

数据要素和以往的土地、能源、劳动力、资本、企业家才能、技术、信息等要素不同，流动性更快，创新性和渗透性更强。从生产要素的发展趋势上来看，越是后出现的新生产要素，在流动性、创新性和渗透性上越优于之前的生产要素。流动性、创新性和渗透性可以看成是生产要素先进性的主要表征指标。这三大指标保证了生产要素能够更快速地作用于更多领域和地区，发挥更多的生产效率提升作用，优化经济与产业结构。下面将数据要素和技术、信息要素做对比。

在流动性上，数据的流动效果最好，速度最快。理论上数据比信息更细化、标准化，可以形成比互联网、物联网等信息化网络更普适化、结构更简单化的数字化网络。在创新性上，技术创新的投入风险相对较大，回报周期相对较长。而在互联网经济、网络经济或信息经济的模式下，信息的不确定性、不对称性和风险性使其对外界产生影响的创新性难以核算。数据要素综合了技术和信息要素的创新优势，降低了风险投入、缩短了回报周期，以数字资产化、价值化为基础，使构建数字经济核算体系变成可实现的目标。数据要素将在数字经济中精准对接创新需求，发挥出最大的创新作用。在渗透性上，技术是具有一定的应用门槛的，导致技术的渗透领域和范围是有限的。信息的渗透性一方面受限于信息网络结构，不具备普惠性；另一方面是使用者信息能力、信息素养不一，信息的可验性、可控性和价值化也没有统一的标准，使需求与供给难以及时对接，阻碍了信息的广泛流传和应用。数字经济的网络化结构保障了数据的普惠性，且数据的标准化比信息的标准化更精确，数据的可渗透性潜力远大于信息。单独对比技术的应用门槛，技术的应用门槛各有其特殊性，哪怕是通用技术，应用门槛也和产业、行业技术基础背景有关。但是，数据的应用门槛具有通用性，目前集中表现为数据新基建和数字素养。数据新基建区别于传统工业产业的物理基础设施，既包括以数字技术等新一代技术为代表的信息基础设施，也包括传统工业产业的物理基础设施的数字化升级。数字素养作为数据应用的门槛，不仅带来了数字鸿沟，还带来了如何提高全民数字素养的挑战。

和其他生产要素相比，数据要素由于具备了融合性，与其他要素共同作用，产生了更迅速、更深度的影响效果。数据要素使万物互联，互融互通，数据的质和量呈指数级提升。社会经济发展至今，依靠“单一的生产要素聚集，或多种类生产要素的物理性聚集，产生规模效益来突破生产率瓶颈”是不可能的。世界发展急需一种“可融合各要素，并在其中发挥作用，提升要素融合效用的”要素。而这一要素只能是数据。

（3）数据价值化

数据价值化非常重要，在此之前的生产要素都没有被刻意强调过其“价值化”。数据价值化被重视的主要原因，一是数据确实具有高价值特征，二是数据的价值具有一定的隐蔽性，需要被充分释放。

当前，各国将数据当作重要的战略资产和国家竞争力核心资产，同时数据也被看作一种极具挖掘价值的新资源——“新石油”。数据既是核心资产也是核心资源，其蕴含的高价值不言而喻。之所以用资产和资源来形容和类比数据，是因为在之前的工业发展进程中，资产和资源始终是工业革命的重中之重，是各国争夺的关键。另外，数据同资源、资产有一定的共性特征。特别是在价值层面，数据只有资产化后才可以流通和交易，数据只有作为资源才有流通的必要性和为数字经济革命提供驱动力的可能。数据资产化向我们直观地表述了数据的价值所在，而数据资源化则显示出数据在数字经济革命中的使命和形态。

更重要的是，数据作为知识和智慧的“分子/原子”形式，渗透进经济、社会、生产和生活的各个领域，把知识和智慧的根本植入其中，全面提升了数据要素带来的增加价值。数据的这一作用和技术的作用相似。两者区别在于：技术像是知识和智慧的化学方程式，更侧重于揭示技术及其相关外界变化和规律，因此技术对外界的价值外化形式更直观；而数据是知识和智慧的“分子/原子”形式，更侧重于加速包括自身在内的所有要素转变、融合与分割，从而构建自身及其相关外界新的变化和规律，因此数据对外界的价值增值作用更具长期性、动态特性、衍射性、多维度和难测性。这也导致了，数据要素的价值化升值空间很大，受外界因素影响的可能性也更大，因而为了价值最大化，与数据要素相关的资源配置和治理变得格外重要。

（4）数字化渗透的产业生态的完善

对于企业和各产业来说，掌握足够的数据才能够做出正确的、甚至精准的决策，才能够优化配置、降低成本，才能够做出低风险、高价值的创新性工作，进而提高劳动效率，提高核心竞争力。因此，企业和各产业对数字化转型的热情较高，各产业数字化渗透率正在不断攀升。

在数字化之前，生产与生活是两个时空上割裂的主体。数字化以后，两者的时间隔膜逐渐被打通。人们可以在数字化消费中产生基于数字价值升值的“消费式生产”，也可以在生产中产生基于数据交易价值实现的“生产式消费”。例如，数字化娱乐过程中，用户既是消费者，也可以在娱乐中出品自己的数字化产品。数字化产品的运营者，出于应对消费者需求升级数字化产品的目的，也可以在生产过程中以消费者身份进行数字化产品消费，通过大数据技术挖掘用户需求，以重构或优化产品。这种数字化生活与数字化生产的完美链接，催化了数字化渗透在各领域的相互影响和合作。

数字产业是数字经济的先导产业，但数字化渗透性强，渗透领域正在不断增加。例如共享经济、众包众筹、智能制造、数字金融等新模式、新业态的出现说明了数字化渗透已形成了产业新业态、新模式。在此基础上，数字经济新生态是数字化平台的多领域应用和集成支撑的。数字化平台经济具有结构上的普惠优势，能够帮助相关企业迅速地借助平台力量成长起来，并加强企业、用户、产业行业和外界因素等的链接，鼓励相互间和整体的资源配置优化，支持多方共赢互利，从而完善产业生态。

（5）数字化治理的结构性和系统性升级

数字化网络链接了更多人、机、物，数据量爆发，数据治理的需求迫切。以往由政府主导的治理模式，不再符合数字经济时代的治理要求。一是成本上，数字化治理的总成本更高，要达到治理要求，成本均由政府承担不太现实。二是数字化治理和传统治理模式不同，数字化治理是有一定有形和无形收益的，政府如要获取治理收益，不仅需要投入更多，且治理收益如何改革才不违背传统的政府职能也是个难题。因此，未来“多方参与、共同治理”的模式更符合数字化治理的实际要求。

数字经济注定是全球化的，数字化治理同样注定是全球化的。当前全球化治理的水平其实还很低，很多标准和方法都没有明确。数字化治理有人认为必须是平台化的，因为只有平台化能达到打破人、地的局限，实现共同治理的目标。假设数字化治理就是平台化的，那么谁来构建呢？谁来统筹呢？未来应该会采用“参与者共识+平台智能”的方式来解决。那么，数字化治理的难点和重点，恐怕还在于参与者共识。好消息是，虽然绝对的共识是难以实现的，但是普惠、绿色、高效等目标是能够依靠平台智能化达成的。这才是参与者愿意参与数字化治理的前提。

在这里，提到数字化治理的结构性和系统性升级是为了说明一点：由于数字化治理的范围广、涉及的参与者多，数字化治理的结构性和系统性升级问题是必须持续研究和改进的。数字化治理的结构性和系统性不但要简洁且条理清晰，还必须能反映出数字化治理的优势和治理对象的问题。数字化治理的技术、结构、范畴、目标都应随着治理对象和外界环境进行调整。

数字经济框架

数字经济最早被划定为信息与数字产业范畴，之后外延扩展为数字产业化和产业数字化两部分，主要表现特征是以技术为基础的生产力提升。随后，生产力提升以后，平台化的优化资源配置和合作机制，确保了产业规模及效率的不断上升空间。在新的平台化发展模式下，数字经济生产关系开始创新变革，各类主体的合作与竞争存在更多可能性，新业态、新模式不断涌现，保障创新生产力和生产关系的新基建成为关键领域和投资热点。随着生产力、生产关系的变革成效日益凸显，人们意识到数字经济的根本是生产要素的变革。而数字经济生产要素的变革，主要部分即以数字价值化为表现形式的数据要素化。除此之外，数字经济的生产要素、生产力、生产关系变革，使得数字技术等驱动技术和数字经济的产业领域不断升级和扩展，数据量的激增，新业态、新模式的无障碍数字化衔接，迫使人们不得不面临监管和控制超庞大的充斥着海量数据的复杂系统的难题，因此，数字治理成为更高层次的数字经济基本目标。以上大致总结了数字经济扩充的基本思路和改进过程。

数字经济框架有几种划分方法。第一种是按照经济运行的基本步骤划分为数字化基础设施、数字化媒体、数字化交易和数字交易产品。第二种是侧重生产力和生产关系的划分方法，将数字经济分为七个组成部分，即数字资产、数字治理、数字产业化、产业数字化、数据要素、数字基础设施和数字经济保障体系。第三种是以“技术基础—经济发展—综合治理”为发展线索的划分方法，将数字经济分为支撑层、数据层、商业层和治理层。第四种是从生产要素、生产力、生产关系三个维度，将数字经济划分为数据价值化、数字产业化、产业数字化和数字化治理四部分。

本书综合以上几种划分方法、数字经济扩充的基本思路和改进过程，并根据数字经济当前的实际发展情况，构建数字经济框架图，如图1.1所示。

图1.1的框架是将数字经济看作在数字基础设施的基础上和在数字经济保障体系的辅助下，通过数据要素化和数据要素价值化革新生产要素，进而变革生产力，形成数字产业化和产业数字化，并在生产关系层面以数据要素为抓手创新治理的多领域变革。

（1）数字产业化

该框架中，数字产业化是数字经济发展的先导产业，其驱动力包含数据要素化对数字产品生产的作用力和数字技术的创新力。数字产业化即信息通信产业，为数字经济发展提供技术、产品、服务和解决方案。数字产业化包括基础电信服务业、电子信息制造业、软件和信息技术服务业、互联网和相关服务业。其中，电子信息制造业包括通信导航设备、电子计算机制造、雷达制造、电子工业专用设备、电子元器件制造、电子信息专用设备、广播电视设备。互联网和相关服务业包括电子商务、互联网信息服务、互联网平台服务。软件和信息技术服务业包括软件产品、信息技术服务、嵌入式系统软件、数据产品及服务。

图1.1 数字经济框架图

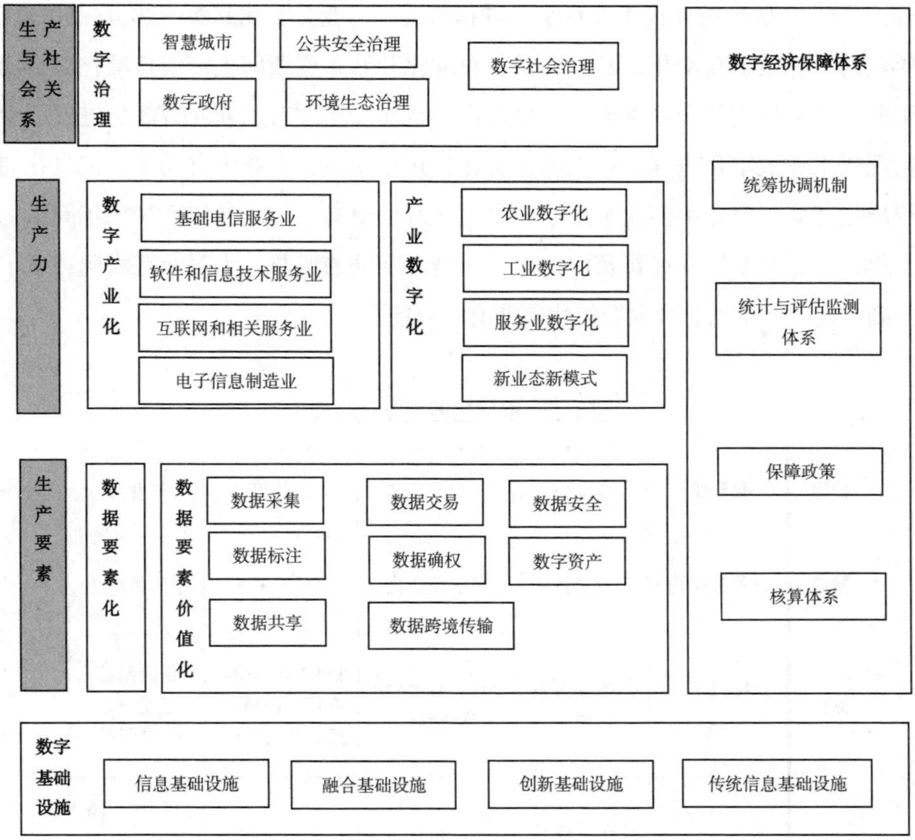

（2）产业数字化

产业数字化是传统产业应用数字技术所带来的生产数量和效率提升的数字经济部分。产业数字化在数字经济中所占比值不断提升，成为数字经济发展的主体部分。产业数字化包括农业、工业和服务业数字化，以及数字经济新业态、新模式（包括智能工厂、自动驾驶、工业互联网、云经济、在线教育、互联网医疗、线上办公等）。其中，农业数字化包括数字养殖、农业加工数字化、农业商业服务数字化等。工业数字化包括工业互联网、智能制造、两化融合（数字技术与传统产业的结合应用）。服务业数字化包括平台经济和在线服务等。和数字产业化一样，产业数字化的驱动力同样包含数据要素化的作用力和数字技术的创新力。

产业数字化是数字经济的主体部分，而工业数字化是产业数字化的竞争核心。从图1.2所示的现代工业数字化进程来看，工业数字化起源于20世纪50—60年代的工业设备自动化，从单一设备自动化开始，逐渐向生产线自动化，再向工业设计软件化和企业管理信息化迈进，至2010年左右工业向智能化进发。根据现代工业数字化进程，重大的转折在2010年左右，工业由自动化、信息化向智能化转变。对比第四次工业革命发生于21世纪初，从2000年到2010年间断的十年，正是互联网发展普及的10年，正是互联网的普及，为工业互联网打下了基础，使工业由信息化向智能化转变有了可能[5]。

图1.2　现代工业数字化进程

层级	单元级	车间级	部门级	企业级	产业级
阶段	设备数控化	产线柔性化	数字自动化	管理先进化	生产智能化
标志	数控机床、PLC	柔性制造系统	CAD/CAE/CAPP集成制造	ERP/MES/PLM应用，敏捷制造，精益制造	智能制造 工业4.0 先进制造
特征	数字自动化取代电器自动化，使加工精度、加工速度大幅提高	生产系统与流水线可动态调整，使设备利用率、产品质量提升	设计制造实现计算机集成，实现精准设计和精准生产快速联动	企业生产管控和组织管理全面信息化，企业实现高效管理	个性化、网络化、服务化、智能化成为生产新特征，制造业形态和理念出现转变
时间	20世纪50—60年代	20世纪60—70年代	20世纪70—80年代	20世纪90年代—2000年左右	2010年左右

（3）数据要素

数据是数字经济的核心生产资料和生产要素，贯穿数据产品和数字化生产的全周期。数据要素化是数字经济的关键特征，它发生于数据作用于数据产品和数字化生产的各个环节。判断数据是否为数据要素，关键在于判断数据是否产生生产效率和产品价值的提升，以及数据自身是否获得价值提升。而这些数据要素化的表现，也是数据价值化的过程。本质上数据要素化的表现不仅仅是价值提升，还包括资源优化、模式创新、技术升级、制度改造等，它和数据价值化其实是两个部分。但因为两者具有很强的关联性，互为支撑，且往往同时发生，很容易将两者混淆。综合各方面资料，当前普遍将数据价值化的过程等同于数据要素化。而将数据价值化划分为数据采集、标注、确权、交易、安全、共享、跨境传输和数据资产化。

如果更深层次地区分数据要素化和数据价值化，则数据要素化是数据作为核心生产要素参与到生产过程，和其他生产要素共同作用，利用其流通性好、创新性和渗透性强的特征，优化资源配置、提高生产效率、形成新业态新模式、促进技术升级、支持制度改造。在这一过程中，数据只有发挥了其作为生产要素发挥的作用，才能被称为生产要素。数据要素具体发挥什么作用，表现为数据要素在生产过程中是数据、信息、知识还是智慧。数据要素不仅要发挥作用，还要不断升级自身及自身带来的作用，就是要实现从数据到智慧的升值。这一升值过程，必须使数据能够通过数据采集、标注、确权、交易、安全、共享、跨境传输阶段。要实现这一目标，除了构建技术和网络等基础以外，还必须要实现数字资产化（包括数字货币、数据类资产、数字权益类资产）甚至数字资本化（包括数据投资、质权贷款、挂牌），以确保数据要素的升值过程是有动力、可核算的。保障数据要素价值升值的这些基础即数据价值化。

（4）数字治理

数字经济的数据要素把整个世界链接了起来，不仅产生了数据的大爆发，还导致了各行各业生产、生活的全面变革。生产与社会关系也由之前的资源、要素合作竞争，转变为资源、要素的协同、融合发展。为了符合时代的发展趋势，在生产关系中，数字治理成为数字经济新增的部分。数字治理包括智慧城市、数字政府、公共安全治理、环境生态治理和数字社会治理。其中，智慧城市包括智慧交通、智慧安防、智慧社区、智慧城管，数字社会治理主要指信用治理。完全依靠政府治理的时代已经过去，数字经济的数字治理将是多主体参与的共同治理。数据和数字技术将使数字治理成为系统优化的普惠治理方式。随着未来治理主体、治理模式、治理技术和理论、治理规则等各方面的创新变革，数字治理能力将得到全面提升。

（5）数字基础设施

数字基础设施是确保数字经济运行与发展的基础，包括信息基础设施、融合基础设施、创新基础设施和传统信息基础设施。其中，信息基础设施包括通信网基础设施、新技术基础设施和算力基础设施。通信网基础设施包括5G、物联网、工业互联网、卫星互联网。新技术基础设施包括人工智能、区块链、云计算、量子计算、数字孪生、VR/AR/MR、3D打印等。算力基础设施包括数据中心和智算中心。融合基础设施包括智能交通和智慧能源基础设施。创新基础设施包括产业技术创新基础设施、科教基础设施和重大科技基础设施。传统信息基础设施包括移动宽带、固定宽带和无线局域网。

（6）数字经济保障体系

数字经济保障体系主要包括统筹协调机制、统计与评估监测体系、保障政策和核算体系。其中，统筹协调机制包括数字经济战略规划、数字经济行业发展规划。统计与评估监测体系包括数字经济指标体系、数字经济规模测算、数字经济法律体系、数字经济评估监测。保障政策包括社会保障、人才就业、财政金融保障。核算体系包括数字技术技术标准、数字技术应用标准和数字经济行业标准。

整体来看，数字产业化和产业数字化是数字经济生产力变革的核心内容，是数字经济发展的基本动力。数字产业化代表了新一代信息技术的发展方向和最新成果，产业数字化推动实体经济发生深刻变革。数字化治理是生产和社会关系变革的核心内容，数字技术和治理理论方法等各方面创新，将对人们的生活和生产带来巨大深远的影响。数字经济的数据要素化和数据价值化，改变了生产要素构成，提升了生产要素及其作用的生产效率和价值，是未来智能化发展的基础，也是数字经济的核心特征。数字基础设施和数字经济保障体系是确保数字经济运行与发展的基础。

二、数字经济的技术基础

数字技术是数字经济的基石，通过数字新技术的创新发展赋能数字经济是目前经济发展的重中之重。根据数字产业化的要求，大数据技术作为数字资源，云计算技术作为数字设备，物联网技术作为数字传输，区块链技术作为数字信息，人工智能技术作为数字智能，以上五项技术共同形成一个整体，相互融合，互相促进，共同推动数字经济朝着高质量方向发展。

技术架构与内涵

数字经济的技术划分有几种不同的方式和角度。第一，从类型上看，数字经济的技术包括通用基础技术（5G、物联网、工业互联网、卫星互联网等）和新驱动技术（人工智能、区块链、云计算、量子计算、数字孪生、VR/AR/MR、3D打印等）。第二，从技术的领域来看，主要分为网络技术（5G、光纤通信、智能宽带等）、制造技术（智能机器人、数字孪生等）、信息技术（VR虚拟现实、AR增强现实等）和其他高精尖技术（石墨烯、芯片、量子通信等）。第三，从技术趋势上来看，数字经济的技术趋势呈现数字化、智能化和渗透式三个方面。这种划分方法的典型代表是世界著名的科技预测机构加德纳指出的全球科技三大趋势[6]，见表1.2。

表1.2 全球科技三大趋势

人工智能	沉浸式技术	数字化平台
深度学习、用户会话、本体管理	4D打印、纳米管电子、人体增强	5G、区块链、量子计算
强化学习、机器学习、企业分类管理	增强现实、虚拟现实、立体显示	数字孪生、物联网、平台即服务
自动驾驶、智能微尘、通用人工智能	脑机接口、数字一体化	边缘计算、软件安全、神经形态硬件
认知计算、智能机器人		

从技术背景上来看，数字经济以第四次工业革命为基础，第四次工业革命技术的主流趋势基本覆盖数字经济技术的发展。全球创新活动占比较高的行业有信息技术、汽车、制药、半导体、生物技术、航空航天与国防，其中信息技术、汽车和半导体属于数字经济的关键技术领域，制药和生物技术属于第四次

工业革命的三大主题之一，与数字经济密切相关。因此可以看出，数字经济技术行业的创新动力强劲。国内百强企业的研发费用占营收比重以及研发费用增长，整体持续提升，越来越多的技术引领型企业建立了创新实验室、工程技术中心、研究院等科研载体。数字技术具有巨大潜能，能够加快颠覆性技术的诞生频率和发展速度。

早期认为数字技术面向应用领域的范式应为以通信、计算、控制的相互融合为基础，但实际上，数字技术将与制造、能源、生物、材料等领域技术交叉融合产生一系列新技术，未来将带动相应的一系列新范式，大幅提高技术能力和应用效率。比较各技术应用情况，可以看出云计算、大数据、人工智能等技术应用更为广泛普及，云计算、大数据、物联网等技术对实体经济渗透性更强，在制造业发挥较大优势。同时，基于技术集成的数字经济新模式和各领域新应用也不断涌现出来。例如，产业数字化转型的基础技术包含了互联网、物联网、云计算、大数据、人工智能和区块链等技术，加速了产业数字化的场景、行业应用和模式的创新（例如，制造业从单点设备分析向更多应用场景拓展、从单点局部应用向行业体系化应用拓展、从企业内部应用向制造资源整合规模化模式拓展），使产业数字化形成工业互联网、智慧交通、智慧医疗等核心应用。

新基础设施的保障，使数字经济技术在安全、移动、万物互联、高速、智能化、一体化等方面发生质的飞跃，数字经济技术将向更广阔、更高效、更普及、更智能化的方向发展。2019年5G商用落地，其与大数据、云计算、人工智能等技术的链接协同，标志着数字经济技术开始大规模、大范围地从研发到应用阶段转折，技术挑战和技术机遇并存。

关键技术

伴随着物联网、大数据、云计算、人工智能、区块链等数字技术的快速发展，以及这些技术带来的各产业数字化升级、数字化治理和数据要素化、价值化，特别是由互联网的生活应用向数字经济的生产扩展的转变，使数字经济逐步成为新产业、新经济、新发展的关键驱动力。根据数字经济技术架构与内涵，选择六个有代表性的热点技术进行描述和分析。

1. 人工智能

人工智能技术是围绕数据、替代人工的智能化技术。人工智能以数据为核心开展工作，利用对数据进行加工、处理和分析等工作，实现其价值和意义。同时，人工智能通过机器智能替代人的部分脑力劳动，提高了生产效率和人力投入。数据是数字经济的核心生成要素，数字经济高质量发展的主要目标是以数据为基础提高生产效率并替代人的部分脑力劳动。因而，能实现这一目标的人工智能技术成为数字经济的关键技术。

目前，全球主要国家均积极开展人工智能战略规划，支持科研和投入。美国、欧盟、英国、日本等国较早发展人工智能技术，在技术前沿领域具有一定优势。近些年中国努力追赶这些发达国家的人工智能战略和技术竞争发展步伐。2015—2018年中国人工智能市场规模的复合增长率高达21%，《新一代人工智能发展规划》中提到，到2030年中国人工智能核心产业规模超过 1 万亿元，成为世界主要人工智能创新中心。近年来，中国人工智能行业的投融资金额、次数及参与机构数量等均以年增长率至少高于50%的状态保持迅速增长。国内各地积极开展人工智能研发及应用，推进技术在制造、医疗、交通、金融等领域的应用经济导向。当前中国已赶超欧洲、中东和非洲，成为美国之后的全球第二大市场。

中国人工智能企业及行业发展态势良好，有一大批国际优质企业。得益于国内大数据与互联网产业积累的大数据优势，国内市场环境对人工智能等新技术的需求，以及政策支持力度，当前，我国的人工智能企业在语音识别、图像识别等应用领域具有一定优势。我国5G技术及应用落地，对人工智能的意义巨大，辅助了人工智能的应用和系统升级。即便如此，我国人工智能的基础理论研究体系、主流框架、智能硬件仍需依赖国外的先进技术和产品，科研创新性有较大的提高空间。

2. 区块链

区块链技术本质上是一种去中心化的可靠、透明、安全、可追溯的分布式数据库，这种分布式结构打破了互联网数据汇聚共享的症结，保证了每个节点的对等地位的普惠式结构。在这种结构下，数据所有权明确，链接更直接，交易更安全、更公平，基于网络安全技术的共识机制更容易取得民众信任。由于区块链在数字经济中发挥了支持数据要素资产化、将数据全面地公平链接且安全追溯、建立了数字化的共识信任机制的三大作用，数据作为生产要素真正得以安全、公平、可信地流通和交易，实现了数字经济的稳定、安全、普惠、公平和可持续发展。一直以来，区块链致力于从这三个层面解决问题，在数字贸易、农业、制造业、物流业、民政法、公共安全治理等领域做出了突出的贡献。

为解决国内和国际贸易中数据确权、数据安全、隐私保护、信任机制等问题，采用区块链技术可以提高贸易流程的透明度和贸易标的的可追溯性，确保产品和服务质量，增强信任；简化贸易文件、流程，确保数据的安全流通和监控。当前，区块链应用的相关领域包括金融业、政府档案、数字资产管理、投票、政府采购、土地认证/不动产登记、医疗健康、能源等。

农业数字化和工业数字化属于产业数字化的一部分。区块链在农业数字化中的应用主要是农产品质量安全追溯，实现农产品全周期全链条的透明化监管。同时，区块链可建立数字化信任机制、打破信息不对称、加速信息数据流通和交易过程，解决农产品供应链各参与主体缺乏相互信任、产供销不平衡、供应链运转效率低和管理成本高的问题。区块链在制造业中的主要应用包括：为工业设备提供可信标识并对设备情况进行监管；发挥在研发、设计、生产、采购、库存、物流等方面的信息共享与供应链协同管理协同作用；实现工业产品全生命周期追溯。针对物流业，区块链可以实现运输凭证签收写入区块链存证，构建物流征信生态及社会信任机制，实现物流溯源监管及信息共享，进而提高效率、保障效益。

区块链在民生领域的应用包括交通、医疗和公益慈善行业，重点在于保证数据的完整性、真实性、不可篡改性及隐私性，保障监督和追溯权限，解决信任危机问题。在政务服务中，基于区块链的数字身份认证、电子证照和电子票据，使数据在政府和个人之间可信的共享、共用，建立数字化的政务服务。在司法治理中，区块链重点应用在数字版权保护和电子司法存证上，两者主要利用区块链的时间戳、可追溯和不可篡改特性，保证信息的可信度和真实性。在公共安全管理中，区块链用于灾情监测及预警，实现“多层级信息及时共享，协同统筹管理、高效分工和分配，提高效率和公信力”的目标。

随着区块链技术的发展，区块链已经将数字经济作为下一个重要的应用场景。区块链即将在理念、价值及管理模式上，对社会经济发展带来深远的影响。未来区块链的定义也将不再是当前的技术型定义，而是将区块链定义为：“区块链的核心，即通过去中心化和高度安全性实现数据共享及流通，进而打破信息垄断，通过信息价值标记实现信息的可以追溯和状态描述，支持数字经济的良序发展，用共识机制和激励机制驱动网络的可信自组织，用智能化合约实现网络的智能化管理，通过信息状态统计得出宏观的信息概率性发展趋势。最后，在以上所有的基础上，结合外部环境，实现宏观信息监管和相关调控。”

区块链技术具有去中心化、信息不可篡改、透明可追溯、开放性、自治性、匿名性等特征，正在成为解决产业链参与方互相信任的基础设施——信用价值网络，将在全球经济复苏和数字经济发展中扮演越来越重要的角色。

近年来，随着区块链逐步应用于金融、供应链、工业制造、智能制造、医疗健康、司法存证、农业、能源、社会公益、政府管理和疫情信息监测预警等领域，各国政府及监管机构对区块链技术及其研发应用的态度越来越积极，国内外学者与科研机构对区块链领域的研究成果不断涌现。联合国、国际货币基金组织，以及美国、英国、日本等国家都对区块链的发展给予了高度关注。数据显示，2019年，全球区块链产业规模呈现稳定增长，达到24.5亿美元，产业年度增速为30.6%。从国家来看，美国仍处于全球区块链产业的领导地位，规模为7.3亿美元，占全球区块链产业29.9%；中国在全球区块链产业中占比为12.1%，位居第二，产业规模达20.8亿元人民币，同比增长179.5%[7]。

2019年至2020年一季度，我国各级政府部门发布70余份区块链相关文件，积极推动区块链技术创新和产业布局，为区块链发展创造了健康有序的外部环境。从2020年开始，各地的区块链政策呈现出井喷之势，目前发布的政策数量在600部以上，目前已有29个省市在其“十四五”规划中提及要大力发展区块链技术。在2021年颁布的《中华人民共和国国民经济和社会发展第十四个五年规划和2035年远景目标纲要》当中，将区块链作为新兴数字产业之一，明确提出要“推动智能合约、共识算法、加密算法、分布式系统等区块链技术创新，以联盟链为重点发展区块链服务平台和金融科技、供应链管理、政务服务等领域的应用方案，完善监管机制。”截至目前，全国有31个省份相继出台区块链相关的产业规划政策。2021年，工业和信息化部、中央网信办联合发布《关于加快推动区块链技术应用和产业发展的指导意见》，对产业区块链提出发展规划要求，明确到2025年，区块链产业综合实力达到世界先进水平，产业初具规模。到2030年，区块链产业综合实力持续提升，产业规模进一步壮大。区块链与互联网、大数据、人工智能等新一代信息技术深度融合，在各领域实现普遍应用，培育形成若干具有国际领先水平的企业和产业集群，产业生态体系趋于完善。区块链成为建设制造强国和网络强国，发展数字经济，实现国家治理体系和治理能力现代化的重要支撑。各省份及中央部委区块链扶持政策（2021年）见表1.3。

表1.3　2021年各省份及中央部委区块链扶持政策

各省份及中央部委	发布时间	发布单位	政策名称
云南省	3月	云南省人民政府办公厅	《云南省支持区块链产业发展若干措施》
中央部委	5月	工业和信息化部、中央网信办	《关于加快推动区块链技术应用和产业发展的指导意见》
云南省	5月	云南省发展和改革委员会	《云南省支持区块链产业发展若干措施实施细则（试行）》
浙江省	5月	浙江省发改委、省经信厅、省委网信办	《浙江省区块链技术和产业发展“十四五”规划》
四川省	5月	国家能源局四川监管办公室	《关于召开虚拟货币“挖矿”有关情况调研座谈会的通知》
内蒙古自治区	5月	内蒙古自治区发改委	《关于受理虚拟货币“挖矿”企业、个人问题信访举报的公告》
武汉市	7月	武汉市人民政府	《武汉市人民政府关于加快区块链技术和产业创新发展的意见》
广州市	7月	广州市人民政府办公厅	《广州市人民政府关于印发广州市建设国家数字经济创新发展实验区实施方案》
福建省	8月	福建省发改委、省财政厅	《关于组织申报2021年省数字经济发展专项资金的通知》
北京市	8月	中共北京市委办公厅、北京市人民政府	《北京市关于加快建设全球数字经济标杆城市的实施方案》

续表

各省份及中央部委	发布时间	发布单位	政策名称
北京市	8月	北京市人民政府	《北京市“十四五”时期高精尖产业发展规划》
云南省	8月	云南省药品监督管理局	《云南省“十四五”药品安全规划》
天津市	8月	天津市人民政府	《天津市加快数字化发展三年行动方案（2021—2023年）》
上海市	8月	上海市人民政府	《上海国际金融中心建设“十四五”规划》
湖北省	8月	湖北省人民政府办公厅	《湖北省地方金融条例》
中央部委	8月	商务部	《关于加强“十四五”时期商务领域标准化建设的指导意见》
上海市	8月	上海市人民政府办公厅	《浦东新区产业发展“十四五”规划》
西藏自治区	8月	西藏自治区人民政府办公厅	《关于进一步深化税收征管改革的实施方案》
海南省	8月	三亚市人民政府	《三亚市“十四五”综合交通运输发展规划》
中央部委	9月	国家发改委等部门	《关于整治虚拟货币“挖矿”活动的通知》
浙江省	9月	丽水市发改委、丽水市经信局	《丽水市数字经济发展“十四五”规划（2021—2025年）》
海南省	9月	海南省人民政府办公厅	《海南省进一步优化政务服务便民热线工作方案》
中央部委	10月	中央网信办等18个部门联合	《关于组织申报区块链创新应用试点的通知》

信息来源：《中国区块链产业生态地图报告（2021）》第三期[7]

近年来，区块链注册企业数量持续攀升。截至2021年9月底，全国区块链相关注册企业达到9.1万余家。从注册企业情况可知，近98%的区块链企业成立于2014年之后，尤其是2016年以来，我国区块链企业注册数量快速增长（见表1.4）。2020年和2021年，新成立区块链企业数量大幅上升，区块链行业迎来新的高潮。

表1.4　2014—2021年区块链相关注册企业数量

年份	注册企业数量
2014	787
2015	1115
2016	1670
2017	4869
2018	16218
2019	11823
2020	24687
2021.9.30	24876

信息来源：《中国区块链产业生态地图报告（2021）》第三期[7]

截至2019年底，我国区块链专利申请量位居世界第一，全球占比份额超过半数，不断涌现的创新成果为区块链发展提供了安全可控的技术支撑，产业生态初具规模。当前，我国上市的区块链企业通过自主研发、合作研发、投资持股等方式开展区块链业务。其中，以自主研发为主的企业占比超45%，此类上市企业集中分布于金融、软件信息服务等细分行业。这些企业凭借自身多年的技术积累和产业服务经验，通过设立区块链事业部、建立相关研究院/实验室或投入研究经费，持续开展区块链技术底层平台的研发和相关领域的应用实践，并且已有部分相应技术研究应用成果落地。另有多家上市企业通过积极申请区块链相关专利，寻求建立相关领域的先发优势和技术壁垒。从区块链技术及业务进展情况来看，据不完全统计，已有区块链相关成果产出的上市企业占比高达75%左右。这些成果主要包括：已成功搭建区块链底层技术平台、已落地或正在推进区块链应用实践、已为市场其他参与机构提供了区块链技术服务或区块链产业配套服务等。这些已产出技术成果的上市企业中，38%左右的企业当前的区块链技术能力以服务内部业务需求或拓展业务条线为主，这类企业此前大都深耕某些细分领域，已具备足够的场景整合和业务服务能力；27%左右的企业当前则以技术输出为主，积极寻求与外部机构的合作，赋能产业场景[7]。

3. 云计算

云计算是分布式计算的一种，兴起的主要原因在于互联网时代数据量的过载超出了互联网平台低成本高质量处理数据的上限。但市场对于数据的需求量和用户对数据质量的要求却在持续攀升。云计算和云平台巧妙地解决了这一矛盾。在数字经济时代，云计算和云平台将会继续发挥不可替代的作用，未来仍有较大的“和其他技术融合创新，以及在各领域进行模式创新”的空间。

整体来看，2019年，云计算市场规模达到1883亿美元，同比增长20.9%；我国云计算整体市场规模达1334亿元，增速38.6%[8]。我国云计算市场规模最大，且当前仍在增长中，市场发展潜力最大。但从市场收入来看，全球云计算收入和增速提升非常快，美国云计算服务企业全球领先。

云计算由三类数字服务构成，分别是基础设施即服务（IaaS）、平台即服务（PaaS）和软件即服务（SaaS）。在云计算当中，IaaS市场位于产业链上游，是PaaS和SaaS的基础。2019年，全球IaaS、PaaS和SaaS三类细分市场的规模分别达到439亿美元、349亿美元、1095亿美元，占比依次为19%、23%和58%。软件即服务市场占比最大，成为市场主流[8]。我国当前IaaS较为成熟，PaaS增长高速。随着数字经济的企业数字化转型需求提升，我国SaaS成为发展热点，向平台化、智能化发展的趋势愈发突出。

对于数字经济来说，云计算提升了算力和网络水平，提高了生产力和生产效率，是新基建的重要组成部分，也是数字化转型的关键基础要素。当前云计算有两大新趋势（云原生和分布式云），都对数字经济发展起到了关键技术支撑作用。其中，云原生是一种可以充分利用云计算优势构建和运行应用的方式。云原生技术为数字中台建设提供了强有力的技术支撑，帮助用户更加聚焦业务能力，最大化应用开发的价值。分布式云是云计算从单一数据中心部署向不同物理位置多数据中心部署、从中心化架构向分布式架构扩展的新模式。分布式云对于物联网、5G 等技术的广泛应用起到重要支撑作用，其核心云边协同顺应各相关行业基于边缘计算和设备的分布式转型需求，加速了各相关行业的数字化转型进程。

自2006年谷歌提出云计算的概念开始，行业巨头开始积极布局云计算平台和云计算中心的建设，美国在2010年、2011年间发布了关键的云计算政策文件，我国则于2012年起将云计算提升到了国家层面并开展了相关工作。云计算架构见图1.3.

图1.3 云计算架构

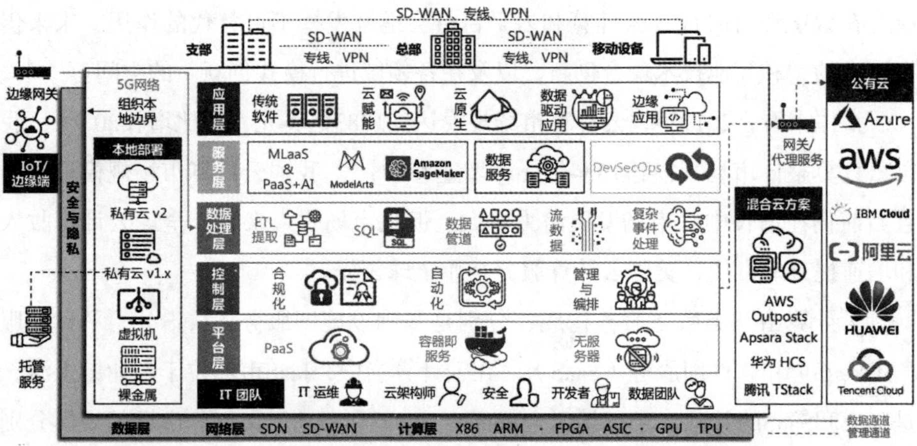

信息来源：《新变化 新趋势 新风口——2020中国云计算行业研究报告》[9]

21世纪第一个十年，IDC报告显示，云计算在全球IT基础设施中占比已经超过50%，云计算超过传统数据中心成为市场主导者。虽然国内整体云计算市场在全球市场内占有一席之地，但仍相对落后。

在中国，2019年云计算市场规模达1334亿元，增速38.61%，领先于全球平均增速。根据IDC发布的统计数据，2020年中国的数据产生量约占全球数据产生量的23%[10]。2020年全球云计算市场增速放缓，市场规模为2083亿美元。但我国云计算市场在2020年实现爆发式增长，整体市场规模达2091亿元，增速为56.6%[11]。

根据国务院发展研究中心预计，至2023年，我国政府和大型企业上云率将超过60%，上云深度将有较大提升。预计到2023年，中国云计算市场规模可达4000亿人民币[10]。2023年公有云市场规模将超过2300亿元，私有云市场规模将接近1500亿元。

按照产业结构来看，云计算产业链的上游供应商为第三方IDC企业，以及包括服务器厂商、网络运营商和网络设备厂商在内的基础设备提供商，同时，IDC厂商也需要向基础设备提供商采购。产业链下游为云生态，包括基础平台和云原生应用等，云计算厂商负责提供IaaS、PaaS和SaaS等服务[12]。云计算产业链见图1.4.

图1.4 云计算产业链

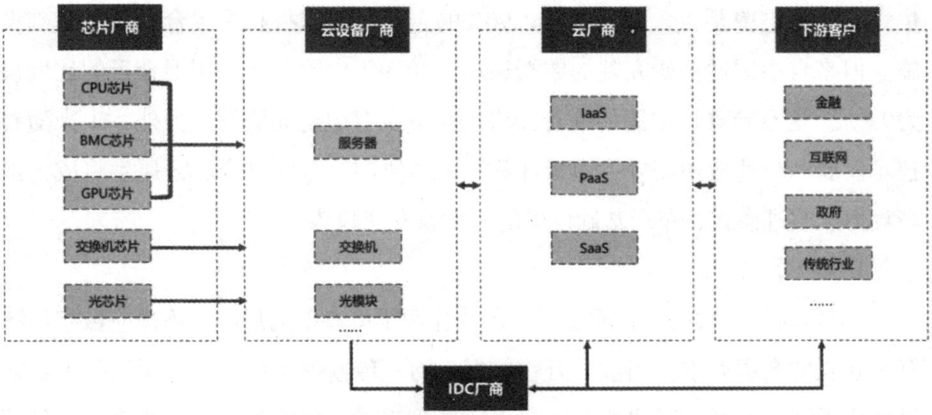

信息来源：《云计算第三次浪潮洪波涌起》[12]

从产业链整体趋势来看，各大IaaS厂商竞争力的差距主要来源于云计算基础服务的创新性、行业解决方案的成熟度以及服务实施效果，因此，建立整体云生态，聚合产业链上下游合作伙伴，是提高IaaS厂商市场竞争力的重要途径。美国SaaS市场获得了快速发展，SaaS产品的传统商业模式也在美国获得了极大的成功。我国公有云SaaS市场发展与全球整体市场有一定差距，目前已经形成了三大阵营包括创业公司、互联网巨头和进行云转型的传统软件公司，未来发展潜力巨大。国内外云计算市场持续扩张，市场规模日趋庞大。下游扩张的情况下，云产业链上游的数据中心流量同步快速增长[13]。据美国高德纳（Gartner）咨询公司统计，2019年，以IaaS、PaaS和SaaS为代表的全球云计算市场规模达到1883亿美元，增速20.86%。据高德纳预测，到2023年云计算市场规模将超过3500亿美元，其中，IaaS、PaaS、SaaS市场规模将分别达到971亿美元、749亿美元、1877亿美元[14]。

云计算技术具有超大规模、虚拟化、高可靠性、通用性、高可伸缩性、成本低廉、速度快、效率高等优势。云计算重点关键技术将在传统和新兴市场均发挥关键作用。高德纳预测，到2025年，企业生成的数据中将有75%在传统数据中心或云平台之外产生和进行处理。到2027年，边缘计算市场规模有望达到434亿美元。IBM的调查显示，超过85%的组织认为目前在边缘计算的投资将在三年内收获回报。2020年，我国有4.9%的企业已经应用了边缘计算；计划使用边缘计算的企业占比达到53.8%。同时，混合云逐渐成为云计算领域应用的焦点，高德纳曾预言，到2020年，90%的企业与组织将利用混合云管理基础设施。但来自中国通信研究院的数据显示，2019年中国企业采用混合云的比例仅为9.8%。这意味着，中国的混合云市场接下来有望全面爆发。另外，未来随着技术发展和行业应用需要，边云计算、云边协同、云网融合、云原生将成为提高算力、改进模式、布局基础设施的三大新发展趋势。

4. 5G

3G/4G时期，数据存在质量低、碎片化和维度有限的局限，不适应数字经济万物互联的数据要求。当前，万物数据入网、传输提速和广泛应用是关乎数字经济能否开展万物互联的关键问题。5G的到来，不仅使各类型、各来源、各领域的万物数据链接入网，且通过扩展网络带宽，达到数据量激增的数据传输速度要求，并将解决物联网边缘数据的计算、分析、处理与储存问题，使移动互联网向支持广泛设备联网的方向发展，在更广阔的工业控制、自动驾驶、智能电网等新行业新场景应用。5G除了解决3G/4G的数据问题以外，更重要的是，在此基础上，5G为万物数据和相关技术融合提供了统一的标准化传输，畅通了从数据采集到各场景应用的数据传输路径。5G应用场景分类见表1.5。

表1.5　5G应用场景分类

研究机构	年份	定义
日本	1997	没有人员、物体和资金的物理移动的经济是可能的；合同的签订、价值转移和资产积累可用电子手段完成；作为经济基础的信息技术将高速发展；电子商务将广泛拓展，数字化将渗透人类生活的各个方面
美国	1999	电子商务是一种进行交易的手段；信息技术产业是数字经济变革的发动机，是支持电子商务的基础
英国	2010	通过人、过程和技术发生复杂关系而创造社会经济效益
韩国	2013	以互联网在内的信息通信产业为基础进行的所有经济活动
澳大利亚	2013	由互联网、移动网络等数字技术赋能的经济和社会活动
G20峰会	2016	数字经济是指以使用数字化的知识和信息作为关键生产要素，以现代信息网络作为重要载体、以信息通信技术的有效使用作为效率提升和经济结构优化的重要推动力的一系列经济活动

续表

研究机构	年份	定义
俄罗斯	2017	数字经济本身是一种经济活动，以数字形式呈现的数据是关键的生产要素，数字经济有助于公民和社会在信息需求基础上形成统一的信息空间，有助于发展俄罗斯信息基础设施，促进信息通信技术的培育和应用，为社会经济发展构建新的技术基础
中国信息化百人会	2018	数字经济是全社会信息活动的经济总和。数字经济是以数字化信息为关键资源，以信息网络为依托，通过信息通信技术与其他领域紧密融合，形成了基础型、融合型、效率型、新生型、福利型五个类型的数字经济

信息来源：《运营商在5G时代数字经济的机遇和挑战》[15]

增强型移动互联网（eMBB）、海量连接物联网（mMTC）和超低时延可靠通信（uRLLC）是三大5G应用模式，4K/8K视频、百万级生产要素实时互联、99.9%以上的高可靠性、毫米级时延和毫米波等技术指标的达成，以及5G与其他相关技术（物联网、AR/VR、AI、边缘计算等技术）的结合，满足了当前制造业转型的基本需求。由于5G具有高速率、低时延、高可靠、广覆盖的特征优势，5G的应用场景将逐渐涵盖人们生活、生产的各个领域，保守估计近些年来，至少会在制造业、交通运输业、建筑业、公共事业、采矿及矿石业五大领域取得巨大收益。

2019年，中国颁发5G牌照，标志着中国正式进入5G的商用元年。根据数据分析，截至2020年10月，中国已累计建设5G基站超70万个，远超全球规模排名第二的韩国[16]，在5G建设方面中国将占据主要地位。国内厂商在5G的主要技术领域取得国际竞争优势。欧洲、美国、德国、韩国等都已早早在5G服务、建设、投资等方面开展5G战略部署。

尽管5G取得了巨大的进步，但6G研发工作已经开展。显然，未来数字经济万物互联之后的智能化目标，需要频段和传输速度更高、延迟更低、支持个性化用户需求、无需基站、可靠性更高、覆盖更全且费用更低的“升级版5G—6G”。

5. 物联网

物联网之前被定义为将可感知设备、可独立寻址的物体进行互通互联的网络。这一定义具有明显的互联网和上一代移动互联网特征。在这一定义下，物联网普遍分为感知、网络、平台和应用层。此时，物联网要实现智能化目标，选择的是人工智能的辅助方法。“物联网+人工智能”能够实现包括辅助/自动驾驶、生物识别、健康监测等功能。

但数字经济对物联网有了新要求。强调“物联网”不仅仅是“物物联网”，而是数据要素进入数字经济的重要关卡之一；将万物联网后，物联网与5G、区块链、边缘计算等其他技术的融合，将打破数据与数据间的隔阂，也将消除人机物的界限，实现万物的融合。

具体地说，在数字经济中，“物联网+区块链”使入网数据链接跟踪对应产品的全生命周期，使相关主体以数据为依据充分协调合作；物联网将与边缘技术融合，解决海量终端数据的质和量的问题；物联网将侧重服务于上层平台、应用和服务，提高系统智能化水平；物联网面向人的柔性化体现在将为用户需求提供定制化的软硬件服务；移动网络、5G、卫星网络在改变物联网基础设施不统一、不兼容、不规范、分散化的状态上起到重要作用。

当前全球物联网保持高速增长，伴随着数字经济向各产业渗透，物联网的应用场景有由消费占据主导转为向产业倾向扩展的趋势，预计未来在工业、交通、健康和能源等领域增长最快。尽管物联网行业发展态势良好，但是仍然存在缺乏统一标准、平台整合、安全性和成本问题，目前物联网行业正集中力量从技术、政策和经济角度去攻克这些难题。

6. 数字孪生

数字孪生自2003年提出概念，至2010年才有相对权威的定义，之后至2017年才开始成为大众关注的热点。这是由于数字孪生作为一项综合性技术，需要在关键技术发展相对成熟以后，进一步等待时机集成这些关键技术，才能取得实际效果。近几年，数字经济成为数字孪生技术发展的时机，而数字孪生的难度在于它需要集成高性能计算、多物理尺度和多物理量的建模等关键技术。

由于数字孪生涉及的相关技术多，涉猎的领域也多，数字孪生的定义并未明确。在此我们参考一种比较常见、易于理解的概念：数字孪生是充分利用物理模型、传感器更新、运行历史等数据，集成多学科、多物理量、多尺度、多概率的仿真过程，在虚拟空间中完成映射，从而反映相对应的实体装备的全生命周期过程。

数字孪生的重要意义在于将现实物理世界映射到虚拟数字世界里，和从物理世界到现实世界的CPS技术路径相反且思路逆向。数字孪生和CPS技术形成闭环反馈，刚好验证了虚拟与现实世界的相互作用，证明了理论方法的可实践性。由于数字孪生技术的重要性，全球重要经济体纷纷出台数字孪生相关政策，英美等国更是将数字孪生作为国家战略推进。

数字孪生的主要能力包括物联感知、全要素表达、可视化呈现、空间计算、模拟仿真等。CPS技术是先进制造的核心技术，之后应用于能源、建筑、交通等领域。因而，与之路径相反且思路逆向的数字孪生也可用于以上这些领域。当前，国内的数字孪生技术主要应用在数字孪生城市、交通、能源、工厂、医疗、水利等领域。其中，取得率先突破的是小空间区域的数字治理。

三、数字社会理论

从生产要素进入的角度，并考虑到各阶段总发展进程是“实体产业—虚拟产业—虚实产业结合”的路径趋势，为了方便探讨这一过程的变化，综合性地把各阶段对应的社会重新划分为：农业社会、工业社会（蒸汽革命开始）、信息社会（信息科技革命开始）、数字社会、智能社会。当前处于从信息社会向数字社会转型的历史时期，本节分别探讨两者的内涵、由来、特征及理论等问题。

信息社会

学界、产业界以及经济与社会的相关领域对于信息社会已做出了大量的研究，但迄今为止，对于什么是信息社会仍没有统一的定论。之所以没有形成一致的概念定义，是由于信息社会本身是一个不断发展的过程且涉及范围过于广泛，且其技术仍未将客观世界描述清晰，使得信息社会存在不同角度的形态与内容，人们更容易从不同角度理解其表象，却难以触及其本质。但所幸，人们对信息社会在认识上具有一定的共识，特别是对于信息社会和信息经济的理论意义和发展实践是万分认可的。

1. 内涵及由来

关于什么是信息社会有三种典型的观点。第一种观点认为信息社会即是后工业社会，其代表是信息技术，标志是信息经济，认为信息社会是信息革命的产物。第二种观点认为，信息社会是工业社会的一个阶段，在信息社会，资本和技术推动了社会发展，但并未带来巨大变革。第三种观点认为，信息社会仅是由工业和资本相互作用下促使的信息化管理控制方向及机制带来的新社会类型。

这三种观点与信息社会的由来历史有关。1959年、1962年、1977年，美国学者先后提出了“后工业社会”“知识产业”“信息经济”的概念。1964年、1968年，日本先后提出了“信息社会”“信息化”的概念。1976年，法国提出了“社会的信息化”的概念。我国在1986年才提出信息化的问题。随后，信息社会这一概念引起了全球越来越多的关注，其中2003年联合国“世界信息社会高峰论坛”成为一个重要的里程碑式事件。直至2006年，我国在《国家信息化发展战略》中，首次将“为进入信息社会奠定坚实基础”作为国家战略目标。

时至今日，信息社会的定义有很多种，例如定义为：信息产业高度发展并在产业结构中占据优势的社会；社会生活中广泛应用现代化通信，计算机和终端设备结合的新技术的社会；“一个以人为本、具有包容性和面向全面发展的社会。在信息社会中，人人可以创造、获取、使用和分享信息和知识，使个人、社会和各国人民均能充分发挥各自的潜力，促进实现可持续发展并提高生活质量”。信息社会是与农业社会、工业社会等相对而言的一种技术社会形态，是工业化社会之后，以信息科技的发展和应用为核心的高科技社会，是信息、知识起主导作用的知识经济社会；按照社会生产力的标准，信息社会即普遍使用智能工具的社会；是社会生产力、生产关系以及上层建筑中信息成为关键因素，社会发展以信息为总体特征的社会形态，属于社会的技术形态。信息社会是基于信息作为第一资源的社会，也是充分开发与利用信息资源的社会，是在全社会范围内统筹自然和社会信息的社会；是指以创造信息、加工处理信息，分配、传递、使用信息为主的经济社会，以及以信息工业为主的社会；在信息产业、信息应用与信息保障三大方面里，所结成人与人之间的相互联系、相互依存的有机整体，而这样的有机整体对社会及其经济的发展起到极大的推动作用。

综合信息社会的三种典型观点和各个定义，总体来说，这些观点和定义的共性在于认为信息社会对经济、社会等各方面的影响是深远的，且使社会中的每个人均受益匪浅，信息技术变革在信息社会中起到关键作用，且使其具有区别于以往各社会阶段的特性。但这些观点和定义之间仍存在一定的争议。争议主要集中在四个方面，即信息社会所处的具体阶段，是工业社会的一部分还是新的社会形态；信息社会是否是信息技术带来生产力、生产关系以及社会变革；信息社会的终点是信息化还是智能化；信息社会的本质是信息技术变革还是信息资源利用。

其中，关于信息社会所处的具体阶段的争议，主要观点有四种。第一种认为信息社会是工业社会的一部分；第二种认为信息社会是后工业社会；第三种认为信息社会是工业社会以后的第一个社会阶段，其后是数字社会、知识社会和智能社会；最后一种认为信息社会是智能社会。从各观点本身来说，认为信息社会是工业社会的一部分的观点，实质上扩大了工业社会的范畴，从产品的角度，认为只要信息是工业化产品的一种，那么信息社会就是工业社会的一个阶段。类似的，认为信息社会是智能社会的观点，实质上夸大了生产工具的重要性，认为只要智能化工具在信息社会中发挥了重要作用，那么信息社会就等同于智能社会。这两种观点较为小众，主要是由于，人们对于身处信息社会的直观感受，以及对于未来智能社会和当代社会差距的预期，同这两种观点不太相符。相反，在现实中，“认为信息社会是工业社会以后的第一个社会阶段，其后是数字社会、知识社会和智能社会”的观点被普遍接受。这是由于，在实践中，核心生产要素在历史上几次工业革命中的核心主导及决定作用非常突出，这一观点正是基于核心要素变革对社会发展阶段进行划分。相比较而言，认为信息社会是后工业社会的观点，认为信息和知识成了后工业化社会决定性的变数。当前“科学的社会组织的根本变化”和工艺方面深刻的质的变化是“信息社会”的特征，未来其他过程和现象中的“未来文明”将是突出特征。因而从某种意义上，这一观点在一定程度上反映出了社会的演进顺序，即信息—科学知识—智能。这一点正与“认为信息社会是工业社会以后的第一个社会阶段，其后是数字社会、知识社会和智能社会”的观点不谋而合。

虽然存在信息社会是否是信息技术带来生产力、生产关系以及社会变革的争议，但是对于信息社会中“信息社会高级知识劳动者增加，信息化程度提升，以及信息化及其相关产业产值在国民生产总值中的比例的提升”的必然性是共识的。争议的焦点在于信息技术带来的生产力、生产关系以及社会变化是毋庸置疑的，但这种变化是否是变革性的却是认识上不统一的。终结这一争议的最佳方法是确定信息社会的统计方法。但迄今为止，信息社会的统计方法尚未统一，且由于信息技术的结构信息量超越了当前的统计能力，导致这一争议尚无定论。

关于信息社会的终点问题，大部分人的观点还是倾向于认为信息社会发展方向是信息化，网络化在其中发挥了核心作用。持这一观点的人认为信息社会依赖于建立在畅通的信息交流与传播基础上的高度信息共享，信息只有在传播、交流中才能实现其价值。信息技术的发展趋势为从机械化向自动化、信息化转化，网络普及广泛及高效迅速是信息化的关键基础。信息技术的下一步是数字技术而非智能技术。相反的，也有人认为信息社会的标志是普遍使用智能机器人、智能计算机等智能工具，因而信息社会也可以称为智能社会。这种观点显然与人们对信息社会和智能社会的普遍理解不同，它更强调生产工具的重要性，淡化了生产核心要素、资源、经济、环境等因素的变革性。事实上从信息社会到知识社会再到智能社会的过程并非是一蹴而就的，且并非是信息技术一己之力的结果，而是需要技术、生产、经济、政治、文化等各方面相关因素的相应变革共同支撑的。因而，“信息社会是在工业社会之后的第一阶段，知识社会是第二阶段（也是更高级的阶段），智能社会是第三阶段即最高级的阶段”的观点得到了普遍认可。

关于信息社会本质的争议，支持技术变革的一派认为信息技术革命是社会信息化的动力源泉，信息技术的广泛应用对经济和社会发展产生了巨大而深刻的影响，从根本上改变了人们的生活方式、行为方式和价值观念。相较而言，支持信息资源利用的一派认为，物质、能源和信息是人类可以利用的三类基本资源，从农业社会到工业社会再到信息社会，核心资源相应地经历了从土地

（物质资源）到能源到信息的转变。信息社会中信息资源利用不仅提高了对三类基本资源的利用，还推动了资源置换作用，进而统筹社会的所有资源的分配、利用，从而改变经济与社会结构，推动经济与社会进步。在这个过程中，信息技术虽然重要，必须做到保障信息能被全社会所有人方便、及时、充分地共享，但信息技术只是工具与手段，并非本质。

2. 特征

有学者指出，根据社会系统动力学演进原理，动态演进的结果呈现出科学技术、资源、工具、社会进步的不断改进和持续更新规律[17]（如表1.6所示）。

表1.6　社会演进的历史趋势

时代	表征性资源	表征性科学技术	工具	社会
古代	原材料	原材料　科技	人力工具	农业社会
近代	能源	能源　科技	动力工具	工业社会
现代	信息	信息　科技	智能工具	信息社会

根据表1.6中信息社会和工业社会的对比可知，信息社会与工业社会不同，工业社会发展主要依赖于能源资源，信息社会发展主要依赖于信息资源；工业社会的主要劳动工具是动力工具，信息社会的主要劳动工具是智能工具。

除此之外，信息社会和工业社会的其他区别有：工业社会发展的基本技术是蒸汽机、内燃机和电力，信息社会发展的基本技术是计算机等新一代信息技术；工业社会起源于动力革命，信息社会起源于信息革命；工业社会以现代化工厂为象征，信息社会以现代化网络为象征；工业社会的核心产业是制造业，信息社会的核心产业是信息产业；工业社会的生产和生活方式是集中式，信息社会的生产和生活方式是分散的。信息社会和工业社会的这些区别，使得信息社会和工业社会形成了完全不同的经济形态、组织结构和文化。

由于信息社会将信息化作为第一生产力，将信息作为社会的第一资源，使信息和信息技术渗透到经济、社会、政治、文化、生活和生产的各领域与行业，由此导致劳动力结构和产业结构发生了根本性变化，并以此决定生产关系和生产方式，甚至推动上层建筑和意识形态进步。信息社会具有如下基本特征：

（1）信息社会技术性变革特征

信息技术对经济、政治、文化和社会生活等方面都具有极强的渗透力，已经成为社会赖以存在和发展的基本技术支撑，全面推动了经济发展和社会变革。信息技术是建立在现代科学基础上的信息获取、传递、处理、存储的技术，是一个以微电子技术为基础，包括计算机技术、通信技术、自动化技术、光电子技术、光导技术和人工智能技术等所构成的高新技术群。

信息技术以软硬件结合，奠定了信息社会的信息“神经网络”和智能工具基础，从而实现了信息共享和快速流通两大核心功能。其中，信息共享的重要意义在于通过信息共享实现了社会资源的全面链接，并推进资源的重构与创新，构建了以信息为基础的公有制雏形。信息的快速流通依赖于网络化，而网络化通过全球化信息流通促使人的生活方式、生产方式和生产关系发生巨大的结构性转变。在信息社会中，信息的流通速度是重要指标之一，信息的流通速度越快意味着其带来的社会发展越迅速。

当前，信息技术仍在高速发展，有学者指出，当信息技术被用于代替机械劳动时，其提高的劳动效率是有限的，而在不远的未来，当信息技术被用于代替人的脑力劳动时，其带来的生活及生产提升空间将是无限的。因此，研发及广泛应用智能工具是信息社会的必然发展方向和趋势。

（2）信息社会经济变革特征

随着信息时代的到来，信息成为最重要的经济和社会资源，在生产中的地位和作用日益突出，成为最重要的经济资源和经济增长的源泉，使社会生产方式高度信息化、智能化。许多著名经济和社会学家指出，土地、劳动、原材料和资本等传统生产要素逐渐成为位于知识、技术等新型生产要素之后的次要要素，在信息社会时代，不再占据主要核心地位。

正如前文，信息技术实现了信息共享和快速流通两大核心功能。这两大功能将进一步带来信息社会的经济变革。首先，信息共享使得生产资料有机会在产业链上被相关产业主体共享，推动生产力的差距缩小和全面进步，为经济社会整体的增长提供信息基础。信息技术催生了一大批新兴产业，其中，信息产业的产值在全社会总产值中的比重迅速上升，成为整个社会最重要的支柱产业和经济发展的引擎。与此同时，信息技术对传统产业也产生了深远影响，改造了其产业结构，提升了其劳动生产率。

其次，随着智能工具的普遍使用，未来在智能社会，物质资料的生产能力和水平将达到前所未有的高度，在劳动力需求下降的同时，产品数量、质量及生产效率都将得到指数倍提升，未来的信息、知识、智能产品将超过传统的物质资料产品成为占统治地位的产品。同时，智能工具社会导致生产方式发生了巨大转变，传统的机械化的生产方式被自动化、智能化的生产方式所取代，刚性生产方式被柔性生产方式所取代，大规模、集中性的生产方式被分散型、定制化生产方式所取代，社会整体的生产方式逐步转变为以信息服务和知识创造为主。

另外，网络化与信息化、智能化的结合，将使经济变革的效应遍布生活生产的各个领域，使社会人口普遍受益。同时，自动化、智能化的生产方式也将要求劳动者提升信息技术相关能力和基本素养，以适应要求不断提高知识能力的工作需求。

（3）信息社会组织结构和文化变革特征

由于经济基础决定上层建筑，在不同时代、不同技术和经济基础之上，必将形成与之相适应的社会组织结构和文化。

在社会组织结构变革方面，基于非中心化、超地域性、全球性的信息网络以及信息共享，传统的管理层从垄断信息到垄断决策、管理权力的优势被打破，现实社会分地域管辖、集中控制的管理方式和以固定空间领域为基础的管理体制受到冲击，组织管理结构正在由传统的金字塔型组织管理结构逐渐向网络型的分权式管理结构演变[18]。因此，信息社会实行按需分配的原则有计划地组织社会生产，使人们获得全面发展的自由。在信息社会，社会生产资料被社会的全体成员共同拥有，进而导致信息社会的社会生产关系发生彻底的改变。通过大规模的信息网络，所有社会成员将拥有平等的地位、权利和相同的工作方式。

在信息文化方面，由于信息时代技术基础、实践基础、经济基础和组织结构的显著变迁，作为上层建筑的意识形态、道德法律以及文化价值观也必然会发生相应的变革。由此决定了信息社会作为共享社会，由于与社会主义社会的特征相吻合，将成为一种人性化、智能化、科学化的高度民主、高度文明、高度发达的社会，并推动世界共同进入社会主义社会形态。

3. 几种理论观点

如前文所述，当前人们对于信息社会的认识及其作用有一定共识，例如信息和信息技术对经济和社会的重要性，但对于信息社会的定义存在一系列争议，信息社会理论主要形成了以下几大典型的观点：

一是信息社会经济结构观。经济结构观认为信息社会的基本特征是信息部门和信息产业在经济社会中的占比越来越高，劳动力向信息部门转移、职业结构发生变迁、GNP中信息活动比例越来越高，认为信息社会的形成和发展是由信息经济导致的。这一观点从侧面支持了信息革命导致经济体系变化的观点，符合信息技术、信息资源和信息系统共同作用改变社会经济系统运行方式的客观规律。但信息社会经济结构观有一突出的缺陷，即对信息工作者的分类自相矛盾并且过于宽泛，同时缺乏信息社会转变的实质性建议。

二是信息社会信息化程度观。这一观点主要采用信息比和信息化指数两种指标来测量社会信息化的程度。以此为基础的社会标准化测量强调的是信息在社会中的作用范畴和程度，但由于在实践中测量指标难以准确测量，难以达到标准化测量对社会、政治结构、价值观的参考价值要求。相类似的，有人提出以信息高速公路建设或信息产业在国民生产总值中所占比重达标作为信息社会到来的标志，但由于信息产业范畴和信息高速公路建设程度均没有明确的标准作为判断依据。因此，实践参考意义依旧不大。

三是信息社会信息技术观。信息社会信息技术观将计算机和通信技术的扩散与渗透作为信息社会的决定性特征，其强调信息技术对社会发展的潜在利益的观点，得到许多专家学者的认可。因为人们可以直观地感受到信息技术是社会信息化的动力源，信息技术不仅提高了劳动生产率和生产力水平，促进了生产方式的信息化、智能化，还使人们的生活方式、行为方式、休闲娱乐方式、社会组织方式、组织管理方式等发生显著变化，甚至对整个社会的意识形态、文化价值观念以及人们的思维方式等也产生深远的影响[18]。这一观点强调了信息技术的决定性作用，排除了其他社会、经济和政治因素，因而无法全面准确地测量社会的信息化进程，不能作为信息社会的基础。因而，也有专家对信息技术决定论持相反的观点，认为信息技术只是支撑信息社会发展的重要基础之一。

四是信息社会问题观。信息社会问题观也称信息社会的批判理论或批判派，焦点在于探讨信息技术大规模应用所带来的社会利益问题。这些问题包括经济与信息的不平等、信息化带来的大规模失业、对劳动者的新职业信息素养要求使劳动者工作削弱、大型跨国机构的信息垄断等。批判派认为技术受控于政治和文化，主要服务于权力阶层的利益。虽然信息社会问题观致力于解决政治秩序对规范信息技术的影响问题，但由于缺乏实践验证，其贡献力度不足以服务于广泛的社会利益。

五是信息社会多元观。多元观将社会作为一个整体进行宽泛研究，认为信息社会是包括经济、技术、社会、政治和文化的多维度社会，进而构建了基于此的全新的信息社会图景和框架。多元观被评价为是过于理想化的观点，对于各维度的相互驱动作用缺乏研究，对信息社会的实践缺乏考虑。

基于以上这些理论观点，信息社会实践正在不断加快发展进程。当前关于信息社会现状，人们普遍认为：从信息革命到全球化，人类社会已经进入信息社会，标志性的信息技术是卫星通信和计算机。信息不论是否被看作资源，都发挥着主导作用，而信息技术对经济和社会的推动作用更是举足轻重。在信息社会，每个劳动者必须尽力提高自身的信息劳动能力以适应信息社会的需求。与此同时，人的意识形态和价值观正受信息社会的巨大影响，智力被进一步启发，包括个人及社会组织在内的主体都更加注重信息的获得和使用，并以此为基础愈发重视战略性的规划。更重要的是，网络化和信息化带来的全球化，改变了世界各国和各地的经济、政治及社会发展格局，这种群体性效益是以往不可想象的。值得指出的是，虽然以美国和日本为代表的先进入信息时代的国家曾经具有较为突出的优势，但是，我国利用经济信息化发展机遇及通过加快全面的信息化建设，已取得了一定的“后发优势”。

数字社会

数字化、网络化、大数据、人工智能等当代信息科技的快速发展和广泛应用，孕育了“数字社会”这一特定的社会文化形态。总体而言，数字社会的建设与发展，在全球许多不同的国家和地区都已迈开坚实的步伐，在实践探索中积累了经验做法。展望未来，数字社会的发展必将迎来更为广阔的前景[19]。

比较数字社会与信息社会，可以得出结论：信息社会脱胎于资本主义制度，而数字社会则具有社会主义的某些特征；信息社会带来了全球化也带来了信息垄断，数字社会才能产生普惠式的社会进步；由于技术原因，信息社会更侧重信息经济的发展，而数字社会不仅是一种社会进步，还会带来生活与生产的全面变革。数字社会与信息社会的区别表明，从信息社会到数字社会，是从量变到质变的进步。数字社会是数字技术革命和数字经济革命的社会结构变革形态，其意义重大。

1. 内涵及由来

自数字技术代替信息技术推动着社会的全面发展以来，信息社会不再适应社会客观发展的规律，因而逐渐让位于数字社会发挥关键作用。在这场技术变革引发的社会变革中，数字社会的概念得到不同角度的认知。一是，认为数字社会是一种新的社会形态，对应于信息社会的软硬件技术和信息化管理，数字社会更加围绕工业社会的优化和重构来提高效率，达到数字化转型的竞争力提升、数字经济的普惠性和数字化信任度的目标。二是，定义了数字社会的主要对象是人，以数字化治理为关键问题和内容，其范畴涵盖社会的各领域、各方面，数字社会形成的重要标记是数字化信任和制度确立，并支持全社会数字化、一体化、智能化的发展。三是，指出数字社会是以技术标准划分的社会形态，由数字技术决定并塑造了数字社会，数字社会是开放的、具有一定自组织性的、制度和法律秩序相应重构的新社会形态。四是，强调数字社会对产业、社会、经济组织等的深度颠覆性，认为其本质仍是网络社会，通过网络平台、数据技术积累具有价值的数据要素，并以数据要素为核心要素，使数据要素及其应用广泛渗透到社会生活的方方面面，彼此融会贯通，推动社会关系变革。五是，有人认为与“以网络时代的整个社会作为数字社会的广义定义”相对应，狭义的数字社会是指拟社会化的赛博空间（cyberspace），数字社会与现实社会之间的映射关系，但数字社会具有自由性、开放性和虚拟性等区别于其他社会的特征。

理论上，数字社会的由来大致经历了三个阶段。一是，由于数字技术的大量汇聚导致的质变，其凝集力远超各个技术进步的集合。根据技术发展规律，当前世界处于技术大爆发时代，促使世界上有一定技术基础的国家投入更多支持加速群体技术的进步，以对社会发展产生更大、更深远的影响。如以大数据为例说明这种变化，可以看出，大数据已从客观地描述相关世界，变为可以和人工智能、云计算等技术结合并用于改变世界的技术。这种作用不仅对客观事物产生影响，还可能对包含主观逻辑的信息、思想和认知产生影响。一旦这种影响作用于一定数量规模的人或物，必然会使人、物及相互关系产生根本性转变，最终导致生产力、生产方式和生产关系发生变革，使得生产力和生产效率产生质变式攀升，充分平衡了规模化生产与个性化生产，实现数字化和智能化。二是，在生产力、生产方式和生产关系发生变革以后，经济形态也发生了重大变革。即数字技术对应的数字经济，使资源、能源及一切生产要素得以数字化及精准规划、配置、监管和运营。在算力足以支撑的基础上，数字经济使得以往的市场、产业、金融等经济阶段和要素更加可控可靠。在宏观、微观经济要素的数字化基础上，之前不可能实现的精准供需问题得以解决，数字生产方式、生产力将成为供需匹配的坚实基础。三是，数字社会使得社会主义系统结构有望在经济层面得以运用。由于数字社会的普惠式目标、“有计划”的经济形态，以及自组织的治理方式，某些学者认为数字社会具有社会主义的内核。

从实践上来看，基于大数据、人工智能、3D打印、新型材料等技术的数字化生产，可以完成定制化、个性化生产。互联网、物联网积累的生产和生活大数据，可用于优化生产过程与社会产出。通过人工智能技术，生产、经济与社会宏观治理及微观管控也将日益完善。当前，基于数字化基础设施的构建，数字社会涵盖面非常广泛。在社会性服务方面包括数字教育、数字文化、数字社会保障、数字社区和数字商务等。此外，数字社会及数字经济催生出一系列的数字化和智能化的新兴产业，比如，围绕人工智能的前沿技术——语音识别、图像识别以及无人驾驶等应用技术产业。

虽然数字社会是当前阶段先进的社会形态，也是技术变革的必然，但是人们依旧指出了其面临的一些问题，包括技术带来的风险问题、数字治理的复杂度过大、数字制度和法制不完善、数字鸿沟问题等。

2. 特征

信息社会至今仍未有明确统一的定义，一部分原因是信息技术与信息对现实社会的影响有时不够直接具体或过于简单粗暴，使对其作用的精确计量和监管控制难以实现，使得信息经济带来一定的经济和政治不稳定性，使得网络中心化组织垄断模式更为隐蔽且在一定程度上阻碍公众普惠，使得文化同化加速的同时又价值冲突不断。我们期望数字社会不再有这些问题，希望数字技术及数据要素润物无声般渗透进生活与生产的方方面面，更科学合理地使社会、经济、文化得到快速的高质量发展。数字社会的形成是数字经济革命的一大标志，原因正在于，从信息到数字，社会的方方面面更细致、更可控、更全面、更深刻地进行了重构。和信息社会一样，数字社会同样存在技术、经济、组织结构和文化方面的变化。不过对信息社会来讲，这些方面的变化仅可称为变革；而数字社会中这些方面的变化则可称为革命。

（1）数字社会技术性革命特征

从信息社会到数字社会，一切变革起源于技术革新。但从本质上来说，信息技术还谈不上是技术革命，因为其对于生产力和生产关系的变革作用有限。根据以往的经验，信息技术及信息在生产和生活上发展得并不均衡，在区域和领域上发挥的效用也并不一致。这往往并不是信息技术与信息自身的原因，我们都知道信息技术及信息是较易复制的，且往往不需要太高的成本，而信息化的根本阻力在于信息化的效用并非及时和直观。特别是在涉及生产力和生产关系的部分，出于基础优势，信息化对原本先进的生产力和生产关系的吸引力更大。对水平一般及较低的生产力和生产关系来说，由于对其提升的空间不大，出于对信息化风险性的考虑，往往对信息技术的需求不高。

有人说从技术来看，数字社会的主要特征是更广泛的网络化或数字化。仅从这两个角度，可以解释数字社会相对于信息社会的进步性，但仍未能概括数字社会的技术革命特征。数字技术革命的意义在于数字技术与生产力和生产关系可完美地融合，进而改变生产力和生产关系的本质。比如说，区块链不仅仅是数据资产交易平台，更重要的是，它给社会中的每个人带来平等的交易机会；数字孪生技术，使得原本信息对世界的抽象描述具象化为数据对世界的具象描述，使社会中的每个人可以更清晰直观地了解世界；伴随着大数据的爆发，人工智能将协助人们从相对简单的重复性劳动中解脱出来，有机会参与更高创造性的工作，真正实现人类智慧的价值；5G甚至以后的6G，不仅仅提高了网速，而且拓宽了技术、地域、时间的范畴并打破了它们的局限，为生活和生产的发展提供了无限可能；物联网在数字化中的作用远胜于在信息化之中，使物体不仅广泛链接，还以各方面因素低消耗的方式为普惠发展提供可行之路。

（2）数字社会经济革命特征

信息社会经济变革的关键有两点。一个是信息作为资源对生产力、生产关系，特别是对生产要素起到前所未有的推动作用。信息社会生产力、生产关系受其影响在一定程度上发生了转变，提高了劳动力生产效率，同时改变了生产要素的排序，将知识、技术要素的位置提前。但是，信息由于不能确保其价值性，也就不能确保其在生产力、生产关系和生产要素所起的作用是稳定有价值的。因而信息在很多场景下只能独立地存在于生产力、生产关系和生产要素，对其起到辅助作用，只有部分核心关键信息才有机会真正融入生产力、生产关系和生产要素，成为其中不可或缺的一部分。这正是大数据、数据挖掘和云计算等技术存在的本质原因。另一个关键点是，由于信息无法完全融入生产要素，因而信息对于生产要素的作用只能被人们认识为智能工具在生产中起到的作用。从某种意义上来讲，信息既然难以直接融入生产要素并保证产生价值，确实也只有通过智能工具挖掘、筛选、提取和提升信息中生产要素需要的部分。这一路径原本并没有问题，但随着信息量大爆炸，由智能工具对信息进行加工处理的方法越来越烦琐复杂，而同时生活和生产对信息价值的需求度越来越高，矛盾难以调和，因而人们开始期待一场新的革命，使信息化快速地向智能化跃迁，使生产力、生产关系和生产要素从根本上改变。因而，就有了数字技术、数字经济和数字社会。

与信息社会经济变革相对应，数字社会经济革命的关键也有两点：一是数据要素化，二是数据价值化。这两点保证了数据存在的意义和价值。数据要素化是生产要素革命性变革的关键标志，数据要素也是核心生产要素。我国对于数据要素的定位，不仅说明了其作为生产要素中的核心部分，对其他生产要素、生产力和生产关系的核心作用，更说明了在数字经济革命中，数据要素化是生产力、生产关系、生产要素提升发展的核心线索，它将深度融入数字经济的方方面面，且一旦融入，其作用将是实时动态、科学可控、跨越时空、持续共享、配置优化、资源协作且有可能牵一发而动全身的。而数据价值化，不仅是数据要素化及数据作用的保障，更是数字经济、数字社会追求的目标。在信息社会对信息价值化的关注基本局限在信息数据研究领域，与信息价值应用的联系度不够紧密，造成了信息资源的浪费及供需不匹配等问题。而数据价值化的目的更加明确，既要关注理论更要使理论能够解决实际的问题。如前文所述，数据价值化包括数据采集、标注、确权、交易、安全、共享、跨境传输和数据资产化几个部分。各部分共同作用能够形成一个大的闭环，数据在其中流动运转不断地释放其价值。这是数据要素化的价值层面体现，也是指导数据要素优化的重要手段。数据要素化和数据价值化共同作用不仅带来了生产要素、生产力和生产关系的根本性变革，更带来了数字经济革命和数字社会的经济革命性。

（3）数字社会组织结构和文化革命特征

如前文所说，在信息社会组织结构变革方面，传统的管理层从垄断信息到垄断决策、管理权力的优势已被打破，信息社会实行按需分配的原则有计划地组织社会生产，社会生产资料被社会的全体成员共同拥有，所有社会成员将拥有平等的地位、权利和相同的工作方式。事实上，虽然和传统经济相比，信息经济和信息社会具有极大的进步性，但信息经济和信息社会中信息全球性流动并没有完全理想化地实现这些目标，特别是在信息化的信息垄断及信息资本化的剥削下，信息社会组织结构虽然打破了传统社会组织的中心化，但却构建起了以自己为中心的新中心化。除了出于趋利的原因，背后还有其努力与传统经济相合作的原因。因而，我们必须构建一个更加客观的，从技术到经济产业模式再到组织结构上，都不可能导致垄断及剥削的新革命，即以数字技术为基础构建的完全去中心化的数据要素流动平台，并以此为基础进一步构建数据共享供应匹配的数字经济产业模式，并在社会组织层面确立普惠共管式的社会制度及制度保障。

在数字文化方面，也如前文所说，信息社会是共享社会，与社会主义社会的某些特征相吻合。在此基础上，数字社会文化将会进一步将每个人的优势能力激发出来，全面加强每个人对数字化的参与度，进而改变社会文化的形态。

这一点在疫情期间体现得尤为明显，由于疫情的原因，线上经济发展迅速，每个人都不可避免地受到影响并参与到个人数字化（例如健康码的应用）的过程中，并对于线上产品（例如一些应用端线上内容产品）的参与度大幅度提升。这些都影响着每个人的生活、工作及三观，这种文化转变程度和速度是前所未有的也是革命性的，它使得数字社会文化区别于之前的其他社会文化，并带来了全新的社会形态。

3. 几种理论观点

关于数字社会的社会性质问题，一种观点是：信息社会是描述工业社会与资本主义社会变化的理论。信息社会理论将信息社会分为两个阶段。第一阶段的信息社会中，知识和信息是主要结构特征，是经济增长的主要动力；信息社会是工业社会框架的调整和优化的产物；信息社会技术仅是工业社会内部对生产方式优化和提升生产效率的技术；信息社会仍是工业社会的一部分。第二个阶段的信息社会依靠互联网等信息技术使社会基本结构发生了改变，信息技术范式使得生产力潜力得以充分发挥，且信息社会的网络化特征使得全球化成为世界经济的主流，进而提升了生产效率、降低了成本；信息社会不再属于工业社会，信息社会的产生是资本主义社会系统结构改造过程的表现。以上观点正印证了信息社会是资本主义制度的产物，本质尚未脱离资本主义范畴。因而虽然信息社会为全球化以及中国经济的发展带来巨大的好处，但是中国的社会性质决定了，不能依靠信息社会提升及变革生产力、生产关系和生产方式，而应当追随更符合自身制度背景的社会化理论，即数字社会理论。

由更深入的分析可知，数字社会之所以具有革命性，是因为它是从资本主义到社会主义的过渡阶段。由于资本主义的剥削来源于生产资料的私有化，资本主义的目标是追求剩余价值最大化。资本主义社会的基本矛盾特点是：资本与劳动的矛盾进一步加剧；经济运行的无政府状态更加严重；虚拟经济与实体经济严重脱离；世界经济严重失衡。由此，导致的当代资本主义基本矛盾的运动包括：无产阶级与资产阶级的矛盾；生产过剩的经济危机；生产、消费与生态环境的矛盾；发达资本主义国家之间的矛盾；发达资本主义国家与发展中国家之间的矛盾。本质上，这些问题是资本主义经济和社会制度导致的。社会主义经济和社会制度优于资本主义经济和社会制度，但因为以往社会主义国家相较落后，没有能力创造出更高水平的劳动生产力，因此社会主义没有替代资本主义。

按照以往的历史，通常以为革命必然是通过直接暴力手段发生的。但是这种观点忽略了，革命的本质是对关键生产要素所有权以及在此基础上的经济社会制度建立管理权的争夺。这种争夺在不同的历史时期必然具有不同的特征和手段。经济发展的不同历史阶段中生产要素本身是发生了巨大变化的，特别是其中的核心要素转变，具有从有形向无形转变的趋势。因此，显然，针对无形（虚拟）的核心生产要素的抢夺，必然不会是一种直面的、短暂的有形革命，而将是一种起始于新要素产生和新理念思想形成的、间接的、潜移默化的革命。而这场革命其实已经悄悄来临了，它就是数字经济。数字经济即将打破资本主义的生产资料私有化，它用数字链接重组这个世界的经济和社会体系，以构建平等、可信、共享、普惠的新政治和社会体制为目标，追求价值的最优化，从根本上解决资本主义经济和社会制度导致的矛盾。在这个意义上来说，数字经济的目标与社会主义的本质具有一致性，数字经济的到来即将创造出更高水平的劳动生产力，预示着社会主义制度即将发挥巨大的优势，并成为世界的主导者。这一革命进程给经济、社会和政治带来巨大的冲击。但毫无疑问，经济基础决定上层建筑，数字经济必然会实现从资本主义到社会主义的历史重建。

数字社会的基础是数字技术革命。有专家指出因为数字技术革命超出了工业革命范畴，其影响不但推动了生产力水平的提升，更使生产力增长超出了量变阶段而走向质变阶段。数字技术革命计划性和智能化使其成为人类历史上的最后一场工业革命，人的生产方式和生活方式都将走出工业社会，步入数字社会。

从以信息为核心的信息社会到以数据要素为核心的数字社会，最为根本的变化是从大数据到数据要素的升级。大数据对信息社会的描述是模糊的且不全面的，而数据要素对数字社会的描述是精准且全面直观的。对比来看，大数据时代注重的是数据挖掘，而数据要素化以后将更侧重于智能技术在数据上的应用。基于大数据的信息社会更多支持的是社会经济生活，而基于数据要素的数字社会不仅支持社会经济生活，还支持社会生产和社会治理。

在数字社会形态上，数字化更深入地渗透进人类社会的方方面面，使人的生活、生产和经济全面数字化。因而，针对数字社会的独特问题及风险性，有学者指出，数字化使世界可以完全被数据刻画，达到“透明”的状态，虽然对科学进步、经济发展具有正向作用，但是如果不对数字化进行控制，仍有可能导致人的隐私及其他自由权利受到不良影响。同时，社会生活的节奏性将变得超常快速，风险和收益难以预计，社会的不确定性显著增加。数字社会中，政治、经济、文化等相关事务被数字化之后将加快流动速度、扩展流动规模。社会活动将不再受限于地域，且万物互联将所有设备、人、资金、数据充分连接起来。在数字社会，全面覆盖、精准定位、重视体验的未来治理图景将得以实现，并以此为基础最优化分配社会资源。

有专家指出，数字社会是数字经济发展的最后阶段。在数字社会以后将是智能/智慧社会，这是未来数字化向智能化发展的必然结果。智能/智慧社会被认为是一个无需人工干预，情境感知机器和技术能够作出决策，从而提高效率和福祉的社会。也有定义认为智能/智慧社会是政府精心部署的数字技术能够改善人民福祉、经济实力和制度效率等三方面成果的社会。或者智能/智慧社会被定义为随着新一代数字技术和智能技术的成熟和广泛利用而出现并深度发展的新型经济社会形态，在科学技术、产业活动、人民生活、社会治理等方方面面都呈现高度智能化的特征。同时，智慧社会也是一个更高的社会价值形态，以人民为中心、可持续发展、包容性增长等价值目标通过新的技术手段及其引发的社会关系的变革得以实现[20]。从智能/智慧社会的各种定义可以看出，智能/智慧社会与数字社会具有连续性，其技术基础包含着数字技术的重要力量，其目标、制度、价值观与数字社会具有一致性。

元宇宙

2021年是元宇宙元年。以数字经济及其环境为背景，分析元宇宙火爆的原因：一是之前实体经济与虚拟经济独立发展，导致发展速度不一致，造成出现世界经济危机、能源危机等问题，人类社会发展到现阶段需要将实体经济与虚拟经济融合，因此需要链接实体经济与虚拟经济的通道，形成了“元宇宙”经济形态；二是经济发展到现阶段，人的需求从物质向精神层面扩展，生产力从解放双手向解放大脑转变，导致了以此为目标的新兴技术大量涌现，这些技术凝聚交互，构建了新的技术群体，形成了“元宇宙”技术生态；三是出于“元宇宙”经济与技术变革将带来的巨大发展潜力，世界经济与技术发展格局也将重新洗牌，各国开始重视在该领域技术、产业及市场上的发展，以期以此为契机，取得未来国际经济、技术乃至政治竞争的话语权；四是“元宇宙”将深入渗透以改变生活、生产方式，进而对社会及文化带来超越以往的颠覆式影响，掌握了元宇宙不仅掌握了世界的发展，甚至将引导其发展。

1. 内涵及由来

元宇宙最初来自于美国著名科幻作家尼尔·史蒂芬森 1992 年创作的描绘了一个与现实世界平行的虚拟网络世界的科幻小说《雪崩》。在2021年之前，元宇宙仅仅只是一个科幻概念。2021年，元宇宙（metaverse）引爆了互联网领域，并呈现快速向其他领域扩散趋势，国内外众多科技公司（例如脸书、百度、罗布乐思、微软、字节跳动、腾讯、英伟达、网易等）纷纷布局元宇宙相关领域。

关于元宇宙为何在2021年爆发的原因，元宇宙学界、产业界和媒体有不同的看法。有学者指出，原因在于元宇宙的本质是人造的虚拟世界，技术媒介形式的变化促进了元宇宙的呈现；元宇宙提出的原动力在于互联网功用中心从信息转变成为人，人们对交互要求的日益提升；5G、云计算、大数据、虚拟现实等信息技术和芯片、传感器等硬件设施的积累和创新，以及社会文明的高度繁荣是元宇宙出现的条件[21]。除此之外，有人提出，新冠疫情的爆发和投资需求的高涨也是促进元宇宙到来的重要推手。

元宇宙的早期发展经历了从文学到电子游戏的过程，诞生至今，其场景不断细化、深化，不再局限于娱乐、商业及社交等领域，而是涉及游戏、社交、教育、在线办公、医疗、制造、智慧城市、政府公共服务等诸多产业，形成了一个相对完整的社会。尽管如此，当前元宇宙的概念并未达成共识，维基百科认为元宇宙或称为后设宇宙、形上宇宙、元界、超感空间、虚空间，被用来描述一个未来持久化和去中心化的在线三维虚拟环境。概念争议点主要集中在其与互联网的关系、其中现实世界和虚拟世界的发展模式、构成要素以及技术在元宇宙中的作用。综合各方论点，清华大学《2020—2021年元宇宙发展研究报告》中提到的元宇宙的概念较为全面且符合实践，即元宇宙是整合多种新技术而产生的新型虚实相融的互联网应用和社会形态，它基于扩展现实技术提供沉浸式体验，基于数字孪生技术生成现实世界的镜像，基于区块链技术搭建经济体系，将虚拟世界与现实世界在经济系统、社交系统、身份系统上密切融合，并且允许每个用户进行内容生产和世界编辑。

图1.5　元宇宙的构建基础

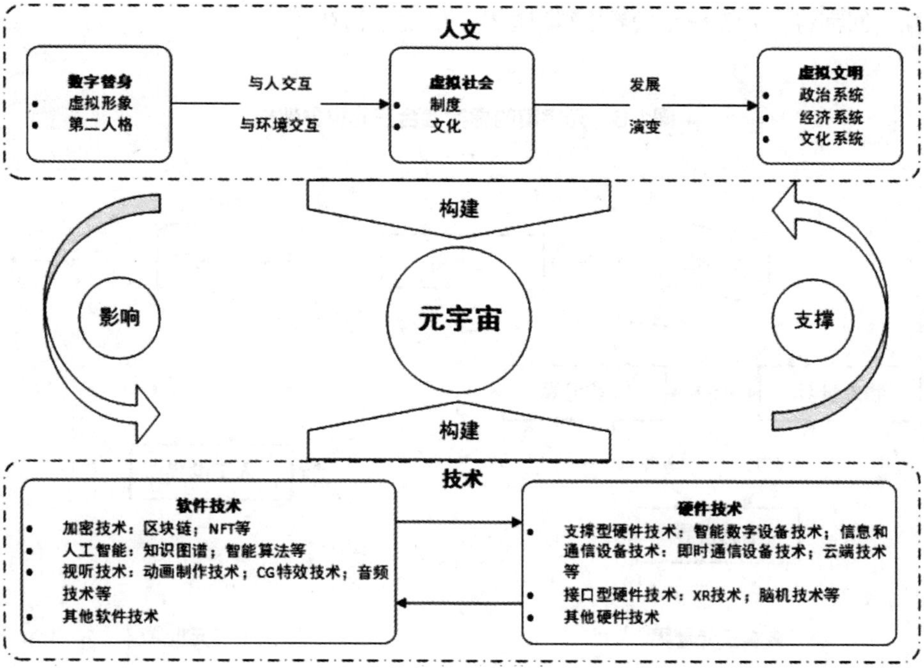

如图1.5所示，元宇宙需要技术和人文双向交融，共同构建。技术上，硬件技术和软件技术互相影响；人文上，元宇宙发展需要强大的技术支撑，人们通过数字替身形成虚拟社会，进而发展演变为虚拟文明[21]。

2. 特征

根据元宇宙的概念，元宇宙是技术叠加、虚实相融的新型社会，涉及许多相关技术和概念。如果把这些分散、单一的各种相关技术和概念统一起来，可以明确指出元宇宙的几大突出特征：

（1）融合特征

元宇宙最显著的特征就是现实时空和虚拟时空的融合。元宇宙通过技术手段，将现实世界完整而精确地镜像化至虚拟世界当中。虚拟化的数字替身在虚拟空间建构虚拟社群，塑造虚拟文明。元宇宙经济系统、社交系统和身份系统将虚拟与现实密切融合，使用户在真实与人工的三元世界中拥有同样的感知，能够在虚拟和现实中自由穿梭。如图1.6所示，在现实时空中，物理世界、人类世界和信息世界构建成了真实三元世界；在虚实时空中，各种数字技术构建了一个融合现实时空的人工三元世界，连接真实三元世界中的物联网、互联网、社会网都将在人工三元世界中得以孪生、相生、融生[22]。

图1.6　元宇宙的虚实融合三元世界架构

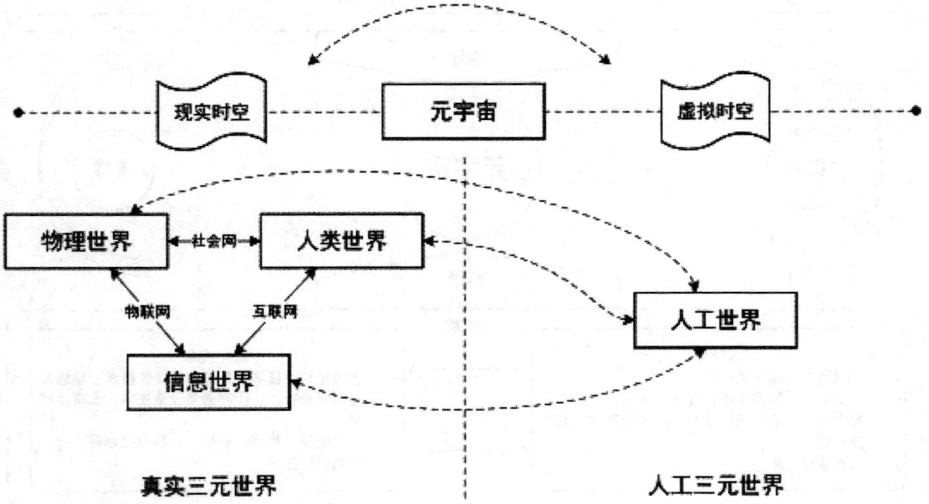

（2）交互特征

当前，媒介技术的发展带来的强大交互性，用户的交互要求不断提升。元宇宙为实现现实空间到虚拟空间的全面无缝链接更需要强化交互技术的作用，为用户提供更全面立体的交互式服务。用于创设与分享的教育教学、商业谈判与休闲娱乐等集体活动，要求实时交互得到永久性的保证。随着元宇宙复杂性的增加，这一要求对交互式技术提出了新的挑战。而在未来，万物交互将成为元宇宙的基本要求，在现实世界、虚拟世界和两者融合中的交互频率将越来越频繁。

（3）沉浸特征

元宇宙将一改互联网终端电子屏幕的信息投放方式，依靠虚拟现实（VR）、增强现实（AR）、混合现实（MR）乃至扩展现实（XR），以开发可穿戴智能设备等产品的方式，帮助人进入虚拟世界。在虚拟世界中，人能够身临其境、多觉（视觉、听觉、触觉、动觉）联动地沉浸在虚拟世界之中。

3. 几种理论观点

综合各方对元宇宙的看法，提炼了以下几个典型的理论观点：

一是，元宇宙并不是创新的颠覆性技术，而是已有的各种信息技术的综合集成。由于已有的各项信息技术均是从一个角度或侧面描述及解决了现实或虚拟世界的部分问题，但却没有任何一项能够全面地解决这些问题。因而，有人构想了一种将各种功能的单一信息技术组合到一起的框架，进而解决现实或虚拟世界的所有问题。有专家认为这一技术框架就是元宇宙的技术框架（如图1.7所示[22]）。

图1.7 元宇宙的技术体系

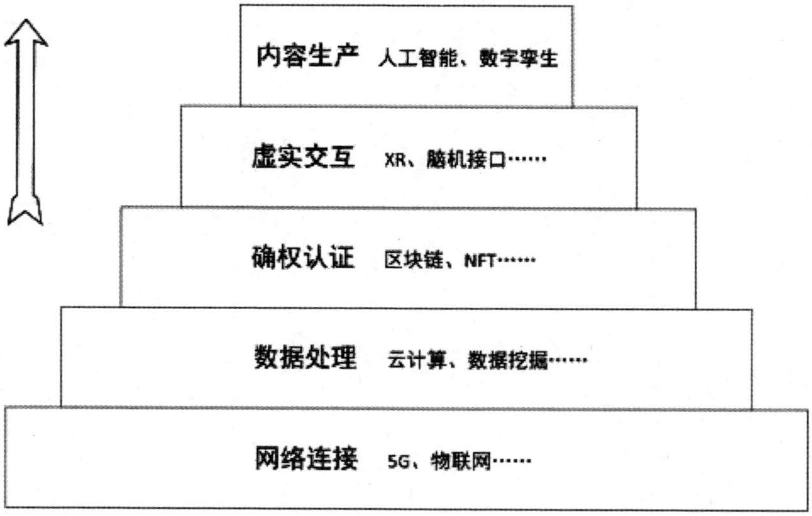

二是，有学者指出，“通证经济”为“可流通的加密数字经济”。元宇宙是数字技术深化发展、消费者对数字世界的需求深化、不同数字空间亟待聚合

趋势下的一个广义通证经济实践[23]。因此，元宇宙作为虚拟世界，通过信息和价值与现实世界链接，且通过形成信息和价值闭环，促进虚实结合。进而元宇宙同时推动虚拟经济和实体经济的发展。

三是，哲学意义上，元宇宙构建了虚实并存的双重宇宙，为人类思想的创新打造低成本的实验环境，创造了新的人类社会生活方式，打破了人的时间和社会资源等条件的限制，帮助人们获得更多元、更丰富的生命体验和更多的劳动场所与劳动机会。

第二章

世界数字经济局势

一、世界数字经济分布

数字经济对世界经济发展带来巨大冲击，给各国带来重新排位的发展机遇和挑战。目前，从数字经济的规模来看，中美两国远超其他经济体。在产业基础优势上，德国的传统制造业优势明显，工业4.0战略的代表性地位突出；日本和韩国在半导体制造方面具有一定优势；印度的软件产业基础较好，数字经济规模在发展中国家中处于高水平。在数字经济发展进程中，有些国家已形成独特的发展优势，有些国家却因其数字经济产业基础、投入规模等原因逐渐落后于世界数字经济发展水平。但总体来看，世界数字经济发展势头良好且潜力巨大。

各洲数字经济发展趋势对比

理论上，全球各地的数字经济发展趋势与其经济基础正相关。经济基础越好，经济越发达，数字经济的发展优势越明显。发达国家（地区）的数字经济规模和占GDP比例应普遍高于发展中国家。而发展中国家的数字经济增速应高于发达国家。

根据2019年全球数字经济规模、GDP占比和增速数据，可以看出各洲数字经济发展差距较大，但基本符合理论上的全球数字经济发展趋势，见表2.1。从规模和GDP占比来看，北美洲的数值最高，但增速却最慢。非洲地区的规模和GDP占比均最低。相较而言，亚洲的数字经济发展成效和潜力较为均衡，规模高于欧洲，GDP占比在各洲中处于居中水平，但增速优势较为突出。

表2.1　2019年各洲数字经济规模、GDP占比和增速数据

各洲	规模（亿美元）	GDP占比（%）	增速（%）
北美洲	135252	53.5	7.5
欧洲	72363	36.5	10
亚洲	90941	32.6	11.1
大洋洲	2904	17.7	12.1
非洲	635	17.3	10.5

信息来源：《2019—2020中国城市数字经济发展报告》[24]

数据表明：亚洲的数字经济发展基础较好，发展潜力巨大，未来发展目标将是在保证提升增速的同时，提高规模和GDP占比。北美洲数字经济发展的主要压力来自于增速缓慢，未来发展目标将是在大规模和高GDP占比情况下，提升增速。欧洲要想在数字经济发展上提升国际地位和影响力，未来则需要在规模、GDP占比和增速三方面全面提升。

全球数字经济呈现几大态势

综合来看，全球数字经济发展如火如荼，整体增长态势向好，作为主导的产业数字化部分渗透特征不一，各国数字化治理发展迅速。

1. 规模、GDP占比及增速不断提升

全球数字经济规模、GDP占比及增速不断提升，整体呈现如下形势：

（1）全球数字经济规模不断扩大

2019年，美国数字经济规模全球第一，达到13.1万亿美元，排名前五的国家数字经济规模占全球总规模的78.1%。相较而言，高收入国家数字经济规模占全球比重达到76.9%。发达国家数字经济规模是发展中国家的2.8倍多。说明，收入水平越高，经济发展水平越高，数字经济规模越大[25]。全球主要国家中，2019年经济规模最大的20个发达国家的数字经济规模超过20万亿美元，同期经济规模最大的20个发展中国家仅约为其三分之一。2019年，全球数字经济规模较大的国家主要包括美国、中国、德国、日本、英国、法国、韩国、印度、加拿大和巴西[24]。

2020年各国数字经济规模持续增加，具体数值如表2.2所示。

表2.2 2020年各国数字经济规模

排名	国家	数字经济规模（亿美元）	排名	国家	数字经济规模（亿美元）
1	美国	135997	25	丹麦	964
2	中国	53565	26	挪威	837
3	德国	25398	27	马来西亚	801
4	日本	24769	28	泰国	693
5	英国	17884	29	南非	576
6	法国	11870	30	土耳其	563
7	韩国	8478	31	罗马尼亚	547
8	印度	5419	32	捷克	525
9	加拿大	4365	33	奥地利	480
10	意大利	3775	34	匈牙利	368
11	墨西哥	3522	35	越南	339
12	巴西	3112	36	葡萄牙	265
13	澳大利亚	2761	37	新西兰	259
14	俄罗斯	2756	38	希腊	213
15	西班牙	2092	39	卢森堡	161
16	爱尔兰	1965	40	保加利亚	150
17	瑞士	1446	41	斯洛伐克	137
18	新加坡	1438	42	克罗地亚	134
19	瑞典	1339	43	立陶宛	98
20	印度尼西亚	1277	44	斯洛文尼亚	83
21	荷兰	1265	45	爱沙尼亚	82
22	波兰	1142	46	拉脱维亚	61
23	比利时	1071	47	塞浦路斯	36
24	芬兰	974			

信息来源：《全球数字经济白皮书——疫情冲击下的复苏新曙光》[26]

（2）全球数字经济的GDP占比不断提升

根据联合国《2019年数字经济报告》，2019年全球数字经济规模占GDP比重为4.5%～15.5%[27]。相较而言，高收入国家数字经济GDP占比超全球平均水平47.9%。发达国家数字经济GDP占比已达51.3%，高于发展中国家24.5个百分点。说明，收入水平越高，经济发展水平越高，数字经济GDP占比越大。2019

年，德国、英国、美国数字经济占GDP比重已超过60%[25]。

2020年各国数字经济占GDP比重持续增加，具体数值如表2.3所示。

表2.3　2020年各国数字经济占GDP比重

排名	国家	GDP占比	排名	国家	GDP占比
1	德国	66.73%	25	比利时	20.78%
2	英国	66.05%	26	澳大利亚	20.75%
3	美国	64.96%	27	印度	20.66%
4	韩国	52.01%	28	意大利	20.01%
5	日本	48.90%	29	俄罗斯	19.69%
6	爱尔兰	46.94%	30	瑞士	19.33%
7	法国	45.60%	31	波兰	19.22%
8	新加坡	42.29%	32	南非	19.08%
9	中国	36.38%	33	拉脱维亚	18.21%
10	芬兰	35.91%	34	立陶宛	17.54%
11	丹麦	27.14%	35	西班牙	16.33%
12	加拿大	26.56%	36	斯洛文尼亚	15.72%
13	爱沙尼亚	26.45%	37	塞浦路斯	15.13%
14	瑞典	24.91%	38	荷兰	13.87%
15	克罗地亚	23.94%	39	泰国	13.81%
16	马来西亚	23.79%	40	越南	12.50%
17	匈牙利	23.74%	41	新西兰	12.19%
18	墨西哥	23.44%	42	印度尼西亚	12.07%
19	挪威	23.12%	43	葡萄牙	11.46%
20	罗马尼亚	21.99%	44	希腊	11.25%
21	卢森堡	21.98%	45	奥地利	11.19%
22	保加利亚	21.71%	46	斯洛伐克	9.75%
23	捷克	21.56%	47	土耳其	7.82%
24	巴西	21.54%			

信息来源：中国信通院，世界银行

（3）全球数字经济增速凸显潜力优势

2019年，相较而言，中高收入国家数字经济增长超过高收入国家和中低收入国家水平，增速为8.7%。发展中国家数字经济同比增长7.9%，超过发达国家3.4个百分点，约为发达国家的1.75倍。说明，中高收入国家、发展中国家数字经济增长潜力更大[25]。例如，中国数字经济增长全球最快，同比增长15.6%。此外，塞浦路斯、保加利亚、泰国、越南数字经济增长均超过10%，印度尼西亚、爱尔兰、印度、墨西哥、马来西亚等10个国家增速均超过6%，其余大部分国家数字经济增速介于1%～6%之间，另有西班牙、芬兰、挪威、希腊、瑞典等国数字经济增长不足1%。

2. 产业数字化及三次产业渗透特征凸显

全球各国对三次产业渗透的程度整体呈现如下两大态势：

（1）产业数字化成为全球数字经济的关键导向

当前全球各国对产业数字化在数字经济发展中的主导作用已达成共识。根据2019年全球不同国家的数字经济结构统计数据，全球各国的产业数字化占数字经济比重均远高于数字产业化。收入水平越高的国家，经济越发达的国家产业数字化占比越高。见表2.4。

表2.4 2019年全球不同国家的数字经济结构

类型	产业数字化	数字产业化
全球平均水平	84.3%	15.7%
高收入国家	85.9%	14.1%
中高收入国家	80%	20%
中低收入国家	70.1%	29.9%
发达国家	86.3%	13.7%
发展中国家	78.6%	21.4%

信息来源：《全球数字经济新图景（2020年）——大变局下的可持续发展新动能》[25]

从各国产业数字化情况来看，德国产业数字化高度发达，在机械、电子、自动控制和工业管理软件等方面拥有较大优势，2019年其产业数字化占比达到90.3%；英国、美国、俄罗斯、日本、南非、巴西、挪威等15个国家产业数字化占比超过80%；新西兰、意大利、韩国、印度、新加坡、荷兰、马来西亚等26个国家产业数字化占比介于60%～80%之间；塞浦路斯、奥地利、印度尼西亚、斯洛伐克、土耳其等5个国家产业数字化占比不足60%；中国产业数字化持续快速发展，占数字经济比重达到80.2%，超过中高收入国家和发展中国家平均水平。对比各国产业数字化规模，美国占据工业和信息产业的全面优势，拥有物理信息系统、大数据分析、信息安全等为传统产业发展提供强大技术支持的工业互联网关键技术，其产业数字化规模最大，达10.817万亿美元；其次是中国3.76万亿美元；之后是德国2.158万亿美元，日本1.935万亿美元，英国1.525万亿美元，法国0.982万亿美元，韩国0.528万亿美元，印度0.39万亿美元，加拿大0.352万亿美元，巴西0.312万亿美元。比较各国可以看出，德国的工业基础使其在产业数字化上的优势较为突出，美国在产业数字化上的投入较大，未来或将持续加大投入。中国与发达国家相比，产业数字化占比仍有差距，需要进一步加大投入力度[25]。

（2）全球数字产业化发展不均衡，数字经济向三次产业渗透程度不一

2018年数据显示，美国数字产业化规模全球第一，达1.524万亿美元；中国位居第二，达0.969万亿美元；其次是日本0.355万亿美元，德国0.241万亿美元，韩国0.225万亿美元，法国0.173万亿美元，印度0.151万亿美元，意大利0.088万亿美元，加拿大0.082万亿美元[24]。美国在数字产业化上的发展优势，主要得益于产业与技术基础，这种优势持续到2020年新冠疫情的爆发。我国在危机中部分借助数字产业化规模优势，在2020年下半年逐步使得经济指标回归常态。

在数字产业化方面，近两年，服务业与工业数字经济发展增速较快，农业数字经济发展迟缓。2018年全球服务业数字经济占比前十的国家有英国、德国、美国、日本、法国、中国、芬兰、墨西哥、爱尔兰、韩国[24]。近两年，我国服务业数字经济发展提速，但与排名前三的国家仍有一定差距。2018年全球工业数字经济占比前十的国家有韩国、德国、美国、爱尔兰、英国、日本、新加坡、法国、芬兰、丹麦[24]。由于我国工业转型升级成效显现略晚于这些国家，因而榜上无名。近几年，我国相关政策表明，我国对工业数字经济的重视程度大幅提升，未来发展潜力较大。2018年全球农业数字经济占比前十的国家有英国、德国、韩国、美国、芬兰、新西兰、日本、法国、新加坡、爱尔兰。整体来看，各国农业数字经济发展缓慢，严重滞后于服务业和工业数字经济发展，是数字经济发展的短板[24]。

通过比较2018、2019两年的三次产业渗透率数据可知，整体上，全球服务

业数字化转型快于工业数字化转型，工业数字化转型快于农业数字化转型；2019年全球不同收入水平国家的三次产业渗透率均有上升，说明三次产业数字化转型正在全球提升，见表2.5。

在不同收入水平国家中，国家收入水平越高三次产业数字经济渗透率越高，三次产业数字化转型的程度越深。高收入国家与中低收入国家的三次产业数字化转型差距巨大。发达国家的三次产业数字化转型水平最为均衡。

表2.5　2018年、2019年三次产业渗透率数据

年份	区域	农业渗透率	工业渗透率	服务业渗透率
2019	全球	7.5%	23.5%	39.4%
2018	全球	7%	22.8%	37.9%
2019	高收入国家	1.9%	30.5%	43.7%
2018	高收入国家	1.3%	29.5%	42%
2019	中高收入国家	7.3%	17.5%	30.3%
2018	中高收入国家	6.7%	16.4%	28.8%
2019	中低收入国家	3.2%	7.9%	16.4%
2018	中低收入国家	3.1%	7.7%	15.9%
2019	发达国家	13.3%	33.0%	46.7%
2018	发达国家	12.7%	32%	45.2%
2019	发展中国家	5.9%	5.7%	25.2%
2018	发展中国家	5.6%	4.6%	23.8%

信息来源：《全球数字经济新图景（2020年）——大变局下的可持续发展新动能》[25]

各国三次产业数字化转型水平不同，德国、英国、美国产业数字化转型水平显著高于其他国家。以德国、英国为代表的国家三次产业数字化渗透水平均较高，属于产业数字化均衡发展国家；以韩国、爱尔兰为代表的国家工业数字经济渗透率高于其他行业，属于工业数字化领先国家；以美国、中国等为代表的绝大部分国家服务业数字经济渗透率明显高于其他行业，属于服务业数字化领先国家。具体的，通过比较2019年德国、英国、中国的三次产业渗透率数据可知，中国高于中高收入国家和发展中国家平均水平，但仍显著低于世界平均水平以及高收入国家和发达国家平均水平。中国与德国、英国等国家相比，仍有较大差距。见表2.6。

表2.6 2019年中国与德国、英国三次产业渗透率数据

国别	农业渗透率	工业渗透率	服务业渗透率
中国	8.2%	19.59%	37.8%
德国	23.19%	45.3%	60.4%
英国	27.5%	32.09%	58.1%

信息来源：《全球数字经济新图景（2020年）——大变局下的可持续发展新动能》[25]

3. 数字化治理发展迅速

各国政府均在积极推进数字化治理，以提高政务数据透明度，加强民众的信任度；提高工作效率，提升民众的满意度。联合国数据显示，2018年，拥有公开政府数据（OGD）门户网站的国家数量达到139个，占联合国会员国的72%。在电子政务服务方面，各国政府教育部门移动应用程序（App）占比达到46%；就业App占比达到38%；医疗卫生和环境App占比达到36%；社会保障App占比达到39%。这些数据值正在持续地上升刷新中。同时，各国政府积极出台相关政策，推进物联网、人工智能、区块链、5G等技术，用于数字化治理的教育医疗、公共安全、营商环境等各领域[24]。

综合全球数字经济呈现的几大态势，可以看出全球数字经济规模不断扩大，GDP占比不断提升，全球数字经济整体呈上升趋势，数字经济全球化发展的态势已经形成。总体来看，收入水平越高，经济发展水平越高的国家，数字经济规模越大，GDP占比越高。究其原因，收入水平越高，经济发展水平越高的国家，经济发展的基础越好，对数字经济的投入越大；且由于相关产业发展更优，数字化转型的基础水平更高，国家的转型能力更强，速度更快。

中高收入国家和发展中国家数字经济增长潜力更大。一方面是因为，中高收入国家和发展中国家原有的数字经济规模较小，GDP占比较低，因而增速更快。另一方面是因为，中高收入国家和发展中国家的市场发展潜力更大，从国家到区域，从行业到民众，均对数字经济有较大的需求，参与度更高。

产业数字化成为全球数字经济的关键导向。收入水平越高的国家，经济越发达的国家，产业数字化占比越高。这是由于，产业数字化在数字经济中的占比越来越高，为数字经济发展带来绝大部分收益，在两化融合中起主导作用。收入水平越高的国家，经济越发达的国家，产业基础越好，对产业数字化的投入比例更高。

而数字产业化发展不均衡，其中服务业与工业数字经济发展增速较快，农业数字经济发展迟缓。国家收入水平越高，三次产业数字经济渗透率越高，三次产业数字化转型的程度越深。主要是由于，农业易受自然环境影响，生产方式及经营模式稳固，数字化转型缺乏有利条件。而服务业经营模式灵活，主要受市场需求因素影响，且技术兼容性强，数字化转型条件更成熟。

各国政府积极推进数字化治理，成为各国发展数字经济的重点工作之一。一方面是因为，数字化治理成为政府办公的新模式。另一方面，数字经济的发展离不开数字化治理的监管与服务。

4. 新基建如火如荼

近年来，各国积极建设新型基础设施支撑数字经济的发展。其中较为核心的是5G的战略布局，2019年，韩国、美国、瑞士、英国、意大利、西班牙、德国、中国纷纷发力5G基础设施建设，开展了5G商业化竞争。中国在5G建设中占据主要地位，在5G的主要技术领域中保持领先地位。2019年，据中国工业和信息化部统计显示，中国5G基站以每周1万多个的数量在增长，目前这一速度已在进一步提升中，国内5G基站覆盖范围正在迅速扩大。2019年，韩国5G用户使用率最高，但5G覆盖率和网络质量还有待提高。2020年4月，日本正式对外推出了5G网络商用服务，虽然起步较晚，但日本政府宣布到2023年底将5G基站数量增加到21万个。瑞士是欧洲率先建设5G网络的国家，其5G网络规模覆盖了超过300个城市/城镇的80%以上。德国重视5G移动基站建设，2020年7月已实现了覆盖德国一半人口的目标。美国实现了5G网络全国覆盖，并通过与三星绑定供应关系购买5G频谱。

除此之外，各国重点推进数据中心建设为5G提供重要算力支撑。有数据显示，截至2020年第二季度末，全球超大规模数据中心的数量增长至541个，相比2015年同期增长一倍有余。仅2019年，美国、韩国、瑞士、意大利等15个国家建设了新的数据中心，2020年上半年就有26个新的超大规模数据中心投入运营。截至目前，全球各地仍不断有数据中心处于计划、建设或投入运营阶段。

为解决信息基站受区域限制的问题，全球在空天地一体化信息网络方面加速布局。自2018年以来，以脸书、太空探索技术公司和亚马逊公司分别推出的

"雅典娜"互联网卫星项目、"Starlink星链计划"项目和亚马逊互联网卫星Kuiper项目为代表，美国在卫星互联网方面做出较突出的成绩。2020年7月，谷歌"气球"项目正式启动商用，标志着天空通信服务的首次大规模商用，具有重大意义[25]。

中美两国差距

中美两国的数字经济规模最大，远超其他国家，具有领先优势。从数字经济总量来看，2019年，中美两国数字经济占全球数字经济总量的48%。两国数字平台企业占全球70大数字平台企业总市值的90%，占全球独角兽企业数量的82.5%。在信息技术方面，两国所有的区块链相关专利占全球75%，人工智能相关专利占全球57%，物联网领域支出占全球50%，云计算前五大厂商占全球77%。在ICT（信息与通信技术）产业方面，两国ICT产业附加值占全球的40%，ICT制造业附加值占全球的51%，电子商务交易总额占全球的37%。说明，中美两国是全球数字经济的领跑者[27]。

表2.7 2019年中美两国数字经济差距

领域	美国	中国	其他国家
数字经济总量	35%	13%	日本占8%
全球70大数字平台企业的市值	68%	22%	欧洲占3.6%
独角兽企业数量	34.7%	47.8%	英国占3.5%
人工智能专利数量	30%	30%	日本占18%
区块链专利数量	25.3%	49.7%	
物联网领域投入	26%	24%	日本占9%
3D打印领域投入	36%	14%	西欧占26%
全球主要云计算厂商市场份额	69.1%	7.7%	
全球数据中心	40%	2%	英国占6%
ICT服务业附加值	32.3%	11.3%	日本占8%
ICT制造业附加值	19%	32%	日韩各占10%
ICT货物贸易出口额	4%	38%	欧盟占18%

信息来源：《2019—2020年度数字经济形势分析》[27]

根据2019年中美两国数字经济差距数据显示（如表2.7所示），中美两国数字经济发展具有一定共性。即，数字经济总量高，优质企业占比及发展优势突出，驱动技术创新能力强，ICT产业基础及发展趋势良好。虽然两者具有这些共性，但中国的各项指标值普遍低于美国。特别是在数据要素基础设施方面，远远落后于美国。这也是近两年来，我国大力推进数据要素基础设施建设的主要原因之一。

更具体地分析，可以看出：虽然我国独角兽企业数量较多，但是数字平台化企业发展不如美国。这一点与我国的“全球数据中心少，全球主要云计算厂商市场份额低”互为因果。说到底，这些问题，还是由于我国对数据要素基础设施投入不足，大行业发展不够繁荣。和美国相比，我国数字经济驱动技术创新能力和美国差距并不大。但在ICT各领域的发展形式上，中美两国优势互补，说明两者的产业结构在其中起到了核心作用。

二、全球数字经济发展战略

随着云计算、互联网、5G通信、大数据、人工智能等数字技术的研发与应用，全球数字经济呈现出蓬勃发展之势。数字经济的发展离不开战略规划的引领，为实现经济复苏，抢占世界经济发展制高点，全球主要经济体均积极探索适合国情的数字经济发展战略。本节聚焦于全球数字经济发展战略，对欧盟、美国、中国、日本、德国五个主要国家和联盟的数字经济战略发展情况及实施重点进行研究，分析其发展经验，为我国数字经济的高质量发展和进一步的战略布局提供借鉴。

全球数字经济发展战略概况

全球数字经济关键领域包括新型基础设施、制造业数字化转型、数字贸易、数据跨境流动、数字服务税规则、央行加速数字货币[24]。目前世界主要国家纷纷出台数字经济相关战略，推动数字经济发展，特别是经合组织（OECD）

中80%以上的成员国都把数字经济作为经济发展的重点，不同程度地制定了促进数字经济发展的国家发展战略与部门政策[28]，积极发挥数字变革为创新、贸易和社会繁荣带来的益处。

在数字经济发展进程中，多数发达国家较早认识到数字经济的重要性，数字经济发展战略布局起步较早。欧洲、日本等地区和国家紧跟美国，积极推进数字革命，产生了巨大的成效。英国是最早出台数字经济政策的国家，也是首个以数字化为国家顶层设计形式出现的国家。

相比之下，发展中国家对于数字经济的布局相对滞后，多数发展中国家近几年才开始布局相关战略。中国、印度、巴西、俄罗斯分别于2006年、2015年、2016年、2017年，提出数字经济相关的发展战略。尽管发展中国家发展数字经济起步较晚，但已经积极开展数字经济规划布局，营造数字经济发展的宽松环境，抓住数字经济发展新机遇，努力实现与发达国家并跑[29]。

综观全球数字经济发展进程以及世界各国制定的数字经济发展战略，最初各国在制定经济发展战略的时候，多数还是集中在对数字经济的狭义层面，即信息通信技术领域，如互联网、宽带、电子商务、在线服务等[30]。英国、澳大利亚、新加坡等国对以音乐、影视、游戏为代表的娱乐业、出版发行行业给予了充分的关注；以日本为代表的一些国家，由于数字基础设施建设基础较好，更加注重数字经济的外延发展，将电子政务、医疗健康和教育及人力资源管理等纳入了数字经济发展战略；以美国为首的部分国家已从初期的围绕互联网、电子商务为主的数字经济发展升级为重点支持互联网、移动互联网发展、基础设施数字化、支持数字资源开放和数字政府信息服务的数字国家战略[31]。各国虽然在数字经济发展过程中颇有成效，但对正在或将要被数字化的领域及产业的关注和重视程度远远不够。近年来，各国重新认识到制造业等实体经济的重大意义，将数字经济发展战略重点逐步转变为新一代信息技术与实体经济的深度融合，纷纷制定并持续推进“再工业化”战略，如美国的“国家先进制造战略计划”、德国的“工业4.0”战略、法国的“新工业法国”计划、英国的“高价值制造”战略、中国的“中国制造2025”战略、日本的《制造业再兴战略》等等[5]。世界主要国家和地区的产业数字化转型重点举措见表2.8。

表2.8 世界主要国家和地区的产业数字化转型重点举措

国家	重点举措
美国	聚焦前沿技术和高端制造业，引领全球数字化转型浪潮
欧盟	打造统一数字市场，构筑产业转型共同体
德国	积极践行“工业4.0”，明确五大行动领域
法国	明确工业转型和人才培养方案，打造欧洲经济中心
英国	强化战略引领作用，打造数字化强国
俄罗斯	注重技术自主研发，着力夯实数字化转型基础
新加坡	描绘数字化蓝图，助力服务业转型升级
泰国	以“泰国4.0”为战略引领积极开展国际合作
日本	以技术创新和“互联工业”为突破口，建设超智能社会
韩国	以建设智能工厂为先导，为制造业转型积极布局

信息来源：《中国城市数字经济发展报告（2019—2020）》[24]

当前，由于新冠疫情全球大流行的影响，全球经济受到巨大冲击，复苏势头减弱，数字经济在此期间展现出强大的活力，对促进全球经济持续稳定发展起到了重要作用。在此背景下，各国数字化战略不断转型升级，从顶层设计向提升数字创新应用能力发展，各国围绕大数据、人工智能等领域的研发创新和应用发展加快布局，如美国的《国家人工智能研究和发展战略计划》，德国的《高技术战略2025》以及《德国人工智能发展战略》，日本的《第2期战略性创新推进计划（SIP）》以及《科学技术创新综合战略2019》等。其次，各国加快数字规则制定，推动形成数字治理国际新机制，重视数据保护与开放共享，不断丰富平台治理手段，针对人工智能伦理形成较为完备的准则，且逐步完善数字税征收政策[25]。

此外，各国加快数据保护、开放共享、平台治理、人工智能伦理、数字税的数字规则制定，推动形成数字治理国际新机制。例如，欧盟的《通用数据保护条例》和《非个人数据在欧盟境内自由流动框架条例》成为全球个人数据保护立法的典范。欧盟及美国对跨国公司、大型科技企业的反垄断手段，以及中国对数字经济企业的监管方式，对数字化垄断防治起到关键作用。欧盟发布的《人工智能白皮书》，中国印发《国家新一代人工智能标准体系建设指南》，以及联合国教科文组织发布《人工智能伦理建议书》对人工智能伦理的规范及标准提出了要求。同时，全球超过30个国家制定了针对数字服务领域的数字税政策。

综合来看，当前世界各国数字经济发展战略包括五大共性趋势：一是创新驱动成为数字经济发展优先选择；二是新型基础设施支撑各国经济社会发展；三是深化数字经济融合应用成为战略焦点；四是积极应对调整完善数字经济治理问题；五是提升国民数字技能抢抓数字人才机遇。

主要国家数字经济发展战略

1. 欧盟

欧盟数字经济发展战略布局略晚于美国，其最早的数字经济发展战略可以追溯到20世纪末。欧盟作为两次世界工业革命发祥地，在新技术革命领域里具有一定优势，2008年国际金融危机后，欧盟为摆脱经济危机，提出了一系列数字经济政策并推出了相应研究项目与举措，不断提升数字经济竞争力，进行一体化市场建设。另外，欧盟各成员国也都相继发布数字经济发展战略，积极实施部署相关政策措施。欧盟数字经济发展大致可分为五个阶段，不同阶段及其标志战略如表2.9所示。

表2.9　欧盟数字经济发展阶段

时间段	阶段数	名称	标志战略
20世纪90年代	第一阶段	信息社会建设阶段	信息社会战略提出
2000—2005年	第二阶段	数字经济起步战略	里斯本战略
2005—2010年	第三阶段	数字经济升级战略	i2010
2010—2015年	第四阶段	数字经济高阶战略Ⅰ	欧洲2020战略
2015年以后	第五阶段	数字经济高阶战略Ⅱ	数字化单一市场战略

信息来源：《全球数字经济竞争力发展报告2017》[32]

（1）第一阶段：信息社会建设阶段

欧盟数字经济发展第一阶段以1993年出台的《成长、竞争力与就业白皮书》为代表，该报告首次提出了欧盟信息社会建设问题，重点强调了加快建设信息社会数字基础设施的重要性。随后，发布了一系列报告并成立欧盟工业与信息技术委员会，制定了欧盟信息社会建设计划与方案，为后续数字经济战略实施与布局奠定基础。

（2）第二阶段：数字经济起步战略

第二阶段以2000年《里斯本战略》的提出为标志，提出要在2020年前成为“以知识为基础的、世界上最有活力和竞争力的经济体”，推动欧盟信息社会向前发展[33]。随后，相继发布并实施“电子欧洲2002”以及“电子欧洲2005”战略，提出建设面向所有人的信息社会，重点关注在线公共服务、电子商务环境以及广泛可用的宽带和安全的基础设施建设，ICT产业在此阶段得到了快速发展。欧盟早在2009年便相继发布了《数字红利战略》以及《未来物联网战略》，其目的在于释放“数字红利”频段、刺激无线业务和互联网的发展。

（3）第三阶段：数字经济升级战略

第三阶段以《i2010——欧洲信息社会：促进经济增长和就业》的发布为标志，开启了欧盟数字经济发展的新历程。该战略强调加强单一市场规则，创造更多的研究和创新，提供更好的工作、生活与就业环境。欧盟各成员国在此战略倡导下，积极推进信息化建设向各个领域纵深发展。

（4）第四阶段：数字经济高阶战略Ⅰ

2010年，在“i2020”战略即将完结之际，欧盟提出第二个十年规划“欧洲2020战略”，旨在取得促进数字经济智慧、可持续、包容性增长。“欧洲数字化议程”作为“欧洲2020战略”的重要组成部分，提出建立统一数字市场、改进信息技术标准、增强网络安全、提高互联网接入速度、加强前沿信息技术开发、提高数字技能、充分发挥信息通信技术潜力七个优先发展目标与方案。

欧盟主要国家工业数字化部分相关战略见表2.10。

表2.10　欧盟主要国家工业数字化部分相关战略

国家	主要战略	发布年份
荷兰	数字化议程	2011
德国	工业4.0战略	2013、2015
法国	新工业法国	2013、2015
英国	工业2050计划	2016
波兰	政府预算	2017
意大利	政府预算	2017
瑞典	新型工业化战略	2018
西班牙	政府预算	2019
爱尔兰	工业4.0战略	2020

信息来源：《主要国家推动制造业数字化转型的政策研究报告》[34]

（5）第五阶段：数字经济高阶战略Ⅱ

为打破欧盟国家之间的数字壁垒，以解决数字版权、IT安全及数字保护等领域的法律纠纷问题，欧盟委员会于2015年5月公布了“数字化单一市场战略”，该战略的重点开始向数字贸易聚焦，旨在消除成员国之间的法律和监管障碍，推动欧盟成员国政策和资源整合，打造一个统一的数字产品、资本和服务市场[35]，并提出让商品、人员、服务、资本和数据在欧盟内部实现自由流动，创造有利于欧盟数字经济统一协调发展的有利环境，最大化激发欧盟数字经济的增长潜力[36]。2017年通过的《数字贸易战略》，加强了通过制定相关政策保障跨境数据自由流动，以此打破境内数字市场壁垒，促进欧盟数字贸易发展。随后，欧盟连续发布了《塑造欧洲数字未来》《数据治理法案》《欧洲数据战略》《地平线欧洲》《欧洲新工业战略》《数字欧洲》等一系列文件，以数据安全以及数字经济立法保护等数字治理规则的领先探索和数字技术、工业数字化等数字单一市场建设为双轮驱动，打造强大统一的“隐私保护+数据流动规则+人工智能伦理+平台治理规则+数字单一市场”的数字经济生态，以保障欧盟全球数字经济领域的话语权。其中，《数字欧洲》和《地平线欧洲》强调了欧洲的重点技术领域包括制造技术、关键数字技术、人工智能与机器人、下一代互联网、网络安全、超级计算、先进计算和大数据技术等。2020年，《欧洲数据战略》《欧洲新工业战略》和《数据治理法案》发布，提出从技术角度增强欧洲工业的智能化程度，创建安全的高质量工业数据空间，并促进欧盟以及各行业间的数据交换。2020年发布的《塑造欧洲的数字未来》，提出依托由超级大学、公共机构、成熟行业和充满活力的初创企业携手的卓越中心，建立和拓展与全球最佳技术相匹配的欧盟技术生态系统；打造数字化领导力工具，用于欧洲具有战略意义的数字技术的创新采购；为B2B行业构建欧盟数据平台；引领全球发展可信赖人工智能，并提出应对潜在不利影响的社会措施；保护包括外国技术在内的端到端技术供应链，为欧洲建立免受数据及数据系统攻击的网络安全屏障。

经过上述发展阶段，欧盟逐步构建了覆盖全域、渗透各成员国、较为全面的数字经济发展战略体系框架。总体来看，欧盟数字经济战略布局过程中主要包括四个特点：一是通过一系列数字化战略的制定与实施，分层次推进数字技术创新；二是大力发展工业数字化，引领产业数字化发展；三是注重数据保护以保障数字经济健康发展，为此出台了《网络与信息系统安全指令》《通用数据保护条例》《非个人数据自由流动条例》《网络安全法案》等一系列措施；四是注重数字经济领域平衡发展，制定《数字市场法》和《数字服务法》等法案推动数字经济立法以保证数字企业公平竞争。

2. 美国

美国作为最早开展数字经济活动的国家，在数字经济发展中走在全球前列，形成了相对完善且可持续发展的数字经济发展战略体系。“信息高速公路”战略的发布拉开了美国数字经济发展的帷幕，随后《浮现中的数字经济》《数字经济》《数字国家》《在数字经济中实现增长与创新》《美国国家网络战略》等一系列报告的发布，探讨了数字经济发展的前沿问题，引领了全球数字经济发展浪潮，成为全球数字经济的绝对领航者。美国数字经济发展战略布局主要包括五个方面：

（1）“信息高速公路”为数字经济腾飞奠定基础

20世纪90年代，克林顿政府高度重视并大力推动信息基础设施建设和数字技术发展，提出“国家信息基础设施”工程计划（“信息高速公路”战略）和“全球信息基础设施”计划等应用信息技术的战略及规划，使信息产业成为推动其经济增长的主要部门，造就了美国半个世纪的经济辉煌，引领世界进入数字经济时代，为数字经济发展奠定了坚实的基础。

（2）美国商务部构建完备的政策体系

美国在数字经济发展中始终走在世界前列，首先与健全的数字经济组织结构有极大关系。美国数字经济由美国商务部推动，其把信息技术革新和数字成果应用放在首要位置，出台了一系列数字经济政策和举措，如“浮现中的数字经济”、“数字经济”（2000，2002，2003）、“数字国家”（2010，2011）、“探索数字国家系列规划”（2010，2011，2013，2014）、“数字经济议程”（2015）、“在数字经济中实现增长与创新”（2016）、“数字经济的定义与衡量”（2018）等，探讨了数字经济发展的前沿和热点问题。其次，美国商务部于2015年11月发布《数字经济议程》，聚焦于打破互联网数据和服务跨境流动壁垒，增进互联网信任和安全，完善互联网接入和技能以及推动技术革新和新兴技术发展。此后，美国商务部成立数字经济咨询委员会，成员包括科技行业巨头、创新者和专家，形成了推动数字经济的合力，确保政府决策的前瞻性、科学性[37]。

（3）数字贸易：高举自由贸易大旗

自2013年以来，美国数字经济战略重点开始聚焦于数字贸易，发布的《美国和全球经济中的数字贸易》第一次报告中首次明确提出了“数字贸易”的概念。在传统领域，美国的贸易保护主义倾向明显，而在数字贸易领域，美国高举自由贸易大旗，致力于破除“数字贸易壁垒”，企图推动全球信息及数据自由流动。2016年7月，美国贸易代表办公室（USTR）成立数字贸易工作组（DTWG），以快速识别数字贸易壁垒，制定相应政策规则，倡导推进数字贸易自由化[38]。美国商务部也是数字贸易的重要推动者，2014年和2018年先后发布的《数字经济与跨境贸易：数字化交付服务的价值》以及《北美数字贸易》，有力推动了美国数字贸易的发展，使得美国成为全球数字贸易的引领者。

（4）建设数字政府，推进开放数据

美国政府积极顺应数字经济发展趋势，制定数字政府建设的战略规划，通过建设数字政府以更好地为社会服务。2009年美国即开通政府数据网站，要求各联邦机构将需依法公开的数据和文件按照统一标准分类整合，上传至该网站，实现了政府信息的集中[39]。美国先后发布《数字政府服务》《数字政府：构建一个21世纪平台以更好地服务美国人民》等战略规划，致力于提供可以在任何时间、任何地点、通过任何设备获取的数字政府服务。建立首席信息官数字政府管理运行制度，负责数字政府建设的资源管理工作。2019年12月白宫发布的《联邦数据战略与2020年行动计划》，以政府治理为主要视角，描述了未来10年联邦政府数据愿景，初步确定了各政府机构在2020年需要采取的关键行动计划，涵盖了一系列支持美国工业大数据的举措，推动智慧政府建设[40]。

（5）注重数字技术创新与发展

美国作为云计算、物联网、大数据、人工智能等新一代信息技术的技术发源地，一直非常注重并支持数字前沿技术的研究与创新，积极推进芯片、人工智能、5G通信及下一代通信、先进计算机等数字技术研发。其中，在大数据方面，美国于2009年提出“大数据”战略，2012年公布“大数据计划”，2014年发布《大数据：抓住机遇、保存价值》白皮书。在云计算战略方面，美国于2009年发布《联邦云计算发展战略》，2010年发布《改革联邦IT管理的25点实施计划》。在工业互联网方面，2012年提出工业互联网概念，2014年主导成立工业互联网联盟，2015年发布《迈出工程化第一步》。2018年美国推出抢占数字芯片科技制高点的ERI（Electronics Resurgence Initiative，ERI）计划和JUMP计划。

同时，美国非常注重前沿性、前瞻性研究，相继发布《关键和新兴技术国家战略》《维护美国人工智能领导力的行政命令》《国家量子倡议法案》《美国量子网络战略构想》《美国机器智能国家战略》《国家人工智能研究和发展战略计划》《美国主导未来产业》等文件，以确保美国在人工智能、先进制造业、量子信息科学和第五代移动通信（5G）领域的产业发展核心优势，强化美国在关键技术和前沿领域的国际领导地位，引领数字经济发展。

（6）“再工业化”战略

美国“再工业化”战略旨在以孕育第四次工业革命支撑美国未来增长的实体经济。美国先后出台《2009年复兴与再投资法》《美国清洁能源与安全法》和《美国制造业促进法案》，形成振兴制造业的法律框架，在税收、贸易、能源和基础设施等各项政策方面均设置目标对具有国家战略价值的新兴产业增加投资。《智能制造振兴计划》和《美国先进制造业领导力战略》等政策更是将再工业化提升为国家战略。美国先进制造业战略布局的时间线见表2.11。

表2.11　美国先进制造业战略布局的时间线

年份	政策
2009	复兴与再投资法案、重振美国制造业政策框架
2011	先进制造伙伴计划（AMP）
2012	先进制造业国家战略计划、《保持美国国内先进制造的竞争优势》报告
2013	先进伙伴关系计划2.0（AMP2.0）、启动国家制造业创新网络项目
2014	振兴美国制造业和创新法案（RAMI）
2016	国家制造业创新网络计划更名为美国制造计划（Manufacturing USA）、国家先进制造战略计划
2017	减税与就业法案（Tax Cuts and Jobs Act of 2017）
2018	美国先进制造领导力战略
2020	加大力度推动未来产业发展

综合来看，美国数字经济发展战略聚焦数字基础设施、数字贸易、数字政府等领域，实施数字经济领域的顶层规划，将互联网技术应用到整个数字经济价值产业链中，并充分发挥国家的主观能动性，形成国家深度战略布局，推动数字经济发展。

3. 中国

和世界其他国家相比，中国数字经济特色鲜明。首先，中国的数字经济覆盖面更加广泛，囊括制造业、服务业和农业等多个领域[41]。其次，中国数字经济独有的政府支持和企业创新双驱动模式效果显著，推动中国数字经济蓬勃发展。此外，中国数字经济的市场应用较为广泛，民众接受度高于世界其他国家。最后，不同于其他国家只有大企业参与数字经济创新，中国不仅有大企业引领创新，各中小企业的创新参与度也很高，表现活跃。

1994年，中国正式接入互联网，开始了发展数字经济的探索[42]。在数字经济发展萌芽期，我国在加大力度鼓励数字基础设施建设与增加数字技术研发投入的同时，为数字平台企业的创立提供了良好的政治与社会环境，主要是推动信息化建设和发展电子商务。但到2000年前后随着全球互联网泡沫的破灭，国内互联网产业受到重创，我国数字经济发展经历短暂低迷发展期。直至2004年，随着数字基础设施的快速发展，数字经济进入快速发展期。2005年《国务院办公厅关于加快电子商务发展的若干意见》的发布标志着鼓励发展电子商务等数字经济新模式与新内容已经上升到国家战略层面[43]。2006年发布的《国家信息化发展战略》，正式提出把推动数字经济发展作为国家战略。

党的十八大以来，党中央高度重视数字经济发展，推动数字经济逐渐上升为国家战略[44]。2016年至2018年，习近平总书记多次强调数字经济的重要性，强调要加快建设数字中国，构建以数据为关键要素的数字经济，推动实体经济和数字经济融合发展。为引导和支持数据经济发展，党中央、国务院和有关部委出台了一系列数字经济方面的战略文件，推动了我国数字经济发展。中国数字经济发展战略大致可分为五个层面，一是宏观政策，侧重于数字经济大环境的营造；二是“互联网+”战略，侧重促进互联网与农业、能源、金融、公共服务、健康医疗、物流、电子商务、交通、生态、人工智能等行业领域的融合发展，并不断规范互联网的新业态新模式，利用大数据等新技术进行监管；三是信息基础设施，重点在于实施宽带中国战略，扩大宽带网络服务覆盖范围，提高网络传输和接入能力，降低网络资费，提升应用服务水平；四是产业政策上支持和鼓励数字产业化和产业数字化相关领域的发展；五是新一代信息技术，强调把握信息技术密集创新趋势，促进软件、集成电路、光伏、锂离子电池、新型显示、云计算、智能硬件等领域发展[31]。各层面具体战略发布情况如表2.12所示。

表2.12　国家层面数字经济相关战略

类别	文件名称	主要内容
宏观战略	《国家信息化发展战略纲要》	以信息化驱动现代化为主线，以建设网络强国为目标，着力增强国家信息化发展能力，着力提高信息化应用水平，着力优化信息化发展环境
	《国家创新驱动发展战略纲要》	推动产业技术体系创新，强化原始创新，优化区域创新布局，深化军民融合，壮大创新主体，实施重大科技项目和工程，建设高水平人才队伍，推动创新创业
	《“十三五”国家信息化规划》	部署了构建现代信息技术和产业生态体系等10方面任务；确定了新一代信息网络技术超前部署等12项优先行动

续表

类别	文件名称	主要内容
宏观战略	《“十三五”国家科技创新规划》	加强兼顾当前和长远的重大战略布局，培育重要战略创新力量，统筹国内国际两个大局，构建良好创新创业生态，全面深化科技体制改革，加强科普和创新文化建设
	《中华人民共和国国民经济和社会发展第十四个五年规划和2035年远景目标纲要》	重视实体经济的发展，建设数字中国。推进数字产业化和产业数字化，推动数字经济和实体经济深度融合，打造具有国际竞争力的数字产业集群。加强数字社会、数字政府建设，提升公共服务、社会治理等数字化智能化水平。建立数据资源产权、交易流通、跨境传输和安全保护等基础制度和标准规范，推动数据资源开发利用。扩大基础公共信息数据有序开放，建设国家数据统一共享开放平台。保障国家数据安全，加强个人信息保护。提升全民数字技能，实现信息服务全覆盖。积极参与数字领域国际规则和标准制定。推进土地、劳动力、资本、技术、数据等要素市场化改革。健全要素市场运行机制，完善要素交易规则和服务体系 指出了几个重要的应用场景：A）推动公共文化数字化建设，实施文化产业数字化战略；B）加快推进服务业数字化；C）加强宏观经济治理数据库等建设，提升大数据等现代技术手段辅助治理能力；D）健全自然资源资产产权制度和法律法规，完善资源价格形成机制；E）深化公共卫生、数字经济、绿色发展、科技教育合作，促进人文交流
	《中共中央国务院关于构建更加完善的要素市场化配置体制机制的意见》	首次将数据作为一种新型生产要素，提出推进政府数据开放共享、提升社会数据资源价值、加强数据资源整合和安全保护
	国家发改委、中央网信办联合印发《国家数字经济创新发展试验区实施方案》	创建河北（雄安新区）、浙江、福建、广东、重庆、四川等6个国家数字经济创新发展试验区，试验区建设有助于我国数字经发展标杆形成可推广的发展验证，加速我国产业转型升级和数字经济发展创新发展的路径
互联网战略	《国务院关于积极推进“互联网+”行动的指导意见》	围绕转型升级任务迫切、融合创新特点明显、人民群众最关心的领域，提出“互联网+”创业创新、协调制造、现代农业、智慧能源、普惠金融、益民服务、高效物流、电子商务、便捷交通、绿色生态、人工智能11项行动

续表

类别	文件名称	主要内容
互联网战略	《国务院关于加快推进"互联网+政务服务"工作的指导意见》	优化再造政务服务，融合升级政务服务平台渠道，夯实政务服务支撑基础
	《国务院关于深化制造业与互联网融合发展的指导意见》	打造制造企业互联网"双创"平台，推动互联网企业构建制造业"双创"服务体系，支持制造企业与互联网企业跨界融合，培育制造业与互联网融合新模式，强化融合发展基础支撑，提升融合发展系统解决方案能力，提高工业信息系统安全水平
	《国务院办公厅关于促进农村电子商务加快发展的指导意见》	培育农村电子商务市场主体，扩大电子商务在农业农村的应用，改善农村电子商务发展环境
	《国务院办公厅关于深入实施"互联网+流通"行动计划的意见》	加快流通转型升级，推进流通创新发展，加强智慧流通基础设施建设，鼓励拓展智能消费新领域，大力发展绿色流通和消费，深入推进农村电子商务，积极促进电子商务进社区
	《国务院办公厅关于推进线上线下互动加快商贸流通创新发展转型升级的意见》	鼓励线上线下互动创新，激发实体商业发展活力，健全现代市场体系
	工业和信息化部印发《关于推动工业互联网加快发展的通知》	要求加快新型基础设施建设、拓展融合创新应用、健全安全保障体系、壮大创新发展动能、完善产业生态布局，并加大政策支持力度，推动工业互联网在更广范围、更深程度、更高水平上融合创新
产业	《中国制造2025》	提高国家制造业创新能力，推进信息化与工业化深度融合，强化工业基础能力，加强质量品牌建设，全面推行绿色制造，大力推动新一代信息技术产业等重点领域突破发展，深入推进制造业结构调整，积极发展服务型制造和生产性服务业，提高制造业国际化发展水平
	中央网信办印发《关于推进"上云用数赋智"行动培育新经济发展实施方案》	以数据生产要素为核心，构建"设备数字化–生产线数字化–车间数字化–工厂数字化–企业数字化–产业链数字化–数字化生态"的体系化数字经济发展融合范式

续表

类别	文件名称	主要内容
产业	工业和信息化部办公厅印发《中小企业数字化赋能专项行动方案》	以新一代信息技术与应用为支撑，以提升中小企业应对危机能力、夯实可持续发展基础为目标，集聚一批面向中小企业的数字化服务商，培育推广一批符合中小企业需求的数字化平台、系统解决方案、产品和服务，助推中小企业通过数字化网络化智能化赋能实现复工复产
	工业和信息化部印发《大数据产业发展规划（2016—2020年）》	对工业大数据建设制定了加快工业大数据基础设施建设、推进工业大数据全流程应用和培育数据驱动的制造业新模式三大重点工作规划
	工业和信息化部发布《工业数据分类分级指南（试行）》	旨在指导企业提升工业数据管理能力，促进工业数据的使用、流动与共享，释放数据潜在价值，赋能制造业高质量发展
	工业和信息化部印发《关于加快培育共享制造新模式新业态促进制造业高质量发展的指导意见》	培育发展共享制造平台，依托产业集群发展共享制造，完善共享发展制造生态，夯实共享制造发展的数字化基础
	工业和信息化部发布《关于工业大数据发展的指导意见》	指出为促进工业数字化转型，激发工业数据资源要素潜力，需加快工业大数据产业发展，要构建工业大数据采集、汇聚、流通、分析，也要提升数据治理和安全防护能力、保障发展安全，需要在宏观层面加强体系化布局，建立全面、系统的工业大数据生态，也需要在微观层面务实着力，提升企业的数据管理能力，要重视在需求侧促进大数据与实际业务深度融合，也要在供给侧推动大数据技术和产业创新发展
	农业农村部、中央网信办印发《数字农业农村发展规划（2019—2025年）》	以数字技术与农业农村经济深度融合为主攻方向，加快推进农业农村生产经营精准化、管理服务智能化、乡村治理数字化
信息基础设施	《“宽带中国”战略及实施方案》	首次提出将宽带网络作为国家战略性公共基础设施，从顶层设计、核心技术研发、信息安全保障等方面做出全面部署。推进区域宽带网络协调发展，加快宽带网络优化升级，提高宽带网络应用水平，促进宽带网络产业链不断完善，增强宽带网络安全保障能力
	《国务院办公厅关于加快高速宽带网络建设推进网络提速降费的指导意见》	要推动电信企业增强服务能力、提高运营效率，有序开放电信市场、加强电信市场监管、提升公共服务水平

续表

类别	战略名称	主要内容
新一代信息技术	《促进大数据发展行动纲要》	加快政府数据开放共享，推动资源整合，提升治理能力。推动产业创新发展，培育新兴业态，助力经济转型。强化安全保障，提高管理水平，促进健康发展
	《国家集成电路产业发展推进纲要》	着力发展集成电路设计业，加速发展集成电路制造业，提升先进封装测试业发展水平，突破集成电路关键装备和材料
	《国务院关于促进云计算创新发展培育信息产业新业态的意见》	增强云计算服务能力，提升云计算自主创新能力，探索电子政务云计算发展新模式，加强大数据开发与利用，统筹布局云计算基础设施，提升安全保障能力
	《国务院关于推进物联网有序发展的指导意见》	加快技术研发，推动应用示范，改善社会管理，突出区域特色，加强总体设计，壮大核心产业，创新商业模式，加强防护管理，强化资源整合

4. 日本

日本作为较早认识到数字经济发展重要性的国家之一，在数字经济发展战略布局中，以科技创新为核心，强化应用，重视数字经济服务于社会。早在2000年成立了IT战略总部，并于2001年制定了《e-Japan战略》，将其作为IT国家战略，全力推进信息通信网络基础设施建设。2003年推出《e-Japan战略Ⅱ》，战略重点进入扩大IT应用的新阶段，提出医疗、食品、生活、中小企业金融、知识教育、劳动就业、行政服务7个先期应用领域[45]。《e-Japan战略》实施颇有成效，日本完成了赶超IT先进国家的目标，一举成为世界领先的IT强国。在此形势下，日本政府继续推进国家信息化发展战略，在2004年提出了以发展社会为目标的u-Japan构想，并出台《u-Japan战略》，意在建设泛在网络社会，实现人-人、物-物以及人-物之间的连接，战略实施方向主要包括泛在社会网络基础设施建设、信息通信技术高度化应用以及相关联的安心、安全的“利用环境整备”三方面[46]。由于2008年金融危机爆发，《u-Japan战略》未能达到预期目标，随后日本政府于2009年制定了《i-Japan战略2015》，继续推进数字化社会建设，提出要从电子政务、医疗保健和教育及人力资源三大领域优先发展数字经济[30]，促进产业和培育新产业，大力开展数字化基础设施建设。2011年，日本出台了《推进ICT维新愿景2.0版》，提出打造强大的日本信息经济。2012年颁布经济增长战略《日本复兴战略》，明确指出通过信息产业振兴日本经济。

经过上述战略的实施，数字经济向日本社会各领域开始渗透，日本社会的网络化、数字化得到了相当大程度的普及，但发展进程缓慢，未达到预期目标。近年来，面对人口老龄化严重、社会负担加大、经济增长乏力等问题困扰，日本政府提出“提升日本竞争力，大数据应用不可或缺”。2013年，安倍晋三出任日本首相，制定出了成效显著的新IT成长战略——《日本再兴战略》（Japan is Back），发布了《创建最尖端IT国家宣言》[4]，全面阐述了2013—2020年期间以发展开放公共数据和大数据应用为核心的日本新IT国家战略，提出要把日本建设成为一个具有“世界最高水准的广泛运用信息产业技术的社会”。2017年6月，日本发布了《未来投资战略2017：为实现社会5.0的改革》（略称《未来投资战略 2017》）代替每年更新的《日本复兴战略》，将超越“工业 4.0”和“信息社会”（社会 4.0）的“社会 5.0”（超智慧社会）作为日本面向未来的一种经济社会发展新模式并上升为国家战略。2018年6月，日本发布的《未来投资战略2018：为实现“社会 5.0”和“数据驱动型社会”的变革》（略称《未来投资战略 2018》）明确指出数字经济新时代已经到来，“数据驱动型社会”正在形成[48]。

当前，日本政府更加侧重于推动数字技术与经济增长、民生福祉与社会治理的深度融合，数字经济发展战略布局主要集中于两方面：

（1）加速智能型社会建设

2016年1月，日本政府在《第五期科学技术基本计划（2016—2020）》中首次提出“超智能社会”（社会5.0）概念[49]，同年5月，在通过的《科学技术创新综合战略2016》中，进一步明确阐述了其内涵和实施计划。超智能社会被认为是继狩猎社会（社会1.0）、农业社会（社会2.0）、工业社会（社会3.0）、信息社会（社会4.0）之后的新社会形态，是网络空间和物理空间高度融合的社会形态，旨在通过信息通信技术的创新与应用，实现网络空间与物理空间高度融合，推动交通、医疗、养老等领域数字化转型，形成适合日本发展需要的新型社会形态。此后，日本以“超智能社会”建设为目标，相继发布了一系列战略文件，从战略计划、制度建设、人才培养等方面为“社会5.0”的推进提供指引。2015 年 1 月，日本政府制定了《机器人新战略》，提出要充分发挥日本在机器人制造和技术方面的优势[48]。2016年7月，日本政府出台《下一代人工智能推进战略》，重点阐述了人工智能的技术重点、突破路径、产业布局和人才培养计划。2018年，《综合创新战略》提出要将科学技术与创新成果应用于社会所需，将关注的焦点放在大学改革、加强政府对创新的支持、人工智能、农业发展、环境能源五大领域，同时强调要完善社会基础设施所必需的数据协作基础。《集成创新战略》提出将人工智能、网络空间和物理空间相关技术以及自动驾驶技术作为重点领域加大发展力度，加强人工智能领域人才培养，通过加强官民合作等方式完善不同领域之间的数据基础。《第2期战略性创新推进计划（SIP）》旨在推动科技从基础研究到实际应用的转化、解决国民生活的重要问题以及提升日本经济和工业综合能力，促进科技的研究和开发，实现技术创新，建设“超智能社会”。2019年日本政府提出“数字新政”战略，加强“后5G”时代信息通信基础设施投入，实现信息和信息通信技术在学校的普及应用，提高中小企业信息化水平，为医疗信息化、绿色IT、高性能计算、智能社区、新一代通信网、云计算和信息安全等ICT领域提供研发支持，从而推动日本社会向数字化、智能化社会转型[50]。以2020 年东京奥运会为契机，日本在2019年发布了《东京 2020 机器人计划》，要办成机器人奥运会，向世界展示日本在该领域的实力和优势[48]。

（2）推进产业数字化转型

为在新一轮国家竞争力中获取优势，日本政府依靠其自身强大的制造业基础，积极推进产业数字化转型，于2017年3月发布“互联工业”战略，提出要将人工智能、物联网、云计算等新一代信息技术运用到生产制造领域，突破人口老龄化、劳动力短缺、产业竞争力不足等发展瓶颈[48]。同年10月发布指引性文件《“互联工业”：东京举措2017》，并在2018年将其上升为国家战略，明确指出要将“互联工业”作为日本未来的产业发展方向，提出了自动驾驶与出行服务、制造与机器人、生物科技与材料、重型工厂与基础设施安保、智能生活5个重点发展领域。2018年5月，日本通过了《提高生产率特别措施法》（略称《生产率革命法》），视发展数字经济为新一轮的“生产率革命”，采取特别措施为加快发展“互连产业”扫清了制度性障碍[48]。之后，2018年6月发布的

《日本制造业白皮书》中进一步确立了5个重点领域的发展，指出要将发展互联工业作为日本制造业发展的战略目标。2020年2月，日本东京制定了《“智慧东京”实施战略》，面向2040年智慧东京的未来愿景提出了城市数字化转型的路径和举措。同年9月，日本内阁明确将数字化转型提升为重要国策。

5. 德国

德国作为世界主要的经济强国之一，一直是欧盟国家中最支持数字经济发展、重视信息化建设的成员国之一。20世纪末，德国就开始进行互联网基础设施建设，1999年制定了《21世纪信息社会的创新与工作机遇》，将互联网基础设施建设作为德国迎接信息社会挑战的首要基础性任务[51]。为进一步提高信息化发展所需要的网络基础设施建设，德国于2009年发布“宽带战略”。2010年，出台《德国ICT战略：数字德国2015》，对德国2010—2015年信息通信技术领域的工作内容和重点任务进行了详细阐述，提出通过数字化获得新的经济增长和就业机会，具体内容包括发展电子能源和智能电网；研发电动汽车，建设智能交通系统；在工业领域推广技术等。

此外，德国是传统制造业强国，工业设备信息化程度高，早在2011年汉诺威工业博览会上就提出“工业4.0”的概念，并于2013年正式转变为战略，实施重点在于信息互联技术与传统工业制造的结合，主要包括智能工厂、智能生产和智能物流三个方面，被认为是以智能制造为主导的第四次工业革命。随后，德国经济和能源部、内政部、交通与数字基础设施建设部于2014年8月联合制定了《数字议程2014—2017》，目的是推动网络普及、网络安全、数字经济发展[52]，为“工业4.0”的发展提供长久动力，使德国成为具有国际竞争力的“数字强国”。同年8月，德国颁布了《数字纲要2014—2017》，在扩大高速宽带网络覆盖、促进数字化经济、开发政府创新管理服务、提高全民数字化素养、加强重要项目研发投资、保证互联网的安全使用、积极参与和欧盟及国际合作七大行动领域为数字化、智能化建设部署了战略方向；9月，德国印发了《数字化管理2020》，利用数字化的潜力制定了未来管理的框架条件[53]；11月，德国联邦政府发布《新高科技战略》，确定了未来六大研究与创新首要发展领域，数字经济与社会为其中之一，其八大核心领域包括工业4.0、智能服务、智能数据项目、云计算、数据联网、数字科学、数据建设、数字化生活环境；2015年3

月，德国发布了《数字化未来计划》，涵盖包括“工业4.0”平台、未来产业联盟、数字议程、重新利用网络、数字化技术、进军数字化和经济领域的信息技术安全等12大支柱[53]。

截至2016年3月，德国经济和能源部发布了影响较大的《数字战略2025》，在国家战略层面明确了德国制造转型和构建未来数字社会的思路以及未来数字化必备的工具[54]，强调利用“工业4.0”推动德国的生产作业现场现代化并带动传统产业的数字化转型，旨在有效实现《数字议程2014—2017》战略目标，该战略确定了十大重点任务：（1）2025年前建设千兆光纤网络；（2）引导新的创业潮流，支持创业，促进新公司和现有公司之间的合作；（3）为更多投资和创新建立管理框架；（4）推进设备智能联网；（5）保障数据安全，维护数据主权；（6）支持中小企业创新商业模式；（7）利用工业4.0推进德国工业现代化；（8）将数字化技术的研发和创新带入全球领先水平；（9）实现全生命周期的数字化教学全覆盖；（10）设立数字化管理局。

随后，在《数字战略2025》文件指引下，德国政府及相关部门出台了很多数字化转型及“工业4.0”建设相关的支持政策与战略文件。2018年7月，德国联邦政府发布《联邦政府人工智能战略要点》，确立德国政府发展人工智能的目标和优先行动领域的措施；2018年9月，德国联邦政府出台《高技术战略2025》，提出了德国未来高技术发展的战略框架，以“为人研究和创新”为核心，将研究和创新与国家繁荣发展目标相结合，通过推动科技研究和创新应对挑战，提升民众生活质量，进一步稳固德国世界研究和创新强国地位；2018年11月，德国联邦政府发布《人工智能德国制造》，将人工智能重要性提升到了国家高度，为人工智能的发展和应用提出整体政策框架；同月发布“建设数字化”战略，提出建设数字化能力、数字化基础设施、数字化转型创新、数字化转型社会和现代国家五大行动领域，强调政府部门各自应对数字化转型的工作重点，以期加强部门间协同和与学界、业界的合作[53]；2019，德国政府发布《国家工业战略2030》，内容涉及完善德国作为工业强国的法律框架、加强新技术研发和促进私有资本进行研发投入、在全球范围内维护德国工业的技术主权等[55]；2019年，《德国工业战略2030（草案）》将机器与工业4.0作为数字化发展的颠覆性创新技术加速推动，通过政府直接干预等手段确保国家掌握新技术，保证其在竞争中处于领先地位；2019年在《德国2030年工业4.0愿景》中明确将构建全球数字生态作为未来10年德国数字化转型的新愿景，提出数字主权、互操作性和可持续性三大行动领域。

德国在数字经济发展进程中格外重视数据保护和信息安全，具有较为系统、规范和完善的数据保护法律。2002年，德国通过《联邦数据保护法》，并于2009年进行修改并生效，约束范围包括互联网等电子通信领域，对个人数据的合法获取、处理和使用情况作出明确规定[56]。除了立法，德国也通过一系列战略方案和具体的行动来加强大数据时代的信息安全。在政府内部，要求设立“联邦数据保护与信息自由专员”，监督政府机构数据保护行为；在联邦层面以外，德国各州也有自己的数据保护专员，监督各州政府机构的行为。

三、全球数字主权争夺战

数字经济的迅速发展加剧了大国之间博弈态势，数字主权争夺成为大国博弈新焦点。数字主权争夺过程中，以中国为代表的新兴国家迅速崛起，不断争取国际数字话语权，重塑国际秩序格局，严重威胁到部分发达国家的国际地位。因此，以美国为首的发达国家不断遏制新兴力量的发展，以维持旧有格局，同时发达国家间从自身利益出发在数字主权争夺中也存在一定冲突。目前，全球数字主权争夺战中，中、美、欧呈三足鼎立之势，中小型国家积极构建次级数字伙伴关系。因此，本节对全球数字主权争夺战背景及战况进行了总结分析，并着重介绍了欧盟、美国、中国三个在数字主权争夺战中脱颖而出的经济体的数字主权争夺与应对策略。

背景及战况

随着数字经济全球化发展，数字技术重塑全球价值链，大数据、云计算等信息技术广泛应用于经济社会、国防军事等领域，数字资源逐渐成为国家基础性战略资源，对国家安全、社会稳定、经济运行、国家治理、国防和军队建设等产生重要影响。“数字主权”成为继边防、海防、空防之后另一个大国博弈的空间[57]，各国均采取了一系列措施希望在全球数字主权“割据战”中赢得主动权。

当前，全球数字主权争夺战主要体现在数字技术和数字贸易规则制定两方面。

（1）数字技术

技术作为经济发展的重要支撑，世界各国都想在新技术领域拥有一席之地。在国际体系深刻演变的背景下，新一代数字技术和数字产业对一国综合国力和全球竞争力起着至关重要的作用，数字技术竞争已成为大国关系调整的核心动力之一[58]。在全球数字技术格局中，以美国为主的发达国家已经通过数字化产业的私有化和全球扩张进行大规模数据生产要素的积累，并凭借着先发优势以及垄断地位建立了数字霸权[59]；中国、印度、俄罗斯等发展中国家在数字技术领域具有后来者居上的发展态势，逐渐拉近了与美国、欧盟、日本的技术差距。新兴经济体数字技术的快速发展引起美国、欧盟、日本等主要发达经济体的警觉，数字技术应用被有意识地“政治化”，数字技术与大国战略竞争、制度及价值观差异挂钩。近年来，美国联合日本、加拿大和欧盟等盟友，以国家安全、技术风险、法律合规性和意识形态等名义日趋强化对新兴国家特别是中国的数字技术封锁[60]，强行推行和制定符合自身利益的博弈规则，进而压缩其他国家在数字技术领域的发展空间，遏制其他国家数字产业的发展，以此来谋取经济暴利[59]。

近几年，美国、欧盟、日本等发达国家立法限制外国企业在本国数字技术领域的投资并限制本国数字技术与产品的出口，为维持其数字技术霸权地位，利用其“话语权”无端打压、制裁外国尤其是中国的数字技术的开发与应用。比如，美国禁止公司将芯片和关键软件出售给中国，打压中兴、华为等企业。随着发展中国家数字技术的进一步发展和数字市场规模的扩大，新兴经济体与发达经济体在数字技术领域的话语权争夺在今后很长一段时间将持续不断。

（2）数字贸易规则制定

在全球化发展背景下，作为一种新兴贸易形式，数字贸易在全球范围内广泛兴起，对现有国际贸易规则带来重大挑战。数字贸易规则成为当前全球贸易规则的核心内容，主要经济体加紧争夺数字贸易规则制定的主导权。

首先，数字贸易的基础是跨境数据流动及相关服务。跨境数据流动给各国带来巨大收益的同时，也对国家安全和个人隐私造成巨大冲击。例如，2013年"棱镜门"事件披露了美国国安局直接从微软、谷歌等公司服务器里，窃取并监控全球数据并实施网络攻击，严重损害他国主权。为保障国家信息安全，各国政府越来越重视跨境数据流动的监管和规则制定。由于各国数据经济发展模式、法律制度渊源和数据主权目标等方面的差异，全球跨境数据流动政策规定出现了明显的差别化[61]，各国以维护本国利益为出发点定制跨境数据流动规则。美国倚仗其在数字经济和数字技术领域的领先地位优势，既对本国数据进行绝对保护，严格限制技术数据和敏感数据的跨境转移，又通过"长臂管辖"扩张其跨境数据执法，随时调取美国公司掌握的全球数据；欧盟对内积极推动成员国之间数据自由流动，但对外严格管控，以是否达到"充分保护"作为首要参考原则确定可进行数据跨境自由流动的合作国家；日本政府一方面积极跟随美国政策主张跨境数据自由流动，另一方面参考欧盟数据保护政策对敏感数据进行本地化存储与监管[62]。中国、俄罗斯等国家多采取"防守型"战略，实施数据本地化或限制性数据跨境流动政策。可见，当前跨境数据流动规则制定的主要矛盾在于"数据自由流动"和"数据本地化"的平衡。

其次，在数字贸易规则体系构建方面，美国、欧盟、日本通过积极参与世界贸易组织WTO框架、跨太平洋伙伴关系协定（TPP）、大西洋贸易与投资伙伴协议（TTIP）、国际服务贸易协定（TISA）等国际规则中的数字贸易规则修订及主导签署区域贸易协定，制定数字贸易规则，率先就数字贸易规则进行协调，建立具有全球约束力的数字贸易规则，掌握国际贸易新规则的主导权，对包括中国在内参与国际数字贸易的其他国家带来一定限制和压力。自2018年9月起，美国、欧盟、日本三方的贸易代表通过多次贸易会谈，其谈论的主题中包含了"不公平"的贸易行为、数字贸易等，以达到维护其贸易优势并继续主导规则，其意在打压新兴竞争对手，并将矛头对准中国[63]。新兴经济体对其推行规则表示异议，认为这些规则将拉大国家数字鸿沟。因此，新兴经济体也在积极利用各种渠道参与数字贸易规则的制定，保护本国数据安全和政策执行空间，在数据本地化设置、数据流管理、技术转让和数据传输关税等方面提出各自的利益主张，对数字贸易规则制定产生了不可忽视的影响。随着新兴经济体数字经济的不断发展以及地位的不断提升，其正在从全球数字贸易规则的被动接受者转变为规则的参与者和制定者，在多边谈判中的影响力进一步增加[64]。

总体来看，当前全球数字主权争夺战正处于由各国单打独斗到开始结成利益共同体博弈的发展阶段。以美国为首的发达经济体在数字主权争夺中占有先机，虽内部存在一定冲突分歧，但为谋求数字经济发展共同利益进行战略合作，争夺数字话语权。以中国为代表的新兴经济体为摆脱被孤立甚至被迫接受规则的处境，不断加强合作，分化西方联盟，积极争夺数字主权，维护国家利益。

各国应对策略

1. 欧盟

当前，中国和美国两国数字经济发展迅速，欧盟在数字主权争夺方面已经处于劣势地位。为追赶数字化时代的发展步伐，再次掌握数字主导权，欧盟通过提升自身的数字竞争力并制定一系列数据保护政策，摆脱对美国技术企业的依赖，加强数据隐私保护，从而维护自身的“数字主权”。欧盟争夺数字主权的措施主要分为以下四方面。

（1）发展数字技术，降低技术依赖

当前欧盟在数字技术发展方面落后于美国和中国，新冠疫情的爆发让欧盟国家进一步意识到对国外技术的潜在依赖给国家影响力和经济发展带来的风险。因此，欧盟数字化转型战略在“数据主权”的基础上，提出“技术主权”，发展部署欧洲自主的数字技术能力，减少外国关键技术依赖，确保自身数据基础设施、网络通信的完整性和恢复力。2020年2月，欧盟委员会连续发布《塑造欧洲的数字未来》《欧洲数据战略》《人工智能白皮书》三份文件，其共同中心思想就是技术主权。

欧盟发展数字技术主要从四方面进行：一是于2020年6月推出Gaia-X计划，旨在开发高效、有竞争力的为欧洲乃至全球提供安全可信的数据基础设施[65]，发展具有竞争力的欧洲云产业，推动欧洲成为全球数据中心；二是全方位推动人工智能生态系统的繁荣发展，相继推出《人工智能白皮书》《可信人工智能最终评估清单》《可信人工智能的政策和投资建议的部门考量》以及《人工智能威胁态势报告》等一系列文件，致力于推动人工智能技术创新，保持欧盟人工智能技术的领先地位，培育自主发展能力；三是努力抢占量子计算技术高地，2018年提出欧洲量子技术旗舰计划，2020年发布《战略研究议程》表示未来三年将持续推动欧洲范围的量子通信网络，为欧洲量子研究和创新发展确定方向；四是推出Hexa-X项目，着力于研究面向全球服务的6G旗舰，抢占下一代互联网发展先机。

（2）强调数据安全，重视隐私

欧盟十分注重隐私保护机制和数据安全措施的制定。欧盟相继出台了《通用数据保护条例》（GDPR）、《非个人数据自由流动条例框架》（FFD）、《网络安全法案》（CSA）和《开放数据和公共部门信息指令》（PSI）等政策法规文件，建立了体系化、相对完整的数据安全、网络安全管理体系。其中，GDPR于2018年5月正式生效，成为当前全球影响力最大、威慑力最强的数据隐私保护体系。作为机制保障，欧盟也成立了“数据保护委员会（EDPB）”以及相关协调机制。此外，欧盟委员会还制定了促进国际数据保护的战略标准。面对美国数字监控计划，欧盟曾两次停止欧盟之间的“隐私盾”协议，以司法手段对相关国际协定进行约束，最大限度保护欧盟企业利益。对于数据跨境传输问题，EDPB于2020年发布了《关于补充传输机制以确保遵守欧盟个人数据保护标准的建议》和《针对监控措施的关于欧盟重要保障的建议》，提出数据跨境传输要求和保障措施[66]。

（3）征收数字税

由于欧盟高新技术发展缓慢以及美国的刻意打压，解读《欧洲数字主权》报告可以看出：欧盟境内欧洲数字企业数量与影响力远远落后于美国企业，为扶持本土企业发展壮大，欧盟欲推行“数字税”计划，制定数字领域的竞争和监管规则，着力调整数字企业的税收待遇，提高跨国企业的税收比率，缓解欧洲数字企业竞争压力，使欧盟数字工业和技术能力能够适应激烈的竞争环境[67]。然而欧盟数字税政策实施并不顺利，一方面欧盟成员国之间存在分歧，爱尔兰、匈牙利和爱沙尼亚不认同该计划；另一方面征收数字税作为欧盟打击美国数字霸权的有力工具，受到美国的强烈反对。为推动全球税改协议，欧盟一度搁置数字税征收计划，寻求在经合组织框架下达成关于国际税则的多边协议。当前，欧盟层面搁置征税计划，但法国、意大利、西班牙、奥地利等欧盟成员国的数字税法规已经正式落地，为欧盟创造税收。欧盟数字税征收政策如能顺利实施，将有效改变欧洲数字贸易现状，引领数字经济新动向。

（4）完善数字服务监管法律

2020年12月，欧盟委员会提交了《数字服务法》和《数字市场法》两部数字法案，旨在对在欧盟境内运行的社交媒体、在线市场和其他在线平台进行监管，增强欧盟对其内部数据的掌控力，维护欧盟的“数据主权”[68]。其中，《数字服务法》关注不同规模的在线平台，打击非法内容、保护用户隐私安全、规范在线广告的义务；《数字市场法》聚焦大型平台，针对不公平商业行为，促进数字市场尤其平台环境的有效竞争，以维护欧盟单一数字市场[69]。此外，欧盟还公布了为美国微软和谷歌等科技巨头制订的搜索排名方面的规则，要求这些科技巨头增强搜索排名的透明度[70]。

2. 美国

美国作为数字经济领域创新和实践的引领者，凭借其在技术创新、产业引领和规则制订等方面的先发优势，长期掌握数字主权。但随着各国对数字主权的重视程度不断提升，国际格局不断变化，数字主权争夺加剧，美国数字主权不断受到挑战。尤其是中国在数字经济领域发展迅速且话语权不断提升，极大挑战了美国的数字霸权，已被美国视为数字主权主要竞争对手。为维护并巩固其数字主权，美国采取了一系列强化措施，主要包括以下三方面：

（1）聚焦数字技术，维护产业优势

为确保国家在数字主权争夺战中维持领先优势，美国从国家战略层面对数字技术发展进行谋划布局，高度重视数字技术实力优势的巩固。

一方面，美国对内加强数字技术的战略布局与资源投入以确保“绝对优势”[71]。2016年以来，美国政府先后发布《联邦大数据研发战略计划》《为人工智能的未来做好准备》《国家人工智能研究和发展战略》《维持美国人工智能领导力的行政命令》《人工智能与国家安全》《国家量子计算发展战略》《量子互联网蓝图》《美国主导未来产业（2019）》等一系列战略规划与政策文件，重点关注人工智能、量子信息科学、先进制造业和第五代移动通信等关键领域的技术研发与应用，通过加大资金投入以及政策支持力度，动用税收、金融、财政、司法等综合手段，调动产、学、研等各方力量共同推动技术突破和应用落地，以“全政府战略”维护美国在尖端领域的全球优势[72]。其中，美国将人工智能这一数字技术视为巩固全球霸主优势主要的战略方向，其人工智能实际应用侧重于互联网、芯片与操作系统等计算机软硬件、金融服务、军事安全以及能源等有利于巩固美国数字技术优势的领域，尤其重视促进人工智能的军事应用，并将人工智能上升到国家安全的战略高度[73]。其次，美国为保持其在高端制造业的垄断地位，着重在半导体行业进行超高的研发投入，保证美国半导体设计、制造的全球垄断地位。此外，美国于2020年3月发布《美国5G安全国家战略》推动5G及更高版本的最先进技术的发展，意图谋求与盟友合作引领5G技术发展和部署的主导权，竭尽全力维护5G技术优势，夯实美国在网络领域的霸主地位[74]。

另一方面，美国对外强力出手遏制竞争对手数字技术的发展与应用以谋求“相对优势”。美国面对数字技术领域的激烈竞争，尤其是中国数字科技的快速崛起，采取了一系列强化措施，通过将数字技术政治化、安全化和壁垒化，进一步加大技术封锁，打压竞争对手的行业和企业[75]，以获取数字主权竞争优势。近年来，美国将中国列为主要竞争对手，不断升级对中国科技企业的制裁，联合盟国构建西方技术联盟，强化对中国科技遏制态势。美国对中国遏制措施首先从技术封锁开始，美国政府不断以国家安全和外交利益为由，将多个中国企业列入出口管制实体清单，并通过制定《出口管制改革法案》和《外国投资风险评估现代化法案》等从立法层面构筑技术出口和投资的高壁垒，从而限制和阻断对中国新兴和关键技术出口。其次，美国政府推出“清洁网络”计划，从电信运营商、应用商店、应用程序、云服务和海底光缆五大方面扩大针对中国的“清除”范围，试图在通信网络领域与中国企业完全脱钩。除此之外，美国政府以保护国家安全和数据安全为名，在大力游说盟友禁用华为的5G设备的同时，加紧抵制华为参与全球产业规则的制定，呼吁各国政府和行业盟友加入其中，对中国实行外交围堵[76]，如依靠盟友资源通过组建“基建联盟”和推进双边基建合作干扰中国数字“一带一路”建设[77]。

（2）倡导数据跨境自由流动，严格限制数据流出

作为全球数字贸易强国，美国凭借其技术和经济优势，极力倡导数据跨境自由流动，但严格限制国内数据流出，通过这种差异化政策的实施，形成了对自身极为有利的跨境数据流动治理政策，为其在全球实现数据扩张构建了有利的政策环境。

为充分发挥数字贸易在促进创新和就业方面的重要作用，美国鼓励跨境数据流自由流动，并依托强大的数字产业基础扩展其数据主权[78]。一方面，美国近年来以双边、多边贸易协议为主要渠道，通过与其他区域、国家等签订合作协议或成立区域合作组织，将数字贸易规则的“美式模板”向全球推广，致力于在全球范围内消除跨境数据自由流动障碍。《美韩自由贸易协定》（KORUS FTA）、《美墨加协定》（USMCA）、《跨境隐私规则体系》（CBPR）、《跨太平洋战略经济伙伴关系协定》（TPP）、《跨大西洋贸易与投资伙伴协议》（TTIP）等协议都体现出了美国推动全球数据跨境自由流动这一核心诉求。其中，《美韩自由贸易协定》首次明确了如何处理跨境信息流动和防止对跨国数据使用构成障碍，但未明确提及数据本地化要求，可视为“美式模板1.0”[79]；《跨太平洋战略经济伙伴关系协定》可视为“美式模板2.0”，其将“跨境数据自由流动”改为硬约束条款，主张各缔约国具有一定自主性；2018年，《美墨加协定》首次以“数字贸易”单独列章，规则制定更维护美国利益，可视为“美式模板3.0”；2019年，《美日数字贸易协定》再次升级美国促进数据自由流通等核心诉求，实现数字贸易规则的进一步升级。数字贸易规则“美式模板”的不断升级，彰显了美国企图主导数字贸易国际规则，为全球设定具有约束力标准的野心[80]。另一方面，美国以“自我赋权”延展自身全球范围的数据主权辖域[81]。2018年3月，美国议会通过《澄清境外数据的合法使用法案》（CLOUD），旨在解决美国政府和境外政府之间如何互相合法合规地获取彼此的跨境数据所产生的相关问题。该法案表面上是对美国政府调取境外数据设置条件，实际上却是将这一权力合法化[82]。该法案采用“数据控制者标准”代替“数据存储地标准”，规定美国政府有权通过法律程序调取任何由美国企业控制的数据，充分体现了美国的长臂管辖原则，目的在于实现美国对全球数据市场的抢夺占领。

美国在推动数据跨境自由流动政策的同时，并未放开国内重要数据的管控措施。一方面，美国已建立一整套较为全面的个人隐私保护法律体系[83]，2018年6月推出的《加州消费者隐私法》是美国有史以来最为严格的隐私法，对企业行为进行了严格限制，加强保护消费者隐私。另一方面，美国通过《出口管理法》《出口管理条例》《国际军火交易条例》《外国投资风险审查现代化法》等政策法规严格限制非军用和军用重要技术数据出口和特定数据领域的国外投资。提供数据处理服务的相关主体或者掌握数据所有权的相关主体在数据出口时，必须获得法律规定的出口许可证[84]，且对于涉及"关键技术""关键基础设施""关键或敏感数据"的美国企业做出的特定非控股外国投资，都被纳入安全审查范围[62]。尤其是对于俄罗斯、中国等"战略对手"，美国出口限制更为严格，并且对"特别关注科技企业"具有更为强硬严苛的数据跨境限制条件[81]。

（3）以数字援助构建数字霸权

对外援助作为美国对外政策的重要一环，具有强烈的政治色彩，是其增强在发展中国家国际影响力、维持世界霸权的战略工具。2020年4月，美国国际开发署发布首个数字援助战略文件《数字战略（2020—2024）》，旨在以技术援助为主要形式，加强对广大发展中国家的数字技术扶持，构建以美式价值观、美式规则为主导的数字生态系统。该战略提出的一些说法具有迷惑性，对发展中国家具有一定的吸引力，如"帮助伙伴国家实现自力更生"，但其实质是以技术优势构建一个符合美国利益的国际数字联盟[85]，是美国利用对外援助企图维持数字霸权的又一次行动规划。

3. 中国

近年来，伴随着中国数字技术与数字经济影响力的大幅度增强，中国正在改写全球数字化的格局，其崛起严重威胁到了美国、欧盟等发达经济体的数字主权。面对以美国为首的数字化强国的刻意打压，数字主权博弈、数据跨境流动受阻、个人与国家数据风险等挑战，我国立足当前国情，采取了一系列应对措施，主要包括以下三方面。

（1）倡导构建数字命运共同体

党的十八大以来，习近平总书记多次公开倡导构建"人类命运共同体"的思想主张，这是应对愈加复杂的国际形势和全球化问题的中国方案[59]。2020年

9月中国外交部在“抓住数字机遇，共谋合作发展”国际研讨会上提出《全球数据安全倡议》，再次向全世界表明坚持对外开放，致力推动建设开放型世界经济，构建数字命运共同体的主张。数字命运共同体作为人类命运共同体理念在数字信息技术领域的具体实践，拓展了世界各国的交流渠道，鲜明地表达了多方参与、抵制垄断资本主义的积极主张，尤其强调尊重国家主权，不干涉他国自主研发数字技术的自由，保障各国在参与全球数字治理中具有平等的话语权，有利于加强处于弱势地位国家的话语国际传播力，是应对和化解西方大国数字霸权、摆脱西方发达资本主义的“数字剥削”、缩小国际数字鸿沟的有效路径。

（2）推动建设“数字丝绸之路”

2017年5月，习近平总书记提出建设21世纪“数字丝绸之路”构想。2018年3月，中国政府制定了《推动共建“一带一路”的愿景与行动》，进一步细化了数字丝绸之路的落实与实施[87]。近年来，中国在数字科技、数字产业方面发展迅猛，尤其是掌握了5G等前沿科技，凭借这方面优势，以“数字丝绸之路”建设为契机，中国将这些技术优势更好更多地惠及广大发展中国家[87]，从而缩小南北国家之间数字鸿沟，实现数字经济均衡发展，从根本上应对西方国家数字霸权。2020年11月，主题为“共建‘一带一路’，共兴数字经济”的中国—东盟博览会在广西南宁举行，其目的在于全面深化中国与东盟国家的数字经济合作和弥合数字鸿沟。自2017年习近平总书记提出“数字丝绸之路”的构想至今，中国已与16个国家签署了关于加强“数字丝绸之路”建设合作的谅解备忘录[63]，与五大洲22个国家建立了“丝路电商”双边合作机制。中国以“一带一路”为依托扩大数字经济影响力，与沿线各个国家一同进行贸易的转型升级[88]，并与参与“一带一路”建设的同盟国共同加强在人工智能、纳米技术、量子计算机等前沿领域合作，推动大数据、云计算、智慧城市建设，推动建立互利共赢、公开透明的数字经济国际规则标准体系，有效扩大了我国在国际数据规则领域的话语权。

（3）重视数据安全，维护数据主权

不同于美国等国家倡导数据跨境自由流动，为保障国家数据安全，中国对跨境数据流动管理较为严格，坚持维护数据主权，要求数据本地化存储。中国以《网络安全法》为基本保障，定义了网络数据和个人信息的基本概念，以《国家网络空间安全战略》为行为准则，强调捍卫我国网络空间主权维护国家安全，以《网络空间国际合作战略》为合作方略，深化国际网络安全合作推进全球互联网治理体系改革[89]。其中，《网络安全法》提出关键信息基础设施在我国境内运营中收集和产生的个人信息和重要数据应当在境内存储[90]，如果需要将本地数据转移海外，政府将进行出境安全评估，也可对关键信息基础设施的安全风险进行抽查。2020年7月我国出台《数据安全法（草案）》，规定支持促进数据安全与发展的措施。2020年9月，中国对外发布《全球数据安全倡议》，就推进全球数据安全治理提出了中国方案，重申了对数据主权的维护。

第三章

中国数字经济局势

中国数字经济的崛起有三大主要标志。一是数字经济整体发展态势良好。二是核心区域的形成及其带动的纵深发展。三是各省市取得的数字经济相关成就和发展。本章从这三个层面描述了中国数字经济崛起的现状。通过比较可知，我国数字经济整体发展趋势较好，各核心区域及先导省市的数字经济发展之路既有共性又有个性，产业生态逐渐成熟，发展环境逐步优化，优势较为突出，已对周边数字经济的发展起到带动作用。同时，近几年其他省市的进步表明，各地数字经济的发展差距有缩小的趋势，说明我国数字经济发展格局仍有较大的变化空间和可能，各地应及时抓住发展数字经济的机遇，充分发挥数字经济发展潜力。

一、国内数字经济整体情况

当前，我国经济社会处于从高速增长进入高质量发展的重要转型阶段，数字经济作为拉动我国经济增长的主引擎，是推动经济高质量发展的重要支撑。随着我国数字技术的不断创新与应用以及中央及各地数字经济及数字化转型政策的持续推进落实，我国数字经济已步入发展成熟期，在创新、协调、绿色、开放、共享的新发展理念下，数字经济已经开始从注重效率、速度，向更为关注公平、质量转变[91]。在近两年新冠肺炎疫情全球蔓延的情况下，我国数字经济更是展现出了超强的韧性，实现逆势增长，使我国成为2020年全球唯一实现正增长的主要经济体。下面将从数字经济规模、数字经济结构以及疫情爆发前后我国数字经济发展对比三方面介绍我国数字经济整体情况。

数字经济规模

近年来，我国数字经济规模保持稳定增长态势，已经连续多年稳居世界第二。中国信通院相关数据显示，我国2020年数字经济规模已达39.2万亿元，同2005年的2.6万亿元相比，数字经济规模增长了约14倍。与此同时，数字经济占GDP比重逐年提升，由2005年的14.2%提升至2020年的38.6%[92]，可见数字经济在我国国民经济中的地位愈发突出，已然成为我国国民经济高质量发展的新动能和国民经济中最为核心的增长极之一。2005年至2020年中国数字经济规模与GDP占比情况如图3.1所示。

图3.1　中国数字经济规模与GDP占比情况

信息来源：《中国数字经济发展白皮书（2021）》[92]

此外，在全球经济下行和新冠肺炎疫情冲击叠加影响下，近两年我国经济相对低迷，数字经济增速有所放缓，但其始终高于GDP水平（图3.2）。2020年，我国数字经济依然保持9.7%的高位增长，是同期GDP增速的3.2倍多，位居全球第一，成为我国应对经济下行压力的关键抓手以及推动我国经济稳定增长的关键动力。

图3.2　中国数字经济增速与GDP增速

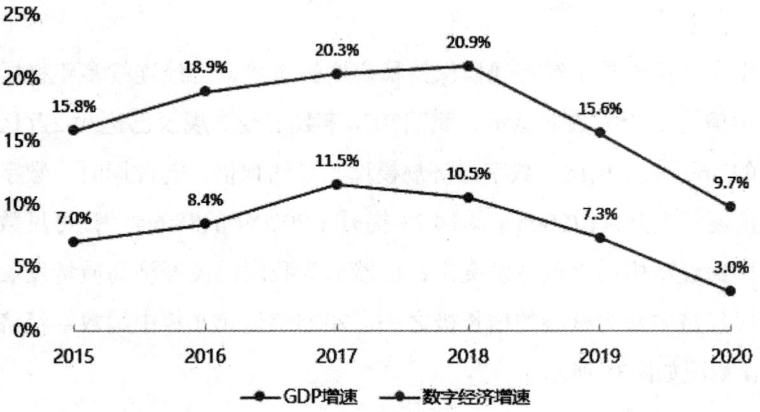

信息来源：《中国数字经济发展白皮书（2021）》[92]

数字经济结构

数字经济可分为数字产业化和产业数字化两部分。数字产业化与产业数字化虽均呈现增长态势，但从我国数字经济整体结构来看，数字产业化占比逐年下降，由2015年的25.7%下降至2020年的19.1%，产业数字化的主导地位不断巩固（图3.3）。这说明我国数字经济相关技术、产品和服务等正加速向生活中各个领域渗透，不断拉动其他产业转型升级[93]。

图3.3　数字经济结构

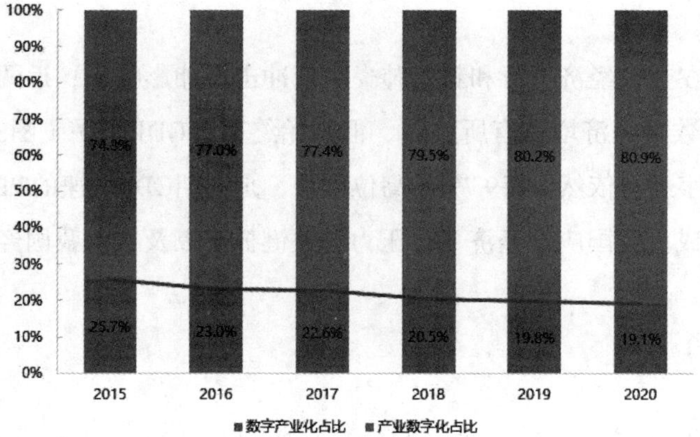

信息来源：《中国数字经济发展白皮书（2021）》[92]

数字产业化作为数字经济发展的先导产业，总体实现稳步增长，2020年，我国数字产业化规模达到7.5万亿元，占GDP比重为7.3%，同比增长5.3%。其中，软件业务收入从2016年的4.9万亿元增长至2020年的8.16万亿元，计算机、通信和其他电子设备制造业主营业务收入由2016年的10万亿元增长至2019年的11万亿元，大数据产业规模从2016年的0.34万亿元增长至2020年的超过1万亿元[94]。数字产业价值链层次不断提升，软件和互联网行业占比持续增加[95]，我国数字产业化的结构由之前的以电子信息制造业为主逐步发展到以软件产业为主。

产业数字化作为推动新旧动能转换、加速经济高速增长的主要方式，呈现快速增长趋势，2020年我国产业数字化规模达31.7万亿元，占GDP比重为31.2%，同比增长10.3%。一方面，随着数字技术加速向生产生活的各领域不断渗透，产业数字化层次不断加深，涉及领域日趋拓展，尤其是在新冠肺炎疫情这一特殊背景下，电子商务、在线教育、远程医疗、在线办公等新模式新业态实现创新突破。另一方面，由于不同产业数字化改造难度与成本不同，不同产业的数字经济渗透率虽均有所提升但发展并不均衡，一直保持服务业优于工业，工业优于农业的局面（图3.4）。

图3.4　中国数字经济渗透率

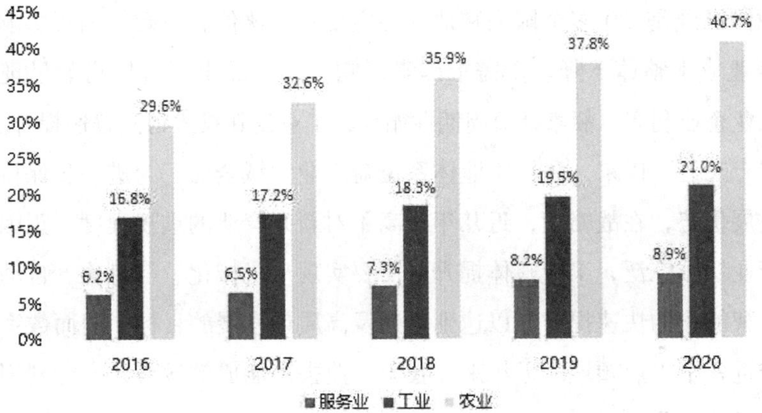

信息来源：《中国数字经济发展白皮书（2021）》[92]

受疫情影响，当前中国的产业转型也迎来了新的机遇。一方面加速了产业数字化进程，行业对数字化的意识普遍提高，企业数字化的转型动力也十分明显。例如制造行业，智能工厂、数字车间应用更加广泛，数字化效果非常明显，强有力地推动行业复工复产。数据显示，2020年我国的制造业增加值较2019年同比增长了3.4%，其中高技术制造业增加值同比增长7.1%、装备制造业增加值同比增长6.6%，高技术制造业、装备制造业在行业中属于数字化发展更为成熟的典范，由此可见，数字化是促进经济增长的重要动力。另一方面，疫情也加速推动了产业新模式、新业态的发展。截至2020年12月，我国在线教育用户规模同比增长47%，用户数达3.42亿。在线医疗用户达2.15亿、在线办公用户3.46亿，实现突破式发展，分别占网民整体的21.7%、34.9%。科技行业也在这一轮疫情中飞速发展，其中通信服务、在线服务、云服务、人工智能、智慧服务平台尤为突出。2020年全年电子及通信设备制造业、计算机及办公设备制造业增加值分别增长8.8%、6.5%，电信业务总量同比增长20.6%，软件和信息服务业收入同比增长13.3%。

疫情爆发前后我国数字经济发展对比

疫情之前我国工业结构不断优化，产业规模与增速不断提升。在贸易方面，我国已经是120 多个国家和地区的主要贸易伙伴。受政策因素影响，我国工业企业成本整体下降。受需求因素影响，工业品出厂价格指数呈现波动态势，工业企业利润总额累计值周期性循环，工业创新投入得到普遍提升。

“十三五”以来，我国工业体系覆盖产业领域全面。为进一步保持我国工业的发展优势，在战略上，近几年提高了对新兴产业的重视程度。正因为我国工业产业领域广泛，工业整体提升更需要实现从机械化、信息化、自动化向数字化、智能化的快速提升，以达到增速及高质量发展的目标。因而数字经济快速渗透进各个工业领域。近年来，我国工业去产能成效显著，产能利用率基本恢复至正常水平。

我国发展形成了京津冀、长三角、粤港澳大湾区、成渝地区、长江经济带等主要经济产业战略区域。在这一分布布局下，这几大区域内省市间的产业、经济相关要素持续协同、深度合作，使区域保持自身的发展优势。东部地区部分产能向中、西部地区转移或由中心城市向周边扩张，但东部仍是制造业核心承载区，彩色电视机、移动通信手持机产能仍继续向珠三角集聚。除此之外，工业的绿色发展目标也是体系改革要关注的重点之一。

综合来看，疫情之前我国工业发展形势向好，包括工业经济、企业创新、各行业领域、工业产能、区域发展、研发和模式创新在内的各个方面，整体呈上升趋势。

受疫情影响，我国工业发展有所下滑，2020年，我国工业受疫情影响严重，前3个月全国规模以上工业负增长，工业生产整体大幅下降。国家统计局数据显示，比较2020年各分行业产能利用率，前三个季度，各分行业产能利用率比上年同期增长均为负值。针对工业企业利润分析，我国工业企业利润受2020年年初短期影响较大，之后逐步提升。但自2020年第四季度开始，我国工业发展基本重回19年同期水平。

二、核心区域分布及对比

我国数字经济核心区域的形成与该区域的经济发达程度、所处经济圈、产业基础、产业聚集程度、战略政策、科创基础、地理资源条件、环境等因素有关。综合这些因素，我国形成了数字经济“4+N”区域格局，其中四大核心区域包括长三角、粤港澳、京津冀和成渝城市群。

4+N区域格局的总体分布及对比

单纯从地域上来说，我国东部、中部、西部和东北部四大产业带的数字经济与其产业基础及其优势密切相关。其中，东部沿海地区的工业基础和地区消费品产业具有突出优势，东部地区优势主要体现在劳动密集型产业以及依托人才、资金和技术优势形成的知识和技术密集型产业带；依托自然资源条件，西部地区的农业产业优势较为突出；中部及东北地区的工业和资源基础优势明显。

有人预言数字技术会打破经济地理区域的聚集优势，缩小各地的差距。事实上，近年来，国内数字经济的区域聚集性并未被打破，且我国数字经济已形成“长三角、珠三角（扩展为粤港澳大湾区）、京津冀、成渝城市群四大核心区域，外加多个数字经济发展优势地区”的4+N区域格局。四大核心区域包含的城市如表3.1所示。

表3.1 4+N区域格局

核心区域	城市名单
长三角城市群	上海、无锡、宁波、舟山、苏州、扬州、杭州、绍兴、南京、南通、泰州、常州、湖州、嘉兴、镇江、台州、合肥、盐城、马鞍山、金华、淮安、衢州、芜湖、连云港、徐州、滁州、淮南、丽水、宿迁、温州、铜陵、安庆、池州、宣城、蚌埠、黄山、六安、淮北、宿州、亳州、阜阳41个市
京津冀城市群	北京、天津、保定、唐山、廊坊、石家庄、邯郸、秦皇岛、张家口、承德、沧州、邢台、衡水13个市
粤港澳大湾区	香港、澳门、广州、深圳、珠海、佛山、惠州、东莞、中山、江门、肇庆11个市
成渝城市群	重庆、成都、自贡、泸州、德阳、绵阳、遂宁、内江、乐山、南充、眉山、宜宾、广安、达州、雅安、资阳16个市

四大核心区域的形成主要是出于产业集群效应。长三角地区数字经济优势城市最多，其次是珠三角、京津冀，核心区域的城市群集聚效应明显，整体发展呈良性循环。产业领域方面，珠三角、长三角及川渝地区的电子设备制造业领域优势较为突出；长三角、珠三角和环渤海地区的信息传输、软件和信息技术服务业领域优势较为明显。

但是四大核心区域仍有较大差距。从规模上比较，长三角地区数字经济规模最大，其次是珠三角，再次是京津冀，成渝城市群则是最后形成的数字经济核心区域。从以往几年整体的数字经济增速上来看，四大区域的数字经济增速排序和规模排序相同。从数字经济内部结构来看，京津冀地区产业数字化占数字经济比重最高，其次为珠三角和长三角地区。说明以往几年我国数字经济发展以数字产业化为主要驱动力，发展速度与规模成正比。

除了四大核心区域，山东、河南、武汉、东南沿海等地也形成了一定的区域产业优势，成为数字经济发展较突出的区域。特别是近两年，原本落后的西北地区数字经济发展也开始逐渐提速向优势区域追赶聚拢，陕西、广西、云南、甘肃、内蒙古等地的数字经济排名均有所提升。究其原因是西北地区产业数字化占数字经济比重最高，在数字经济发展到产业数字化开始发挥主导作用的本阶段，西北地区产业数字化优势得以体现。

四大核心区域数字经济发展有差距的主要原因之一是，各核心区域内各地的数字经济产业联系紧密程度不一。由表3.2～表3.4可以看出，核心区域内各地的数字经济产业联系越紧密，集群效应越明显，对区域整体的发展越有利。相较而言，长三角地区的产业联系较紧密，珠三角除了加强区域内部的产业联系紧密度，也较重视与北京、上海等优势区域的合作。

表3.2　京津冀区域间联系指数表

京津冀	北京	天津	石家庄	唐山	秦皇岛	邯郸	邢台	保定	张家口	承德	沧州	廊坊	衡水
北京	–	31.18%	2.82%	8.41%	0.88%	1.02%	0.81%	8.75%	2.27%	1.60%	4.67%	36.45%	1.14%
天津	45.51%	–	2.62%	12.71%	1.01%	1.06%	0.84%	6.30%	0.76%	0.93%	14.32%	12.60%	1.35%
石家庄	17.32%	10.77%	–	2.58%	0.46%	14.35%	16.86%	17.84%	1.37%	0.49%	7.09%	2.59%	8.28%
唐山	33.93%	41.19%	1.79%	–	4.17%	0.85%	0.64%	3.45%	0.82%	2.99%	4.60%	4.75%	0.82%
秦皇岛	26.12%	20.43%	2.31%	31.93%	–	1.12%	0.81%	3.41%	1.01%	4.61%	3.64%	3.76%	0.85%
邯郸	6.89%	4.65%	16.00%	1.27%	0.25%	–	58.83%	4.32%	0.52%	0.30%	2.54%	1.01%	3.42%
邢台	5.67%	3.84%	20.10%	1.06%	0.19%	57.58%	–	4.04%	0.41%	0.23%	2.24%	0.84%	3.81%
保定	37.92%	20.09%	12.43%	3.69%	0.48%	2.69%	2.39%	–	1.29%	0.61%	8.66%	5.92%	3.84%
张家口	57.07%	12.37%	5.13%	4.81%	0.82%	1.76%	1.33%	7.75%	–	1.58%	2.84%	3.49%	1.06%
承德	41.74%	16.09%	2.51%	19.95%	4.03%	1.08%	0.90%	3.83%	1.83%	–	3.06%	4.04%	0.93%
沧州	21.77%	44.40%	5.36%	5.37%	0.56%	1.77%	1.50%	9.42%	0.58%	0.53%	–	4.86%	3.88%
廊坊	72.73%	17.26%	0.88%	2.44%	0.25%	0.31%	0.25%	2.82%	0.29%	0.26%	2.12%	–	0.39
衡水	16.85%	13.22%	20.59%	3.00%	0.41%	7.51%	8.37%	13.79%	0.69%	0.44%	12.35%	2.79%	–

信息来源：《北京市产业布局与上市公司研究报告》[96]

表3.3　长三角主要城市关联强度表

关联城市	关联强度	关联城市	关联强度	关联城市	关联强度	关联城市	关联强度	关联城市	关联强度
上海-杭州	126.4	南京-杭州	61.4	合肥-蚌埠	29	南通-杭州	19.2	盐城-南京	17.5

续表

关联城市	关联强度	关联城市	关联强度	关联城市	关联强度	关联城市	关联强度	关联城市	关联强度
上海–南京	119.9	合肥–上海	48.9	合肥–宿州	29	南京–淮安	19	盐城–苏州	17.5
杭州–南京	96.5	苏州–杭州	35.4	合肥–六安	29	南京–泰州	19	苏州–常州	15.9
上海–合肥	92.3	温州–杭州	31	合肥–阜阳	28	南京–宿迁	19	苏州–淮北	15.5
南京–上海	84.7	宁波–杭州	30	南京–合肥	25.8	杭州–温州	18	苏州–黄山	15.5
杭州–上海	81.2	嘉兴–杭州	30	杭州–连云港	24	杭州–湖州	18	苏州–滁州	14.7
杭州–苏州	61.7	绍兴–杭州	30	苏州–合肥	23.8	杭州–衢州	18	常州–苏州	14.2

信息来源：《复杂网络视角的长三角城市群经济关联结构研究》[97]

表3.4 珠三角区域间联系

区域	主要城市	第一关联城市	第二关联城市	第三关联城市	第四关联城市
珠三角	深圳	上海	广州	北京	成都
	广州	深圳	上海	北京	佛山
	佛山	广州	深圳	北京、上海	杭州

信息来源：《中国城市的圈层关系，城市联系度与城市关联度》[98]

根据各区域数字产业集聚特征，总体来看：在电子设备制造业领域，珠三角、长三角及川渝地区产业规模优势显著；在软件服务业领域，长三角、珠三角和环渤海地区产业规模优势较为明显；相较软件服务业而言，电子设备制造业的总规模更大、区域分布集中度更高[99]。具体比较各区域细分的优势产业，列出表3.5，可以看出，各区域发展优势产业共性较为突出，在此基础上，各区域仍具有独特的优势产业。如集成电路、人工智能、工业互联网、5G、大数据、云计算等产业是四大核心区域均在重点发展的产业。如智能制造、智能通信、电子商务、区块链等产业也在不止一个核心区域得到重点支持。除了共性优势产业以外，京津冀区域在数字孪生方面、长三角地区在卫星导航方面、粤港澳在金融科技方面分别具有突出优势。

表3.5　京津冀、长三角、珠三角、川渝地区的数字经济优势产业

优势产业	京津冀	长三角[100]	珠三角	川渝地区
集成电路	√	√	√	√
人工智能	√	√	√	√
智能制造	√	√	√	
互联网	√	√	√	√
电子信息		√	√	√
卫星导航		√		
工业互联网	√	√	√	√
物联网		√		√
新型显示		√	√	√
量子通信		√		
智能终端		√		√
电子商务	√	√	√	
云计算	√	√	√	√
大数据	√	√	√	√
智能通信		√	√	
5G	√	√	√	√
数字孪生	√			
区块链	√		√	√
信息安全			√	√
金融科技			√	
生物医药			√	√

除产业以外，比较各区域其他方面的优势可以得出结论：长三角地区以信息基础设施为重，在集成电路产量、光缆线路长度、互联网宽带接入用户和移动电话交换机容量方面发展优势突出，区域内各地数字经济综合发展状况相差不大。珠三角地区数字经济发展较为均衡，综合发展及产业规模状况最佳，其最为突出的领域是电子商务。京津冀地区的电信业务总额、互联网普及率、移

动互联网接入流量的区域基础较好，区域内发展以北京为引领，而北京最大的优势在于前沿科技发展基础及水平远高于其他省市。成渝地区的发展优势体现在其大力发展数字经济的特色产业上取得的突出成绩，并以此为基础不断加强区域内合作的发展路径。总体来看，我国各区域均形成了各具优势的数字经济发展路径。

4大核心区域具体情况

从地理上及时间上来看，京津冀、粤港澳（珠三角）与长三角纵贯南北，抢先形成了我国数字经济的三大核心区域。总的发展趋势上，长三角数字经济增速最快、占全国数字经济总量比重最高，总规模超过珠三角和京津冀；珠三角数字经济增速比肩长三角，数字经济占当地经济总量的比重最高；长三角各地联系密切且产业集群效益突出，京津冀各地联系不够紧密导致区域发展差距较大。随着国家对成渝地区的战略布局，成渝地区形成具有地方产业特色的数字经济发展路径，逐步发展成为我国数字经济第四核心区域。

1. 长三角具体情况

地理上，长三角地处“一带一路”与长江经济带的重要交汇地带，具有产业聚集、经济发达、区域发展均衡的优势。政策上，长三角重视区域协同发展，自1996年已成立长江三角洲城市经济协调会。长三角陆续出台《长江三角洲地区区域规划》《长江三角洲城市群发展规划》《长三角地区一体化发展三年行动计划（2018—2020年）》《长三角地区打通省际断头路合作框架协议》《长三角综合交通发展大会倡议书》《长江三角洲区域一体化发展规划纲要》等相关政策，持续对区域进行一体化发展规划。特别是，在2018年，《长三角地区一体化发展三年行动计划（2018—2020年）》提出要以建设世界级产业集群为长三角地区的发展目标；并于2019 年，出台《长江三角洲区域一体化发展规划纲要》，提出了“三省一市”基础设施发展的共同行动准则和协同发展战略与长三角“成为全国经济发展强劲活跃的增长极、新时代改革开放的新高地、全国经济高质量发展的样板区，以及率先基本实现现代化的引领区和区域一体化发展的示范区”的战略定位。在四大核心区中，长三角相关政策对于区域产业聚集及协同发展的作用最为突出。

目前，长三角形成的区域一体化协同治理框架如图3.5所示，包括执行层、协调层和决策层，目标为解决区域内产业竞争、整体规划布局、体制机制及服务水平差异等问题，实现区域内资源要素配置以及市场、产业协同发展[101]。在长三角形成的区域一体化协同治理框架下，长三角一体化已形成以上海为中心带动27个区域内中心城市（包括上海，浙江的杭州、湖州、嘉兴、宁波、舟山、绍兴、金华、台州、温州，江苏的南京、苏州、无锡、南通、泰州、扬州、盐城、镇江、常州，安徽的合肥、芜湖、马鞍山、铜陵、安庆、池州、滁州、宣城）共同发展的发展格局。区域一体化最直接的反映指标是区域内跨省市交通物流的频繁密集度。2018年，长三角地区的跨省市交通物流的量是四大核心区域内最高的，是京津冀地区的三倍；区域内上海、杭州、南京、无锡等部分城市的物流效率超过全国30%。随着区域一体化发展，长三角区域内跨省市交通物流的频繁密集度仍呈现上升趋势。

图3.5　长三角三层四级的协同发展治理结构

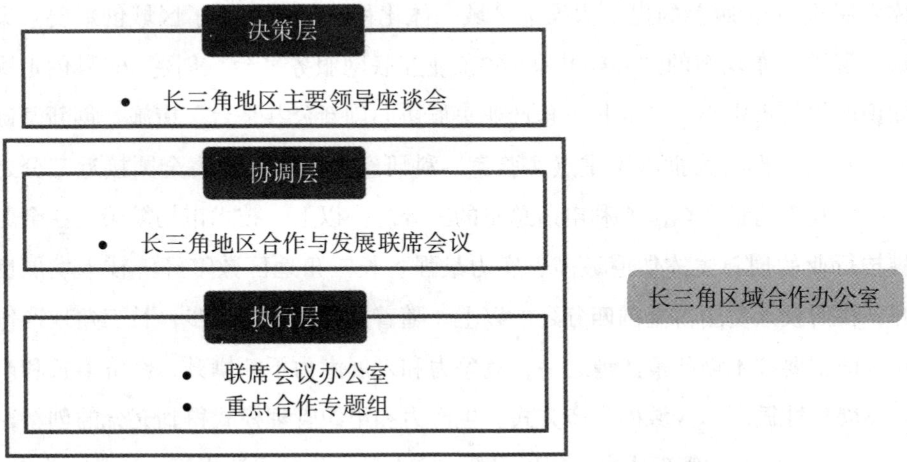

总体来看，在京津冀、珠三角与长三角三大核心区域中，长三角地区经济体量最大，数字经济发展在全国也处于引领地位。长三角地区面积为全国的4%，但近几年的GDP比重超过全国的四分之一；2019年以来，其数字经济GDP占比高达40.9%，在国内数字经济中规模最大；据统计，2020年以来，国家级经

济开发区数量及进出口总额均占全国四分之一以上，区域内世界500强企业占全国总数的八分之一左右[102][103]。

在区域内部，长三角的“三省一市”包括上海市、江苏省、浙江省、安徽省，各地发展优势不同。其中，上海在金融产业数字化方面全国领先；江苏省在全国智能制造领域起到了标杆示范作用；浙江省在电商服务上居全国前列；安徽省在工业数字化领域起到模范带头作用[104]。

比较长三角各省市产业发展情况，各地区发展差距较明显，各省市产业发达水平由高向低的顺序为上海、江苏、浙江、安徽。2018年，上海第一产业比重低于1%，第三产业比重接近70%，达到发达国家的产业结构状态；江苏、浙江两省第一产业比重低于5%，第三产业比重在50%左右，而第二产业比重在45%上下，其中制造业比重超过部分发达国家[101]。近年来，受长三角一体化影响，长三角内部发展差距正在逐步缩小。以制造业为例，上海和江苏产业相似度最高，安徽与其他两省一市之间的产业结构差距正在缩小。长三角地区，制造业产业一体化程度的提升，为其数字化转型打下了良好的基础。

长三角在科创一体化方面具有一定基础优势。政策上，《G60科创走廊总体发展规划3.0版》的提出为推进区域一体化科技创新提出了区域创新要素聚集、资源分布均衡的“共建共享G60工业互联网服务平台、创建G60科创走廊知识产权保护中心、形成长三角产业集群协同创新公共平台”措施。创新基础上，长三角拥有大批国家重点实验室，科研经费投入总量占全国接近三分之一，专利申请量占全国专利申请总量的三分之一以上，技术市场繁荣，在金融科技行业的创新主体估值最高、实力最强。长三角地区数字经济技术发展良好，科研投入费用占全国四分之一以上。随着数字技术的进步，长三角地区作为全国主要技术创新策源地之一，竞争力和发展潜力不断攀升，经济增长和产业发展良性循环，区域内生产方式、生产力和组织管理模式得到充分的创新，区域内产业生产和管理成本大幅度降低，产业效率得到迅速提高。

产业方面，长三角在高端装备、汽车、造船和通信产业具有较好的产业基础。在数字经济领域，长三角重点发展集成电路和人工智能两个关键产业。具体地说，长三角地区集成电路产业链较完整，在设计、制造、封装测试等环节具有一定的优势，2019年长三角集成电路产业规模分别约占全国的一半，但关键设备依赖进口，自主研发与生产能力仍是短板。虽然，长三角地区重点布局人工智能产业，构建人工智能产业生态和产业链，但是人工智能行业创新主体数量少且实力不强，行业创新亟待加快布局。可见，长三角数字经济关键产业的发展仍有较大发展空间。另外，长三角推进长三角工业互联网一体化示范区，积极打造全国领先的工业互联网平台；作为新能源汽车重要的产业聚集地，积极打造全国领先的大数据智能驾驶等数字经济相关产业；纺织服装产业数字化的产业规模和聚集程度处于国内领先地位。

从发展趋势上看，长三角27个中心区城市自2016年已整体迈入高收入阶段，预计将在2023年整体越过发达经济体门槛。长三角区域发展在分布上已取得了一定成绩，拥有第一个国家级新区——浦东新区、第一个自贸试验区——上海自贸试验区、全国首个跨境电商试验区——杭州、全国唯一科技体制综合改革试点城市——南京；长三角区域在数字经济民生应用方面具有全国领先性，政务服务从“城市通”迈入“区域通”时代；长三角的环境协同治理在大气和水污染防治上已形成了一套区域协作机制；长三角的数字基础设施方面，重点布局 5G、数据中心、人工智能、大数据、云计算、工业互联网、工业机器人、物联网等新技术和新产业发展，现在例如5G网络覆盖面和建设等部分技术产业领域达到国际领先水平。

2. 粤港澳大湾区情况

粤港澳大湾区是中国对外贸易的重要门户，也是参与经济全球化和国际分工协作的主要地区之一。全球四大湾区包括纽约湾区、旧金山湾区、东京湾区、粤港澳大湾区。比较全球四大湾区和长三角27城可知，粤港澳大湾区每平方公里GDP产出和人均GDP产出高于长三角27城，但在全球四大湾区中最低；相反，粤港澳大湾区面积和人口低于长三角27城，却在全球四大湾区中最高[105]。见表3.6和表3.7。

表3.6 国际四大湾区的重点数据对比

湾区	发明专利数量（万件）	第三产业比重（%）	证券交易所市值（万亿美元）
纽约湾区	3.96	82.3	30.44

续表

湾区	发明专利数量（万件）	第三产业比重（%）	证券交易所市值（万亿美元）
旧金山湾区	5.44	89.4	/
东京湾区	13.91	82.8	5.30
粤港澳大湾区	25.80	64.9	6.22

表3.7 国际四大湾区的平均GDP产出情况

湾区	面积（万平方公里）	人口（万人）	GDP（万亿美元）	每平方公里GDP产出（万美元）
纽约湾区	2.15	2300	1.8	8000
旧金山湾区	1.8	777	0.83	4611
东京湾区	3.69	4532	1.92	5190
粤港澳大湾区	5.59	7116	1.64	2937

整体来看，粤港澳大湾区数字经济发展引领全国。自2018年，珠三角地区数字经济规模占GDP比重在全国主要城市群中排名已是第一。2019年，仅广东一省的数字经济规模占全国数字经济规模的比值已达13.6%。数字经济在粤港澳大湾区经济发展中的作用至关重要，数字经济增加值已达到粤港澳大湾区GDP的31.6%[106][107]。

从产业布局来看，粤港澳大湾区西部主要以技术密集型产业为主; 东部以知识密集型产业、高科技产业为主; 沿海地区主要发展先进制造业和现代服务业; 港澳地区为促进内外融合发展，形成了上下游完备的供应链[108]。出于粤港澳大湾区的产业布局、“一带一路”支撑需求、建设全球影响力的国际科技创新中心的要求、加强内地与港澳深度合作的要求以及其所处地理位置的考虑，在珠三角地区“双核一廊两区”（“双核”即广州、深圳两市，“一廊”即广深科技创新走廊，“两区”包括珠江三角洲国家大数据综合试验区等）的基础上，粤港澳大湾区进一步推进了“广州—深圳—香港—澳门”创新科技走廊建设，并建设了粤港澳大湾区大数据中心、粤港澳联合实验室，粤澳双方共建国际科技创新中心。进而，粤港澳大湾区数字经济形成了以香港、深圳、广州多个中心城市为核心引领的区域发展总体格局和分布态势。

粤港澳大湾区一体化协同发展依托粤港澳三地、省内、市间和城区联动，以经济发展优势，构建多行业、多元化的经济产业生态圈。例如，全球重要的智能设备终端的生产基地和全国高端新型电子新兴产业领域的龙头——深莞惠经济圈[109]。

粤港澳大湾区中，粤港澳三地极具有集群效应，也具有产业互补性效益。珠三角地区具有物联网、5G通信技术、大数据和云计算等领域应用基础和智能制造领域优势。香港和澳门在金融科技、物流、数码港建设、教育科技等方面具有绝对优势，并在智能科技领域具有世界领先的科技研发能力。粤港澳三地优势相结合，提升了粤港澳大湾区在相关产业上的国际竞争优势，使粤港澳大湾区可以形成软件研发、硬件生产和服务的完整智能产业链。

粤港澳大湾区内，深圳市、广州市、佛山市、东莞市数字经济领先，粤港澳大湾区形成了以广州、深圳、佛山、东莞等为核心节点的以产业协同为特色的制造业产业带，使得工业互联网在区域内发挥出重要作用。具体到各地，广州市重点支持汽车制造、高端装备、家居、生物医药等行业数字化转型，并大力发展芯片设计、封装、制造和高端工业软件，着重布局人工智能、新一代信息技术、生物医药等领域和AR/VR技术、物联网、量子通信、区块链技术等关键技术。深圳市侧重数字化及信息化基础设施建设，重点支持5G、大数据、云计算、区块链、人工智能、工业互联网、金融科技、智慧城市等产业。佛山市全面发展新型基础设施建设、数字产业化、产业数字化转型，特别关注推进数字化技术对制造业的高质量发展转型的促进作用。东莞市依托滨海湾平台优势，大力发展智能制造、绿色制造、服务型制造等制造业智能数字化转型工程。

当前，粤港澳大湾区数字经济建设已取得了较好的成效。一是，粤港澳大湾区数字化治理中，“数字政府”建设成效突出，多项指标位居全国第一。二是，新型基础设施中，粤港澳大湾区通过重点应用区块链、5G技术、人工智能、物联网等新兴技术，为区域智能交通基础设施、网络建设等新型基础设施建设提供了关键支撑。三是，粤港澳大湾区数字产业化和产业数字化均发展态势良好，主要得益于相关产业基础和政策环境良好。例如，广东省全国信息通信产业连续多年居全国首位，也是制造业大省，全面构造了智能制造体系。深圳市政策上扩大制造业企业数字化转型的技术改造支持范围。粤港澳大湾区的金融优势，促进金融与科技的融合发展，成为数字经济的新增长点。

即便如此，粤港澳大湾区数字经济发展仍存在一些问题，包括：区域发展不平衡，呈现巨大的数字发展鸿沟，产业体系、新基建与数字经济建设需要深度的统一规划；数字创新要素供给不充分，数字制造能力强但产品的关键技术依然源自于国外；受限于“一国两制”的框架下制度和数据流通技术层面的差异，数据流通和协同应用缺乏相关机制和平台[110]。

3. 京津冀情况

京津冀地区重视区域一体化协同发展，出台了《京津冀协同发展一体化规划》《京津冀协同发展规划纲要》等相关政策。虽然京津冀一体化协同发展是国家战略之一，但同长三角、珠三角相比，京津冀区域内合作仍有待加强。根据京津冀、长三角、珠三角地区的区域间联系，如表3.2～表3.4所示，京津冀地区经济联系呈现出明显的以京津为核心的特征，京津冀地区各城市之间联系远不如长三角紧密。同时，珠三角的城市间联系模式说明，珠三角地区除注重自身内部的区域合作以外，也加强了同上海、北京等具有发展优势地区的合作。而京津冀地区除北京、天津以外，其他城市与区域外省市的合作相对较少，经济溢出效益表现不足。因此，可以展望，缩小京津冀地区与长三角地区、珠三角地区之间在区域一体化协同上的差距，将成为京津冀地区发展的一大目标，为此，京津冀地区内及与其他优势地区间的联系需要增强，地区内及与其他优势地区间的产业转移及产业协作也应更加紧密。

整体来看，京津冀地区形成了“一极点、两高地”的数字经济总体格局，即“以北京为一个极点，以天津市、石家庄市为两个高地”。从京津冀三地优势来看，北京数字经济产业规模远超京津冀其他地区，其最主要的优势在于科技创新，通过不断向津冀两地辐射与分享科学技术，在区域内处于绝对的引领地位。天津运用经济优势推进科学技术创新、服务京冀发展，是整个地区协同发展的产业转化连接点。河北省是数字经济产业应用的市场，其中，石家庄市数字经济远超河北其他城市，雄安新区作为国际数字经济创新发展试验区将起到一定引领示范作用。

具体的，北京市作为首都，是全国政治中心、文化中心、国际交往中心、科技创新中心，是京津冀协同发展的引领者和主导者。北京重视新基建，具有科技创新优势，重点支持5G、工业自动化控制、工业AR、数字孪生、超高清视频等技术示范应用。北京在装备制造、新能源汽车、医药健康、农业、教育、交通等领域发展迅速，以往利用具有核心竞争力和重要知识产权的高精尖产业基础形成了软件产业、信息服务等数字产业化创新发展优势。当前，北京及周边省份已经形成完整的工业互联网产业体系，并为进一步发展工业互联网奠定了良好基础。

天津市定位为“全国先进制造研发基地、北方国际航运核心区、金融创新运营示范区、改革开放先行区”。作为京津冀数字经济协同发展的桥梁和纽带，天津市依托工业互联网平台重点布局智能科技产业，支持并实施“互联网+智能制造”、大数据应用示范等工程。作为区域数据信息枢纽，天津市加快推进5G网络和物联网网络基础设施建设。同时，以成为全国示范为目标，天津市重点布局加快电商、物流、交通、金融等行业的产业数字化转型。

河北省定位为“全国现代商贸物流重要基地、产业转型升级试验区、新型城镇化与城乡统筹示范区、京津冀生态环境支撑区”。期望以京津冀协同发展为契机，从根本上解决其“数字经济核心产业规模小，制造业数字化水平较低，产业链条较短，科技创新能力薄弱，且缺少拥有关键核心技术的领军企业”的问题。河北省内石家庄市城市服务发展水平较好，产业融合运营成效显著，优于省内其他地区。而雄安新区的规划定位决定了其数字经济发展重点是建设具有国际一流的城市感知设施系统的“城市大脑”和汇聚城市数据、统筹信息管理中枢的绿色智慧城市治理新模式，且作为第一个大规模使用央行数字货币DCEP的城市，雄安新区正着力推动跨境电子商务的发展与创新。

综合来看，京津冀地区数字经济发展并不均衡，“十三五”期间以北京为代表的数字产业发展态势较好，但区域整体的产业数字化转型缺乏一体化协同的有效方法。当前，从政策和实践上看，京津冀地区有通过建立大数据平台（例如国家大数据综合试验区）等新型基础设施加强区域内产业企业协同发展、转型和转移对接的趋势。同时，得益于京津冀地区对新基建的投入，京津冀地区在交通、环保生态、公共服务的一体化数字治理方面成效较为显著，在相关领域具备了打通京津冀地区的人才交流和数据资源壁垒的基础。

4. 成渝城市群

和其他三大数字经济核心区域相比，成渝城市群产业基础相对薄弱，区域内城市间联系强度较低。成渝城市群农业产业化程度低，基础设施建设落后，产业链较短且缺乏龙头企业；工业现代化水平较低，产业集群的信息化管控水平难以提升；服务业总体发展水平及其现代产业比重均较低[111]。即便如此，伴随着国家对于成渝地区的战略定位从成渝城市群向成渝地区双城经济圈“两中心两地”的转变，成渝地区在数字经济领域已形成了一批特色产业，以成都、重庆为代表的成渝城市群迅速成长为数字经济“第四极”，未来数字经济将为成渝地区成为“具有全国影响力的重要经济中心、科技创新中心、改革开放新高地、高品质生活宜居地（即两中心两地）”提供高质量发展的新增驱动力。

从成渝双城经济圈经济指标来看，重庆和成都作为成渝双城经济圈的第一梯队城市，在区域内起引领发展作用。成渝城市群中，重庆市和成都市生产总值已占成渝城市群总量的60%以上，GDP总量和占比远超区域内其他城市[112]。2019年成渝双城经济圈部分经济指标见表3.8。

表3.8 2019年成渝双城经济圈部分经济指标

梯队划分	城市	GDP总量（亿元）	GDP占比（%）	GDP增速（%）	常住人口城镇化率（%）
双城经济圈		65060.45	100.00	7.84	
第一梯队	重庆市	23605.77	36.28	6.3	66.8
	成都市	17012.65	26.15	7.8	74.41
第二梯队	绵阳市	2856.20	4.39	8.1	52.53（2018）
	宜宾市	2601.89	4.00	8.8	51.19
	德阳市	2335.90	3.59	7.2	52.4（2018）
	南充市	2322.22	3.57	8	48.14（2018）
	泸州市	2081.30	3.20	8	52
	达州市	2041.50	3.14	7.7	45.52

续表

梯队划分	城市	GDP总量（亿元）	GDP占比（%）	GDP增速（%）	常住人口城镇化率（%）
第三梯队	乐山市	1863.31	2.86	7.6	53.36
	内江市	1433.30	2.20	7.8	50.58
	自贡市	1428.49	2.20	7.8	54.09
	眉山市	1380.20	2.12	7.5	47.83
	遂宁市	1345.73	2.07	8.1	50.02（2018）
	广安市	1250.40	1.92	7.5	41.9（2018）
第四梯队	资阳市	777.80	1.20	7	44.1
	雅安市	723.79	1.11	8	46.85（2018）

注：按照2011年国务院批复的《成渝经济区区域规划》，成渝经济区城市群包括四川省的成都市、内江市、雅安市、遂宁市、眉山市、达州市、乐山市、广安市、绵阳市、南充市、自贡市、泸州市、宜宾市、德阳市和资阳市共15个城市和重庆市。表格资料由各市统计局整理得到。

成渝城市群小城镇密集，导致服务业集聚发展。进一步比较成都和重庆两地产业结构可见，重庆的第二产业更具优势，集聚度更高；成都的第三产业在全国具有较为明显的优势[112]。见表3.9。

表3.9 2019年成都市、重庆市产业结构及区位熵

城市	指标	第一产业	第二产业	工业	建筑业	第三产业
成都市	增加值（亿元）	612.18	5244.62	4020.07	1224.55	11155.86
	区位熵	0.51	0.79	0.74	1.00	1.21
重庆市	增加值（亿元）	1551.42	9496.84	6656.72	2840.12	12557.51
	区位熵	0.92	1.03	0.88	1.68	0.99

注：表格数据由国家统计局数据整理得到。区位熵=各地区各产业增加值比重/全国相应比重；全国相应比重=国内各产业增加值/国内各产业增加值总值。

以成都和重庆两地为代表，成渝城市群区域内各地发展战略有所差异。进一步比较成渝两地的支柱产业发展情况可知，电子信息制造业是两地产业集群效益最突出、产业生产规模增速最快、对区域发展贡献最大的主导产业。成都电子信息制造业增速优于重庆。重庆市围绕高端制造业、现代服务业以及其特色优势汽车制造产业的产业数字化开展经济结构转型，在产业数字化方面确立了发展优势[113]。

表3.10　2020年成渝两地支柱产业增加值情况

成都		重庆	
行业名称	增加值增速（%）	行业名称	增加值增速（%）
规模以上工业	5.0	规模以上工业5.0	5.8
电子信息制造业	14.4	汽车产业	10.1
机械工业	–1.7	摩托车产业	–1.7
汽车工业	1.9	信息制造业	13.9
石油化学工业	6.2	装备产业	2.9
食品、饮料及烟草工业	7.3	医药产业	4.5
冶金工业	3.9	材料产业	7.1
建材工业	–3.9	消费品产业	0.8
轻工行业	–5.5	能源工业	0.9

具体地说，成都市自2017年，提出要构建与数字经济直接相关的新经济产业核心区。至2020年，成都市提出要全力打造数字经济产业生态圈，并设定了到2022年数字经济重点领域产业规模超过3000亿元的目标。当前，成都聚焦“芯屏端软智网”六大重点领域，形成了领先中西部乃至全国的涵盖集成电路、新型显示、整机终端、软件和信息技术服务的较为完整的产业链条[113]。

重庆更侧重大数据、人工智能、车联网的应用，注重智能制造和智慧城市领域的发展，明确提出到2022年数字经济总量达到万亿级规模的目标。当前，重庆市基于笔记本电脑、智能手机为代表的全球生产产量占比优势，围绕“芯屏器核网”五大产业链环节，纵深发展相关配套产业，加速其智能产业的发展。与此同时，作为国内最大的汽车制造基地之一，重庆重点开展了车联网全域覆盖的智慧道路建设，率先在全国开通了最长、最复杂的车联网高速路试验场景及测试道路。

综合以上，成渝地区重点发展的产业应包含电子信息和汽车制造。但是，成渝地区电子信息制造业缺乏有竞争力的核心技术，且以传统中低端加工生产的产业模式难以摆脱低价值收益的现状。对于汽车制造业，传统的产业聚集形式使得成渝两地产业链不能完美整合，两地产业发展受限。为此，成渝城市群以区域内各地通过差异化合作形成了区域协同优势，在数字经济产业发展上，走出了独具特色的优势产业发展模式。

从成渝地区产业协同上来看，虽然制造业与生产性服务业发展迅速，支持区域内产业发展的金融产业具有普遍优势且交通运输业发展较为稳定，但由于区域内相关基础技术创新能力较弱，制造业呈现趋同及集聚收敛现象，成渝地区制造业与生产性服务业（包括交通运输、信息技术服务业和金融业）协同程度总体下降。说明成渝地区产业协同的相关基础技术创新短板已制约其协同发展。

为解决这一问题，成渝地区加强了以数字经济新型基础设施协同建设为基础的技术共享和产业协同。例如，重庆市和四川省两地协同建设工业互联网标识解析体系及一体化的工业互联网，以促进产业集群和区域协同。并建立成渝双城数字经济平台，在数据资源共享互通的基础上，推进成渝两地政务服务数字一体化。虽然，当前成渝地区数字化水平和实际应用需求之间仍有一定需要磨合的差异，但是作为起点相对较低的第四大数字经济核心区域，成渝地区的协同发展已取得了巨大的进步。

三、各大省市情况对比

国内针对各大省市数字经济的排名榜单有很多，由于各排名指标及部分相关数据不一致，排名结果亦具有差异性。近年来数字经济一线城市的排序虽有变化，但一线城市名单未变。总体来看，广东、浙江、江苏、北京和上海各地的数字经济发展，一方面是依靠其雄厚的经济实力和优越的产业背景，另一方面是得益于各地对于数字经济发展机遇的精准把握。山东的数字经济崛起原因主要是依靠其工业大省的发展基础，大力发展产业数字化，符合当前产业数字化在数字经济的主导地位及作用。成都得益于地方产业特色，打造出了适应当地发展的特色数字经济产业集群，并以此为基础依托成渝地区各地产业集群的紧密联系，使其数字经济产业迅速发展起来。本节通过各省市政策及新基建、经济情况、优势产业和发展类型的对比分析，纵观国内各省市数字经济大致的发展情况及趋势。

政策及新基建对比

全国各省市以数字经济发展为目标，相继出台了相关政策，并积极开展新基建。

1. 政策对比

如表3.11所示，通过比较“北上广”2020年和2035年的战略定位，“北上广”战略更重视国际交往和科技创新。由于数字经济是以全球化为背景的技术产业革命，国际交往和科技创新这两大主题离不开数字经济的加入和支撑。未来城市发展的主流趋势不可回避地以数字经济为关键代表之一。

表3.11　“北上广”战略定位对比

城市	2020版战略定位	2035版战略定位	目标愿景
北京	全国政治中心、文化中心，世界著名古都和现代国际城市	全国政治中心、文化中心、国际交往中心、科技创新中心	伟大社会主义祖国的首都。迈向中华民族伟大复兴的大国首都、国际一流的和谐宜居之都
上海	社会主义现代化国际大都市和国际经济、金融、贸易和航运中心之一	国际经济、金融、贸易、航运、科技创新中心与文化大都市	卓越的全球城市、具有世界影响力的社会主义现代化国际大都市
广州	我国重要的商贸中心、对外交往中心和综合交通枢纽	国际交往综合枢纽，商贸中心、交往中心、科技创业创新中心	中国特色社会主义引领型全球城市

在这一背景下，早在2003年广东、浙江两地开始出台相关政策，国内各省市大量政策出台时间始于2015年，福建、浙江、贵州等地布局较早。2018年和2019年是各省市高频出台相关政策的时段，从省级到市级的宏观规划政策较为完备，标志着我国数字经济地方战略政策开始落实，全国各地开始进入数字经济发展的快升期。

（1）广东省

广东省是国内最早布局数字经济政策的省份之一。自2003年开始，广东省先后发布电子商务、跨境电商等第三产业数字化转型政策，开启了数字经济发展之路。2018年至今，广东省开始侧重于数字经济顶层设计及数字化治理政策的出台。其中，体现广东省发展数字经济战略的政策是2018年发布的《广东省数字经济发展规划（2018—2025年）》。该规划提出了广东“以数据驱动为1个发展主线，以数字产业化和产业数字化为2个着力点，以大数据、新一代信息技术、数字基础设施、制造业数字化、服务业数字化、融合新动能、政府数字治理为8大重点”的数字经济发展“128”战略。至2021年，广东省数字经济政策在全面促进体系建设的基础上，提出了与“一带一路”沿线国家、地区和粤港澳大湾区的合作，扩大本省数字经济领域开放，同时，进一步强调要加强数字经济区域优势互补、差异化协调发展。总体来看，广东省数字经济从开始的数字产业化优势发展阶段逐步过渡到数字经济全面发展阶段，从区域内协同发展转变为同时向内向外的合作发展，进而扩大了其数字经济的产业领域和空间版图。见表3.12。

表3.12　广东省出台的部分数字经济政策

年份	政策名称
2003年	《广东省电子商务认证机构资格认定和年审管理办法（暂行）》
2012年	《关于加快发展电子商务的意见》
2016年	《关于促进跨境电子商务健康快速发展的实施意见》
2016年	《大力发展电子商务加快培育经济新动力实施方案》
2018年	《广东省数字经济发展规划（2018—2025年）》
2019年	《广东省培育电子信息等五大世界级先进制造业集群实施方案（2019—2022年）》
2020年	《广东省建设国家数字经济创新发展试验区工作方案的通知》
2021年	《广东省数字政府省域治理“一网统管”三年行动计划的通知》
2021年	《广东省数字政府改革建设“十四五”规划的通知》
2021年	《广东省数字经济促进条例》

（2）浙江省

自2003年开始，浙江省即出台了数字建设规划纲要，旨在全面推进全省国民经济和社会信息化建设，实现信息化带动工业化，使信息化、工业化、城市化、市场化和国际化的进程有机结合。随后，浙江省注重发展产业数字化中的第三产业的数字化转型，陆续出台了相关政策。到2017年，浙江省开始注重第二产业数字化转型，进而提出要把数字经济作为“一号工程”来抓，并出台了一系列政策支持国家数字经济示范省建设。随后，浙江省开始陆续重点发展电子商务、智能制造产业和数字政务，并着力建设包含“全国数字产业化发展引领区、全国产业数字化转型示范区、全国数字经济体制机制创新先导区”三区、“数字科技创新中心、新型贸易中心、新兴金融中心”三中心、八大重点任务和六大保障措施的数字经济体系。近两年来，随着浙江省数字经济顶层设计的完善，浙江省强调了本省数字经济标准体系的建设，提出要参与“一带一路”建设，并加强数字经济领域国际交流合作、跨省域合作和区域一体化协同治理。总体来看，浙江省数字经济的发展之路和广东省数字经济的发展之路较为相似，发展进程在时间上也比较接近，两者呈现互相学习、追赶的态势。见表3.13。

表3.13　浙江省出台的部分数字经济政策

年份	政策名称
2003年	《数字浙江建设规划纲要（2003—2007年）》
2012年	《关于进一步加快电子商务发展的若干意见》
2014年	《浙江省电子商务服务体系建设实施意见》
2014年	《浙江省跨境电子商务实施方案》
2017年	《中国制造2025浙江行动纲要》
2018年	《浙江省智能制造行动计划（2018—2020年）》
2018年	《浙江省国家数字经济示范省建设方案》
2018年	《浙江省数字经济五年倍增行动计划》
2018年	《浙江省深化“最多跑一次”改革推进政府数字化转型工作总体方案》
2020年	《浙江省实施制造业产业基础再造和产业链提升工程行动方案（2020—2025年）》
2020年	《浙江省数字经济促进条例》

续表

年份	政策名称
2021年	《浙江跨境电子商务高质量发展行动计划》
2021年	《浙江省数字经济发展“十四五”规划》

（3）江苏省

江苏省数字经济战略起初侧重于电子商务领域发展，形成了一批在全国具有较高知名度和影响力的电子商务平台和龙头企业。2016年开始，政策上转向重点支持“互联网+”、智能制造等领域发展。特别地，在2017年提出注重第二产业的数字化转型升级。近两年来，受全国数字经济发展趋势的影响，江苏省数字经济政策整体导向和关键主题与广东省、浙江省基本一致。江苏、广东、浙江三者数字经济重点发展领域的区别在于，相对而言，广东省更强调数字化创新和治理；浙江省在继续发扬电子商务的基础上，重点关注制造业；而江苏省提出数字社会的治理理念且重点推进新型基础设施建设。见表3.14。

表3.14　江苏省出台的部分数字经济政策

年份	政策名称
2014年	《江苏省政府办公厅关于加快电子商务发展的意见》
2015年	《关于支持农村电子商务创业就业工作的意见》
2016年	《江苏省大数据发展行动计划》
2016年	《关于深入实施“互联网+流通”行动计划的意见》
2017年	《江苏省“十三五”智能制造发展规划》
2018年	《江苏省智能制造示范工厂建设三年行动计划（2018—2020年）》
2020年	《关于深入推进数字经济发展的意见》
2021年	《江苏省“十四五”新型基础设施建设规划的通知》
2021年	《江苏省“十四五”数字经济发展规划的通知》
2021年	《江苏省“十四五”数字政府建设规划的通知》

（4）山东省

山东省早于2003年即开始发布大力发展电子商务的相关政策。直至2017

年，山东省的数字经济与全国数字经济领先省份有较大差距。2017年，全国数字经济规模占GDP比重最高的前三位省市依次为北京、上海、广东，山东省仅位居全国第八。山东省与领先省份的差距主要是自身在政策导向上大力发展的电子商务领域并无较强的优势。除此以外，差距还和山东省数字经济人才短缺、省内数字基础差距大、数字经济龙头企业较少等问题有关。2017—2018年，山东省数字经济政策开始向第二产业的数字化转型倾斜，开始注重数字经济的顶层设计、数字化治理和产业数字化转型。山东是工业大省也是农业大省，因此积极出台相关政策，在数字产业化、数字农业、智能制造、智慧服务及培育新业态五大重点领域集中发力。自此，山东省数字经济转向为适于自身发展、突出自身优势的新发展路径，使山东省数字经济快速追赶全国领先省市。2019年山东省重点布局智慧城市、数字政府两大数字化治理领域，以“两化融合”为主线发展数字经济。近两年来，山东省重点布局数字基础设施建设，以此为基础进一步发挥数字经济优势，其数字经济进步很快，并逐步跻身于全国前列。见表3.15。

表3.15　山东省出台的部分数字经济政策

年份	政策名称
2003年	《山东省人民政府办公厅关于进一步加快电子商务发展的意见》
2015年	《山东省跨境电子商务发展行动计划》
2016年	《山东省人民政府关于加快电子商务发展的意见》
2017年	《山东省智能制造发展规划（2017—2022年）》
2018年	《山东省农业“新六产”发展规划》
2018年	《山东省人民政府办公厅关于加快全省智慧农业发展的意见》
2019年	《数字山东发展规划（2018—2022年）》
2019年	《山东省新型智慧城市试点示范建设工作方案》
2019年	《山东省数字政府建设实施方案（2019—2022年）》
2019年	《数字山东2019行动方案》
2019年	《山东省支持数字经济发展的意见》
2020年	《关于山东省数字基础设施建设的指导意见》
2021年	《山东省“十四五”数字强省建设规划》
2021年	《山东省大数据发展促进条例》

（5）北京市

当前，北京在政策目标上明确了全球数字经济标杆城市、全国数字经济发展的先导区和示范区的目标，要将北京打造成为引领全球数字经济发展的城市数字智能转型示范、国际数据要素配置枢纽、新兴数字产业孵化引领、全球数字技术创新策源、数字治理中国方案服务和数字经济对外合作开放“六个高地”。为实现这一目标，北京近两年出台了一系列数字经济政策，如表3.16所示。从近两年政策上看，北京的发展路径主要是依托科创优势、国际国内定位及基础优势，力争打造全球领先的数字经济新体系，并形成开放领先的新型数字社会生态，在数字经济科技创新、数字化治理、数字贸易方面，引领全球数字经济发展。

表3.16　北京市出台的部分数字经济政策

年份	政策名称
2020年	《北京国际大数据交易所设立工作实施方案》
2020年	《北京市关于打造数字贸易试验区的实施方案》
2020年	《北京市促进数字经济创新发展行动纲要（2020—2022 年）》
2020年	《北京市加快新型基础设施建设行动方案2020—2022年》
2020年	《北京市加快新场景建设培育数字经济新生态行动方案》
2021年	《北京市数字经济促进条例》
2021年	《北京市关于加快建设全球数字经济标杆城市的实施方案》

（6）上海市

上海是长三角区域的数字经济发展引领者和一体化的助力协同者，始终在区域内起到举足轻重的作用。近年来，上海出台了一系列数字经济政策，如表3.17所示。上海在数字治理上取得了值得学习的典范成就，自2016年开始集中布局智慧城市建设，其政务服务“一网通办”和城市运行“一网统管”的两网建设，分别取得了国际和国内好评。在数据价值化方面，上海数据交易中心及相关的健全规范的商业数据交易、交换机制，为国家大数据交易、商业数据资产流通做出重要的示范，特别是其提出的国内首创的流通数据定义标准，已成为大数据流通领域行业认可的基础规范。

表3.17　上海市出台的部分数字经济政策

年份	政策名称
2016年	《上海大数据发展实施意见》
2017年	《上海市加快制造业与互联网融合创新发展实施意见》
2017年	《上海市关于促进云计算创新发展培育信息产业新业态的实施意见》
2019年	《上海加快发展数字经济推动实体经济高质量发展的实施意见》
2020年	《上海市促进在线新经济发展行动方案（2020–2022年）》
2020年	《关于全面推进上海城市数字化转型的意见》
2021年	《推进上海经济数字化转型赋能高质量发展行动方案（2021–2023年）》
2021年	《上海市促进城市数字化转型的若干政策措施》

2. 新基建对比

自2020年以来，为响应中央“新基建”建设号召，截至2021年1月31日，已有33个城市发布了“新基建”专项行动方案，共涉及645项建设任务，其中60%聚焦融合基础设施建设。融合基础设施成为“新基建”的重点，其中50%聚焦于推进产业融合，28%致力于提升数字治理水平，22%服务于打造数字社会。如图3.6所示，头部城市中深圳、苏州、武汉特别关注产业融合发展，上海注重推动数字治理和数字社会，重庆强化信息基础设施建设，北京和广州的布局较为均衡。

图3.6　已有“新基建”专项规划城市建设方向

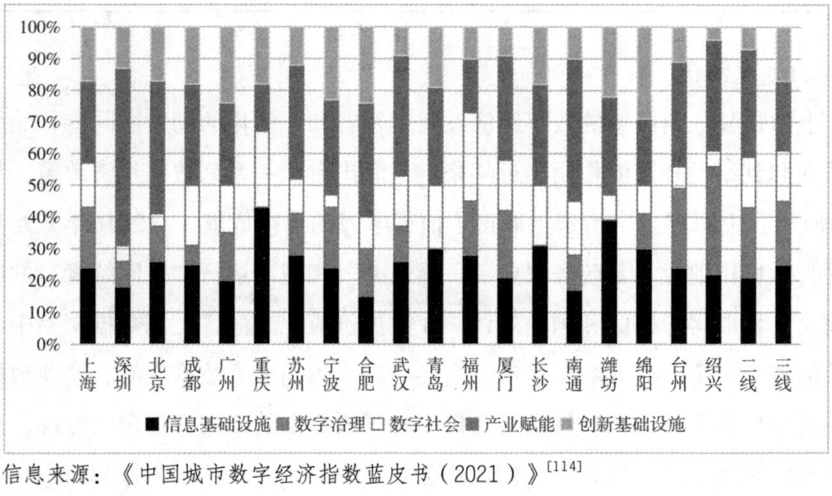

信息来源：《中国城市数字经济指数蓝皮书（2021）》[114]

经济情况对比

疫情期间数字经济为我国经济发展提供了稳中有升的助力，疫情前后各地数字经济整体发展提升与扩展迅速，各地数字经济发展态势良好且经济结构正在不断调整中。对比国内各地2019年和2020年的数字经济发展情况如下。

1. 规模、GDP占比及增速对比

由表3.18可以看出，对比2019年和2020年各地数字经济规模，全国各地数字经济规模整体布局没有太大变化；北京、上海两地的数字经济GDP占比具有明显优势；但全国各地数字经济增速整体稍显下滑，究其原因，一是疫情导致，二是之前全国数字经济增速很快，短期内预留的增速潜力不足。但是，有数据统计显示，2020年产品全生命周期数据管控助力企业新产品研发周期降低16.9%，产能利用率提升15.7%，设备综合利用率提升9.5%。说明2020年各地数字经济在该增速情况下，仍然保持着较快的发展和成长速度。

表3.18　2019年和2020年各地数字经济规模、GDP占比及增速对比

2019年和2020年各地数字经济规模对比		
数字经济规模	2019年	2020年
超过1万亿元	广东、江苏、浙江、上海、北京、福建、湖北、四川、河南、河北、安徽、湖南	广东、江苏、山东、浙江、上海、北京、福建、湖北、四川、河南、河北、湖南、安徽
超过5000亿元	辽宁、重庆、江西、陕西、广西等	重庆、辽宁、江西、陕西、广西、天津、云南、贵州
2019年和2020年各地数字经济GDP占比对比		
数字经济GDP占比	2019年	2020年
超过50%	北京、上海	北京、上海，分别达到55.9%和51.9%
超过40%	广东、浙江、江苏、福建等	
超过30%	重庆、湖北、辽宁、河北、广西、四川等	
2019年和2020年各地数字经济增速对比		
超过20%	贵州、福建	

续表

2019年和2020年各地数字经济增速对比		
超过15%	重庆、浙江、河北等	贵州、重庆、福建
10%~15%	其余大部分省市	湖南、四川、江西、浙江、广西、安徽、河北、山西等
5%~10%		其余省市

2. 数字产业化对比

由表3.19可以看出，信息产业优势省份广东、江苏始终处于数字经济数字产业化引领地位，北京的优势在于数字产业化GDP占比；国内各地数字经济数字产业化规模及GDP占比均在整体增加，超千亿规模省市阵营扩大，多数省市数字产业化GDP占比均在上升。

表3.19　2019年和2020年各地数字经济数字产业化对比

2019年和2020年各地数字经济数字产业化规模对比		
数字经济数字产业化规模	2019年	2020年
超过1.5万亿元	广东、江苏	广东、江苏
1000亿元	北京、浙江、上海、四川、福建、湖北、河南、重庆、安徽、陕西	北京、浙江、山东、上海、四川、福建、湖北、河南、重庆、安徽、天津、陕西
2019年和2020年各地数字经济数字产业化GDP占比对比		
数字经济数字产业化GDP占比	2019年	2020年
超过15%	广东、江苏、北京	北京、江苏、广东
15%~10%	少数省市	天津、上海
10%~5%		浙江、重庆、四川、山东、福建、湖北、陕西
低于5%	包括西部省市的多数省市	其余省市

3. 产业数字化对比

产业数字化已成为地区数字经济的关键支撑和主攻方向。事实上，2019年，各省市产业数字化占数字经济的比重均超过60%，新疆、青海、内蒙古等西部省（自治区）产业数字化占比甚至接近95%。根据表3.20所示，在规模上，广东省远超其他省市居全国首位，其优势类比上海在产业数字化GDP占比上的全国首位优势；2019年和2020年各地积极发展产业数字化，全国各地数字经济产业数字化规模及GDP占比均在整体增加，超2万亿规模省市阵营扩大，多数省市数字产业化GDP占比均在上升。

表3.20　2019年和2020年各地数字经济产业数字化对比

<table>
<tr><th colspan="3">2019年和2020年各地数字经济产业数字化规模对比</th></tr>
<tr><th>数字经济产业数字化规模</th><th>2019年</th><th>2020年</th></tr>
<tr><td>3.5万亿元</td><td></td><td>广东</td></tr>
<tr><td>超过2万亿元</td><td>广东、江苏、浙江</td><td>江苏、山东、浙江等</td></tr>
<tr><td>超过1万亿元</td><td>上海、北京、福建、湖北、四川、河南、河北等</td><td></td></tr>
<tr><th colspan="3">2019年和2020年各地数字经济产业数字化GDP占比对比</th></tr>
<tr><th>数字经济产业数字化GDP占比</th><th>2019年</th><th>2020年</th></tr>
<tr><td>超过40%</td><td>上海</td><td>上海占比高达45.1%</td></tr>
<tr><td>30%</td><td>福建、浙江、北京、湖北、辽宁等</td><td>福建、浙江、天津、北京、山东、湖北、辽宁、重庆、广东、河北等</td></tr>
<tr><td>20%～30%</td><td rowspan="2">其余省市</td><td>其余大部分省市</td></tr>
<tr><td>低于20%</td><td>极少部分省市</td></tr>
</table>

优势产业对比

1. 产业带对比

产业带是基于产业集聚形成的，我国经济增长快速的地区均已形成产业带且受益于产业带的影响。在各行业中，制造业的产业集聚程度在一定程度上可以反映出产业经济的发展情况。自2016年以来，我国各主要产业带已基本形成，主要分布于东部沿海流域、长江中下游流域、黄河中下游流域等区域。以发展程度来讲，制造业产业带可以分为一级产业带和二级产业带。其中，一级产业带指地级市或工业总产值在百亿元以上的县，具有明显产业集聚特征的区域带状经济形态，数量约250个，包括综合型产业带、垂直型产业带。二级产业带指镇一级的、具有专业化生产特征的产业集聚形态，数量约1000个，基本为专业化生产的垂直型产业带。

我国一级产业带数量排名前10的省份有浙江、广东、江苏、河南、山东、湖北、福建、河北、辽宁、安徽[115]。其中，从产业带的空间分布来看，东部地区产业带数量最多，西部地区产业带发展相对落后。广东省和浙江省的制造业产业带数量全国领先，且一级产业带规模较大。另外，四川、广西等省区也形成了具有一定竞争力的区域产业带。

从产业带类型来看，知识和技术密集型产业集中在江苏、浙江、广东等地区，规模较大、数量较多的劳动密集型产业带更多分布在江苏、山东、浙江、福建等东部沿海省份。资本密集型产业带分布较为分散且单体规模较小[115]。

2.各地优势产业对比

各地数字经济与自身的产业基础息息相关，受所处区域的产业带影响，形成各具特色的数字经济优势产业。例如，广东、江苏、湖北三省硬件制造产业优势突出；北京、浙江软件和信息服务业全国领先。为更加直观对比各省市数字经济优势产业情况，列出部分数字经济优势发展省市的具体优势产业，见表3.21。通过比较发现，各地优势产业基础虽有差异，但数字经济热门领域仍是各省市着重发展的重点。

表3.21　部分数字经济优势发展省市的具体优势产业对比

产业	北京	上海	广州	深圳	成都	苏锡常	南京	合肥	杭州	宁波	武汉	青岛	郑州	山东	浙江	广东
超高清视频产业			√				√					√		√		√
电信业	√	√		√	√		√			√			√		√	√
电子商务		√		√					√	√			√		√	√

续表

产业	北京	上海	广州	深圳	成都	苏锡常	南京	合肥	杭州	宁波	武汉	青岛	郑州	山东	浙江	广东
电子信息制造业	√	√		√	√	√	√	√			√	√	√	√		√
高端数控机床								√								
高端装备		√														
工业互联网	√		√	√	√	√				√	√	√	√	√		√
海洋电子信息										√						
互联网医疗	√															
集成电路			√	√	√	√	√			√	√	√	√	√	√	√
量子技术									√						√	
区块链	√		√	√		√	√		√	√	√	√	√	√	√	√
人工智能	√	√	√	√	√	√	√	√	√		√	√	√	√	√	√
软件和信息技术	√	√	√	√	√	√	√		√	√		√		√	√	√
生命健康		√								√						
生物医药		√			√											
视频安防									√						√	
数字创意				√	√											√
数字金融		√		√					√						√	√
网络信息安全	√			√												√
物联网						√					√	√	√	√		

续表

产业	北京	上海	广州	深圳	成都	苏锡常	南京	合肥	杭州	宁波	武汉	青岛	郑州	山东	浙江	广东
先进材料		√														
新一代信息技术	√	√	√			√	√	√			√			√	√	√
云计算与大数据	√		√	√	√	√	√		√		√	√	√	√	√	√
智慧城市				√		√			√	√			√	√	√	√
智能家电										√						
智能汽车		√					√	√								
智能终端						√										
智能装备制造			√		√	√		√		√				√	√	√

信息来源：根据国家工业信息安全发展研究中心《2020长三角数字经济发展报告》等网络信息整理

（1）广东省

广东省数字经济发展以粤港澳大湾区的经济发达态势和机制建设创新为依托，以珠三角制造业中深圳、东莞、惠州等地形成的电子信息制造业数字产业集群优势为基础，向培育形成电子信息、汽车、智能家电、机器人、绿色石化等五大世界级先进制造业集群、建设国际科技创新中心、对标全球打造数字经济产业中心等新数字经济目标进发。

在产业布局上，广东省建立了人工智能与数字经济试验区和“双核一廊两区”。在创新技术培育上，广东省重点发展集成电路、新型显示、4K电视、区块链等新一代信息技术产业和5G通信技术、网络空间科学与技术、先进制造科学与技术等新基建，实施多项数字经济相关人才计划，并完善科技成果转移转化服务体系。

在数字产业化方面，广州、深圳形成“双城”经济与创新联动，全力推动广深科技创新走廊建设与发展。其中，广州在电子及通信设备制造业、软件和信息技术服务业、跨境电商等方面增长迅速；深圳全力推进5G独立组网全覆盖，努力实现关键核心技术、产业规模、基站和终端出货量全国第一或领先；另外，深圳推动形成了“以专家智库、产业联盟、产业集群为依托和载体的工业互联网产业生态培育”+“跨地域生产制造的新模式、新业态”应用模式建设，对区域数字经济协同发展有一定的借鉴意义。

（2）浙江省

浙江省在物联网和电商等领域产业和生态基础良好，被称为“新四大发明”的高铁、网购、支付宝、共享单车中的网购和支付宝都诞生于浙江。与沪苏两地相比，浙江的制造业整体偏弱，但互联网经济更加发达。浙江省作为全国首个国家信息经济示范区，更注重智能制造转型与升级，把企业上云作为实施数字经济“一号工程”的重要组成部分。浙江省率先开展5G商用，培育了一批具有智慧海洋特色的数字经济企业，并形成了区域性的海洋数字经济，对长三角地区数字经济发展做出了巨大贡献。

浙江省内发展数字经济成绩较为突出的是杭州。杭州作为全国首个跨境电商综合试验区，已形成具全球影响力的电子商务、云计算、大数据、数字安防等产业集群。杭州人工智能、云计算大数据、网络安全、区块链、工业互联网等重点领域发展迅速，云计算产业优势最为突出。另外，不得不提的是，杭州是全国第一个实现无纸币城市，其移动支付在普及率、覆盖广度、服务深度等各方面均排名国第一；杭州首创的“健康码”更是在疫情防控中发挥了巨大作用。宁波优化布局智慧城市大数据产业化及数字经济融合发展，在智慧城市领域全国首屈一指。温州的产业数字化发展较好，特别是在工业互联网、数字化车间、无人工厂推进制造业数字化转型方面具有突出优势。湖州主要特色是制造企业云化，在省域内起到支撑数字化转型的作用。

（3）江苏省

江苏省以硬件制造为主，以“苏锡宁”模式引领带动产业数字化发展节奏，使域内各城市发展有特色、有优势的数字经济。其中，苏州在先进制造业方面建设有国际竞争力和全球影响力的产业科技创新高地。无锡着重培育物联网产业集群，打造物联网规模全国领先的数字经济产业。南京是在长三角内新生独角兽企业较多的城市，数字经济规模成长潜力较大。南通积极推进互联网、大数据、人工智能与实体经济的深度融合，制造业“两化融合”工作成绩显著。常州是国内较早布局数字经济政策的城市之一，在数字基建、数字产业、数字转型等方面具有发展优势。在江苏省内区位优势带动下，连云港、镇江、扬州、台州属于数字经济新一线城市，其数字经济均发展态势良好。

（5）北京市

近年来，为疏解非首都核心功能，北京全面剥离一般制造业，重视第三产业、现代服务业、高技术制造业及战略新兴产业发展，构建高精尖产业结构。在这一背景下，北京在医药健康、节能环保、金融业、软件和信息技术服务业、科学研究和技术服务业、人工智能、智能制造、区块链与先进计算、信息与通信技术领域具有突出优势，且重点布局5G前沿技术以及新材料、量子信息等未来产业。从北京优势领域和产业角度来看，北京数字经济发展优势主要体现在数字技术、数字产业化、产业数字化和数字化服务方面。

在数字技术方面，北京科研创新资源丰富，研发投入全国第一，科研产出连续三年全球第一，独角兽企业数量占据世界城市首位。云计算、大数据、人工智能、区块链、互联网等相关技术支撑产业发展水平领先全国。其中，北京的人工智能产业达领先水平，高影响力学者数量、论文发表数量、专利申请量、企业数量均是全国首位，获批首个国家新一代人工智能创新发展试验区。北京对区块链技术和产业的布局具有显著的先发优势，在技术、产业、人才等关键要素上具有较为深厚的积累。在互联网产业方面，北京综合排名全国第一位，具有互联网企业总部基地集聚的集群效应。

在数字产业化方面，北京的电子信息制造业、软件和信息技术服务业领先全国。针对电子信息制造业，北京聚焦集成电路产业核心技术国产化，北京经开区已成为国内规模较大、水平较高的集成电路产业基地。并推进装备材料及零部件企业加速聚集，形成上下游产业链。在软件和信息服务业领域，北京是我国最重要、最具规模的发展区域，在大数据、人工智能、区块链等多个新兴领域实力凸显。

在产业数字化方面，北京依托产业数字化的方案输出，持续推进工业互联网创新发展，形成“4+N”产业集群发展布局。北京在工业互联网核心细分产业均有布局，已初步形成“双跨+行业+特定技术”的工业互联网平台体系。北京以基本实现规模以上制造企业智能化升级的全覆盖为目标，培育打造智能制造万亿级产业集群，并充分发挥北京丰富的智库资源与优质智能制造供应商优势，推动京津冀地区协同发展。

北京以信息服务业见长，服务业数字化全国领先，其中金融科技和商贸服务数字化引领作用强。在三产渗透中，全球农业数字化发展相对较差，但北京的农业数字化研发具有一定的优势潜力基础，可持续高质量输出农业数字化方案。

（6）上海市

上海得益于高新技术和新基建企业的保质提升，成为数字经济一线城市。上海市高新和新基建企业实力较强，数字经济核心产业的创新企业占比普遍较高，且整体重视关键技术投融资，对数字经济产业增长和技术创新带来强劲的正向影响。但和北京、深圳相比，上海虽然拥有各领域的龙头企业，但是优质和潜力企业数量均较少，且在数字经济的研发与创新稍显落后。上海市有完备的工业体系，其新基建发展优势主要体现在工业物联网领域。当前上海市在5G和千兆网络下一代信息通信基础建设方面领先全国其他地区。

在数字产业化方面，上海市固定网络和移动网络建设始终走在全国前列；“十三五”后，上海已基本建设成为具有国际影响力的电子信息制造业创新与产业化基地，电子信息制造业已在五大高技术产业工业中占据主导地位，其中芯片产业成为最受关注和政策支持的领域；互联网和相关业务的收入规模与增速位于全国前列，相关企业专利持有情况远超全国水平。在产业数字化方面，工业互联网相关企业数量位居全国第三，产业集群效应显著；上海市不仅具有较为完备的电商产业链，还积极培育发展电商新模式。

发展类型比较

1. 一线至四线城市的划分

有报告显示，按照数字经济发展水平可以将城市划分为数字经济一线、新一线、二线、三线、四线五个层次[114]（见表3.22）。

表3.22 数字经济城市划分

画像类别	数量	画像描述	城市名单
数字经济一线城市	6	发展相对全面，处于领先位置	上海、深圳、北京、成都、杭州、广州
数字经济新一线城市	47	重点领域具有突破，具有进入数字经济一线城市序列的潜质	无锡、南京、重庆、苏州、天津、宁波、郑州、合肥、济南、武汉、青岛、福州、东莞、烟台、佛山、厦门、长沙、西安、贵阳、南通、呼和浩特、南昌、潍坊、珠海、金华、绵阳、温州、泉州、常州、嘉兴、连云港、镇江、沈阳、大连、昆明、扬州、太原、兰州、石家庄、台州、惠州、威海、南宁、淄博、绍兴、泰州、哈尔滨
数字经济二线城市	71	发展初见成效，逐步进入快速发展阶段	盐城、中山、乌鲁木齐、咸阳、临沂、芜湖、江门、银川、漳州、海口、长春、滨州、徐州、西宁、宜昌、东营、柳州、铜陵、湖州、包头、洛阳、邯郸、德州、开封、唐山、襄阳、湛江、宿迁、汕头、遵义、廊坊、济宁、沧州、菏泽、周口、大庆、榆林、拉萨、秦皇岛、桂林、常德、许昌、焦作、岳阳、赣州、南阳、马鞍山、齐齐哈尔、北海、鄂尔多斯、衡阳、宝鸡、揭阳、九江、泰安、茂名、牡丹江、衡水、肇庆、株洲、龙岩、平顶山、鞍山、保定、三明、张家口、莆田、德阳、滁州、蚌埠、玉溪
数字经济三线城市	88	开始起步，初步进行了部分领域的规划建设	宁德、阜阳、邢台、伊犁、日照、湘潭、新乡、南平、淮安、枣庄、宜宾、克拉玛依、信阳、安庆、荆门、曲靖、商丘、孝感、清远、南充、宜春、承德、安阳、郴州、乌兰察布、驻马店、泸州、十堰、上饶、延安、红河、吉安、荆州、昌吉、黄山、黄石、宿州、长治、黄冈、邵阳、丽水、永州、汉中、益阳、吉林、晋城、攀枝花、乐山、娄底、三亚、黔南、韶关、三门峡、漯河、咸宁、大同、六安、酒泉、鹤壁、亳州、濮阳、宣城、阳江、晋中、怀化、淮南、达州、石嘴山、运城、呼伦贝尔、钦州、池州、临汾、盘锦、鄂州、渭南、天水、赤峰、营口、毕节、抚州、大理、聊城、吕梁、淮北、潮州、随州、玉林
数字经济四线城市	30	发展基础较为薄弱，目前暂无较为明确的规划	黔西南、自贡、巴音郭楞、内江、六盘水、眉山、广元、广安、铜仁、凉山、通辽、朔州、抚顺、衢州、遂宁、阿克苏、楚雄、喀什、资阳、舟山、雅安、海西、贵港、安康、百色、金昌、黔东南、海东、昭通、甘南

信息来源：《中国城市数字经济指数蓝皮书（2021）》[114]

根据数字经济各省市排名情况可见，广东、浙江、江苏、北京和上海始终位列前茅。近两三年以来，山东、成都两地崛起，逐步跻身于数字经济一线省市之列。数字经济一线城市与其他城市之间仍有较明显的差距。数字经济新一线城市的数字经济迅速发展往往得益于区域协作效益、特色产业优势或其他发展基础优势。近年来，数字经济新一线城市的发展增速接近甚至超过了数字经济一线城市，而三线和四线城市的数字经济发展增速较缓慢，仍有较大发展空间。

2. 六大发展类型

整体来看，我国各地数字经济发展水平呈现“两头少，中间集中”的现象，各省市发展受几大因素的影响，大致分为六种类型。

一是综合经济实力驱动型。代表性的经济基础实力强劲的地区有广东、北京、上海、江苏、浙江，人均GDP均位居全国前六位。另外，京津冀、长三角、珠三角、粤港澳大湾区等我国发达城市群、经济圈对其内的省市数字经济发展起到关键的带动作用。

二是产业集群驱动型。信息通信产业包含电信业、电子信息制造业、软件和信息技术服务业以及互联网行业，是数字经济发展的先导。在ICT产业、电子信息制造业、新一代信息技术、软件上具有优势的省市包括广东、深圳、江苏、湖北、福建、陕西、河南。另外，数字经济的两大主要构成部分是数字产业化和产业数字化。产业数字化水平和数字产业化水平都高于平均值的省市为广东、山东、湖北等11个省份；安徽、河北、重庆三省份的产业数字化发展水平远高于数字产业化，属于融合提升型；其他省份的数字经济两化发展水平均低于全国均值；数字产业化水平显著优于产业数字化水平的数字牵引型省份暂时空缺。

三是数字政策环境驱动型。从国内总体来看，广东、浙江、福建、贵州较早开始布局数字经济相关政策，早期具有一定的政策环境优势。自2018年、2019年以来各地开始高频出台相关政策，国内数字经济核心区域的各地政策优势差距不大，但侧重点有所不同，具体政策除了看向整体发展趋势以外，还与自身的产业、技术、市场、区域等因素息息相关。

四是融合应用驱动型。国内江苏的工业数字化、浙江的农业数字化、广东的服务业数字化水平最高。其余典型代表包括：深圳市融合电子信息制造及互联网产业优势，促进金融云服务平台、物联网等服务业数字化新业态的发展；上海市全面推进治理数字化、智能化，政府数字化全国领先；北京市积极培育头部及独角兽企业，稳固服务业数字化优势；重庆市建设智慧道路创新特色的国家级车联网先导产业。

五是创新要素驱动型。在创新要素的培育上，北京和上海在全国范围内位于前列。主要原因有：得益于创新人才、科研机构及创新性企业等单位聚集的优势；人才政策、产业政策和创新制度等政策制度的大力支持；研发投入、技术市场和市场投融资等经济投资方式的多样。

六是市场需求拉动型。从市场需求基础的角度，以浙江省为例，电子商务、共享经济、互联网金融、信息消费等新模式新业态蓬勃发展，数字经济市场需求广阔。上海、北京等地则通过建设数字经济贸易区等方式大力发展数字贸易，在扩大内需的同时，积极促进对外市场需求的进一步提升。

从六大数字经济发展类型上看，各地的发展路径具有差异性，未来将对数字经济发展格局造成一定影响。

第四章

产业数字化

当前我国正持续深入推进产业数字化，从单点应用场景转变为连续协同发展。推动产业数字化发展的关键在于数据整合集成、平台赋能。我国数字产业化正向着高质量化发展转变，产业数字化综合实力不断提升。产业数字化转型深入推进，向着更深层次、更广领域探索，数字技术推动传统产业产出增长、效率提升的作用进一步凸显，为数字经济发展提供源源不断的动力。数字经济内部结构呈二八比例分布，产业数字化占据了数字经济的大部分份额。产业数字化在推动数字经济快速发展的同时，也减轻了疫情对我国实体经济的负面冲击。三次产业数字经济渗透水平逐次倍增，产业数字化不断涌现平台经济、共享经济等数字化新模式，服务业数字化升级前景广阔，工业互联网、智能制造等全面加速。

一、农业数字化

发展数字农业农村是实现农业农村现代化的必要条件，也是农业农村大数据信息化的必然进程。2018年中央一号文件首次提出大力发展数字农业，实施数字乡村战略。2018年以来，党中央、国务院相继印发了《国家乡村振兴战略规划（2018—2022年）》《数字乡村发展战略纲要》等文件，为快速推动发展数字农业农村指明了方向，提供了方针。农业农村部会同中央网络安全和信息化委员会办公室编制印发了《数字农业农村发展规划（2019—2025年）》，提出了新时期推进数字农业农村建设发展的总体思路、发展目标和重点任务。要结合中国特色发展好数字农业农村，进一步摸清当前数字农业农村发展的程度和水平，找到影响发展的短板和存在的问题，促使县级党委和政府更加重视数字农业农村发展，让更多社会资本流向数字农业农村领域。不断地强弱项、补短板、增优势，为抢占农业农村现代化的制高点提供强劲的内生动力。

党的十八大以来，我国积极推进数字农业农村建设，并取得了相当规模的历史性成就。但是我国农业农村信息化水平仍然处于较低水平，目前还存在基础差、底子薄、弱质性的特征，仍处于起步阶段。经综合测算，2019年全国县域数字农业农村发展总体水平达36.0%，其中东部地区为41.3%，中部地区为36.8%，西部地区为31.0%。分省份看，如图4.1所示，高于全国发展总体水平的有13个省份，其中，浙江省在全国处于明显领先地位，发展水平为68.8%，上海市和江苏省分居第二、第三位，发展水平分别为51.0%和47.7%。从县域看，发展水平排名全国前100的县（市、区）平均发展水平为69.2%，排名全国前500的县（市、区）为52.5%。发展水平超过60%的县（市、区）有122个，占比为5.2%；处于30%～60%的有1453个，占比为62.4%；低于30%的有754个，占比为32.4%。高于全国发展总体水平的县（市、区）有1192个，占比为51.2%。

图4.1　数字农业农村发展水平

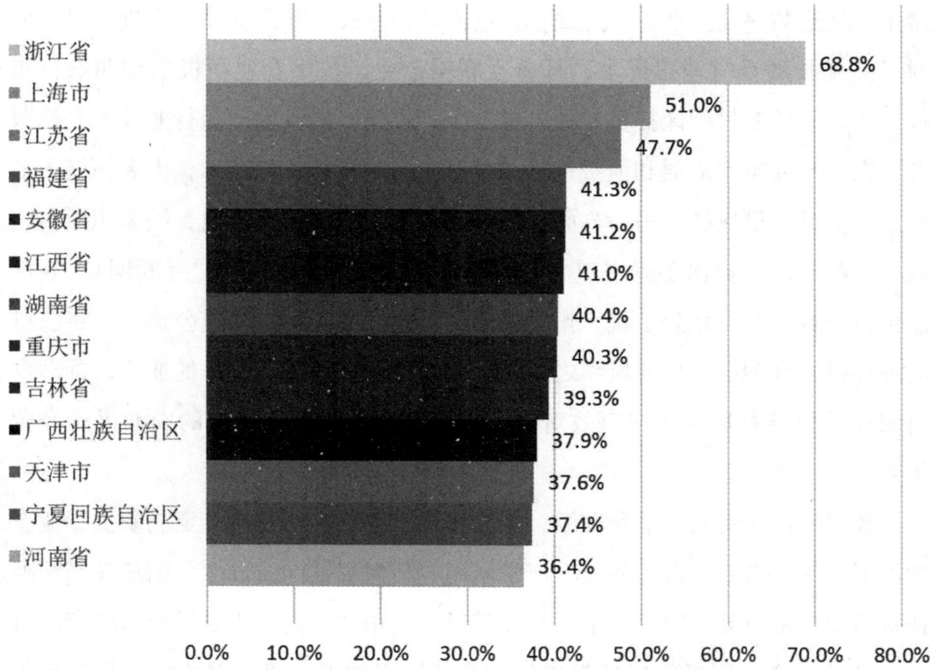

信息来源：《2020全国县城数字农业农村发展水平评价报告》[116]

数字经济驱动数字农业提质增效，从需求侧出发，引领传统农业进行智能化升级和绿色化改造。一方面充分调节生产方式，注重绿色生产。通过互联网、电子信息、高新技术等媒介，以其模块化、规范化的优点，将各类互联网设备和系统推广到传统农业中实现应用，推广无人机撒药、智能温室大棚等新型农业生产方式，助推农业生产更加集约高效、生态安全的发展趋势。另一方面调优产品结构，打造特色农产品品牌。发挥数字技术在农业种植生产、质量监控、物流追踪等全程管理中的作用，保证农产品质量和食品安全，满足消费者日益增加的对有机杂粮、绿色蔬菜、时令水果、保健品礼盒等绿色健康类食品、高品质农产品的个性需求；同时培育地区具有地理标志性的农产品，利用电子商务平台实现线上线下交易一体化，以“品牌+追溯+合格证”模式，提高农产品市场影响力。

数字经济驱动乡村发展提速，通过数字经济城乡融合实现城乡之间的生产要素共建共享，打破城乡之间行政区划的空间壁垒，促进不同行政区划之间的融合，以信息流这一连接两端的线，将城乡之间的人力、物力和财力串成要素链条，促进数字化生产。一方面，推进高新信息技术、工业品推广进乡村。面对日益增长的乡村消费需求，部分互联网企业、数字企业积极主动向农村布局，为广袤的乡村地区提供各种先进的生产资料，提供农产品行业技术支持服务，在农产品生产流通和消费过程中贯穿应用了科技信息技术，大大拓展了乡村的产业链和供应链。另一方面，推进农产品上行进城。当前，国家积极实施数字乡村战略，提出要开展“电子商务进农村综合示范”“‘互联网+’农产品出村进城”等一系列工程，拓宽畅通城乡之间的“信息高速公路”，将农村电商连接城乡两端，贯通城乡之间产品的线上营销和线下交易的通道，推动乡村农产品供给和城市需求有效对接，构建以消费需求为导向的农业生产经营体系。

数字经济驱动农民消费升级。随着智慧农业、生态农业、定制农业等业态的出现，手机直播、设计研发、产学研用等新内容被同时催生。明星参与精准扶贫活动、地方县长镇长村主任直播带货，利用数字技术为农民销售农产品打开了新的渠道。网络销售成为农村农产品销售的主渠道，据统计，丹东作为“中国草莓第一县”，每年草莓线上销售量占到总量的90%左右，疫情期间草莓也通过微店、直播、线上超市等新媒体平台正常销售。农民通过电商获得收益的同时也变相提高消费能力。同时，伴随农民市民化进程加快，农民生产生活方式与城市生活相伴相生，也在不断转变自身的消费观念和消费习惯。巨大的农村消费市场，需要多形态数字化模式激活，进而推动农业产业和消费结构全链条互联网化，激发更多经济增长点。

数字养殖

信息技术在设施栽培和畜禽养殖中的应用率相对较高，特别是在生猪生产恢复中，智能化大型养猪场成为生猪产能增长的主力，2019年我国畜禽养殖信息化水平已超过30%。国家级生猪大数据中心推动建设多个生猪智慧养殖示范场，包含智慧养殖管理、畜禽粪污资源化利用、生猪全程溯源、畜牧兽医数字化监管、畜牧数据共享交换等场景的新型生猪产业生态初具雏形。数字养殖基地、数字农业工厂，已经在我国一些地区遍地开花并得到大规模发展。以浙江省为例，目前已经全新打造了163个现代化数字智能工厂，计划在2021年还将新建50个智能化更上一层的数字工厂。重庆市荣昌区有个国家级生猪大数据中心，是农业农村部批准建设的全国首个、目前唯一的畜牧单品种国家级大数据中心，已纳入《成渝地区双城经济圈建设规划纲要》。该中心以“猪生产、猪金融、猪交易、猪监管、猪资讯”等技术为核心业务，抓生产指导和行情研判为主，推动线上交易、期现联动，不断为当地生猪养殖注入数据“养料”，让散户及养殖企业实现生猪的智慧养殖及买卖[117]。

现代数字养殖业正呈现智能化集中化发展的趋势。将环境设备传感器和智能控制设备安装在养殖棚舍中，通过一系列的物联网设备和系统，对养殖棚舍状态环境进行实时监测，并进行自动智能控制。在这样一套设备下，畜牧养殖的全过程中产生的所有数据，都将通过系统实现自动采集、上传，并在云端进行存储和分析。这大大提高了养殖行业的智能化和信息化水平，在这样的智能系统的帮助下传统的家禽养殖工厂转变为新型智慧家禽养殖场。在具有较大养殖规模的智能立体养殖工厂的各种监测设备，可以无需人工干预，自动检测养殖棚舍内各项环境、生态数据，并按照预先设定的方法、流程，对相关指标进行采集监测，将数据进行实时交互，实现智能棚舍内各类机械设备自动控制。

在互联网的帮助下，养殖棚舍内的各项数据可以上传到云端服务器，通过人工智能算法，对各项数据进行挖掘分析，分析出的结果可以作为历史经验用来优化自动控制的算法，在这一过程中，控制算法一并实现了自动迭代升级，提高养殖效果。在智慧农牧养殖领域里，通过人工智能技术对养殖过程中的温度、湿度、采食量、饮水量、通风量、光照量等各项指标采集所得的养殖大数据进行数据建模、深度挖掘和机器学习，发掘出人工智能最佳养殖算法，提高养殖经济效益。

随着我国农业现代化建设的发展，相关部门出台了一系列有关惠农、助农的政策方针，对规模化养殖场的建设提出了更高要求，以往小规模的家庭式养殖模式不符合要求并无法紧跟市场需求，只能渐渐退出，一些某方面不符合国家政策规定的规模化养殖场也要相应进行整改及搬迁，农业养殖要朝环境友好型数字化产业的方向发展，同时养殖也将与种植结合起来，以实现绿色农业、生态农业的循环模式，达到保护环境的目的，未来的养殖场将向着集约化、规模化和现代化发展[118]。

农业加工数字化

数字农业工厂试点示范主体将着力提升数字化应用水平，具备系统集成性的数字技术装备的综合运用，将有效提高数字技术的综合效能。其中不同类型的数字农业工厂也都有着各自的特长，比如数字植物（育种）工厂建设重点推进设施包括农业环境监测、装备设施智能控制、农田智能灌溉等在内的装备和技术应用；数字渔场建设则围绕水体环境实时监控、精准化饲喂管理、病害监测预警、循环水装备控制、网箱升降控制等方面的应用进行发展[119]。

浙江省平湖市大力推进农业加工工厂数字化转型升级，当地的绿迹数字农业工厂已建设成为一个从育苗、种植到销售的对农产品产销全过程进行数字化管控，最小管理单位可落实到“单个人、单颗菜”的标准化农业基地。该工厂采用水肥一体化、北斗高精度地面站点、农业水质在线监测系统等农业智能化设施，实时监控环境信息，建立作物生长的数字化模型，精准控制农业大棚的生产环境，实现了作物精准施肥、精准养护。

作为智慧农业的主要应用场景之一，数字农业工厂在智慧农业赋能下实现了多品种智能生产。在全国数字农业工厂建设改造的浪潮中，杭州市萧山区通过提升生产主体的数字化信息化应用水平，促进数字技术装备的系统集成与综合运用，来提高农业工厂中数字技术带来的综合效能。同时，杭州市萧山区提出了一系列数字农业的惠农政策，在推动农业产业高质量发展政策意见中，萧山区大力鼓励各生产主体进行数字农业园建设，鼓励农业生产工厂完成数字化、信息化改造，并对相关重点产业提高投资补助，促进农业生产过程中机械化运用的范围和水平。

农业商业服务数字化

2019年农业农村部、国家发展改革委、财政部、商务部四部委联合出台了《关于实施“互联网+”农产品出村进城工程的指导意见》，此后“互联网+”农产品出村进城工程正式步入部署实施阶段，并在全国选择了110个县开展试点工作。试点县围绕200余个试点优质特色农产品，积极对接互联网企业进行农产品产销协作，充分调动社会各方资金和力量参与到农产品出村进城工程中来，培育县级本地产业化运营主体，建立完善适应农产品网络销售的供应链体系、运营服务体系和支撑保障体系。工程实施以来，实现了政企合作、打通线上线下连接网络，基本形成了适应新时代发展的农产品电商发展新机制，营造了“一方牵头部署、多方聚力推进”的农产品发展良好氛围。试点工程各项建设的开展，有助于推动形成“互联网+”与农村一二三产业深度融合发展的新格局，更便捷、更顺畅、更高效地将农产品卖出乡村，走进城市。

阿里巴巴在全国修建的五大产地仓一年内全部成功投产，标志着全国这一覆盖了18个省份的大型农业数字化流通网络正式“全线通车”。阿里巴巴的五大产地仓体系形成后，产地仓+销地仓模式将为全国农产品数字化供应链带来显著提升。五大产地仓中最后启动的西安数字农业加工中心（以下简称西安仓），于2020年11月正式投入运营。西安仓的正式运营，标志着西北地区的农产品数字化枢纽成功启用。西安仓在产能和科技力量方面的投入达到最大水平，其日吞吐量达到了行业平均吞吐水平的4倍。其产品品质监控体系可以在十秒内对蔬菜水果等完成病害检测，大大提高了效率，减少了错检漏检率。在90秒的时间内，一颗刚到仓的新鲜采摘水果，就会被装进发送到全国各地的物流包裹中。

在2020以来的疫情防控关键时期，电子商务发挥其独有的线上高效撮合的特点和线下配送的渠道优势，助力农产品滞销难卖问题的解决，充分保障了市场需求侧供给。2019年上半年全国农产品网络零售额达到3975亿元，同比增长27%。为配合疫情防控的需要，电子商务突出展现了创新快、应对及时的特点，推出了直播卖货、移动菜篮子、“无接触配送”等农产品销售新模式。特别是电商直播，由于其准进门槛低、传播速度快、受众范围广，在后疫情时代继续发挥了强大的带货销售能力，国内阿里巴巴、京东、拼多多等各大电商平台均以助农惠农为目标开设了农产品带货直播间，引领了农产品网络营销的新发展趋势。基于直播、短视频、流媒体等新型互联网技术，抖音、快手等短视频平台也纷纷进入农产品电商领域，农产品网络销售的渠道、平台和方式更加多元化。

商务部、财政部、农业农村部、国务院扶贫办等部门积极协调地方政府和电商平台合作建立电商扶贫频道，促进农产品在互联网推广销售，促进农村农民增收。

各地供销合作总社积极引入电子商务、大数据等新一代互联网信息技术，助力连锁超市、村级便利店、综合服务社等农村实体网点完成数字化改造，拓展经营服务功能，提供代购代销、代收代发、物流配送、电子支付等电商服务，推动传统物流行业加快转型升级，形成线上带动线下、线下促进线上的融合发展新格局。截至2020年上半年，全国供销合作社系统已通过数字化改造村级电商服务站点超过10万个。

二、工业数字化

数字工厂是由数字化模型、方法和工具构成的综合网络，包含仿真和3D虚拟现实可视化，通过连续的无中断的数据管理集合在一起，其本质是实现信息的集成。数字工厂是工业4.0发展的必经之路，本质是工业互联网的企业级平台。智能工厂则是在数字工厂的基础上附加物联网技术和各种智能系统等新兴技术于一体，提高生产过程可控性、减少生产线人工干预。

智能制造

智能制造本质在于以数据的自动流动化解复杂制造系统的不确定性，优化制造资源配置效率。数字经济时代，车间传统生产技术、数控硬件设施和工业集成软件在大数据、人工智能等技术背景下，对实体工厂的赋能，实现云空间和实体空间信息交互，从而应对生产制造中的复杂性和不确定性，为智能制造提供关键技术支撑，打造智能工厂，并形成“机在干，云在看，数在算”的新型制造模式。智能生产不仅能够通过数字孪生、模拟择优和大数据分析的方法形成基于数据驱动的价值制造范式，还能根据市场需求的多样化，从大批量、规模化转向个性化、定制化等新型生产范式。随着人工智能芯片、边缘计算、强AI、3D打印等技术的加持，未来智能制造将更加适应环境的不确定性、多样性和复杂性，满足“即想即得”的消费需求，即时生产能力将得到极大的释放[120]。

根据G20国家制造业智能化指数测算结果，可以将其分为三个梯队，2005—2015年我国制造业智能化指数平均值为8.56。中国等5个国家的制造业智能化指数为8以上，处于世界智能发展第一梯队，这与中国的制造业大国地位相称[121]。如图4.2和表4.1所示。

我国智能制造总体发展水平虽处于G20国家前列，但与发达国家相比仍存在差距。2005年以来，中国制造业增加值快速增长，2010年我国制造业增加值就已超过美国占全球比重达到19.8%，位列世界第一位，在信息产业等新兴制造业方面发展较快，制造业自动化和信息化建设取得较大进展，具备相当规模的智能制造发展基础。当前，我国有近50%的企业完成了研发、生产、销售等环节的数字化全覆盖；23%的企业完成了不同业务领域、跨企业边界的整体网络优化；8%的制造企业具有了向智能制造转型的基础，正逐步向智能制造企业迈进。但我们还应该清楚地认识到，与韩国、日本、德国和美国等制造强国相比，我国智能制造总体上还存在着关键核心技术自主创新能力薄弱，政产学研的协同创新机制尚不完善，企业的引领作用不突出，政策宽泛、没有突出自身优势着重发展，以及人才缺失等问题，差距有待进一步弥补。

图4.2 G20国家制造业智能化指数水平

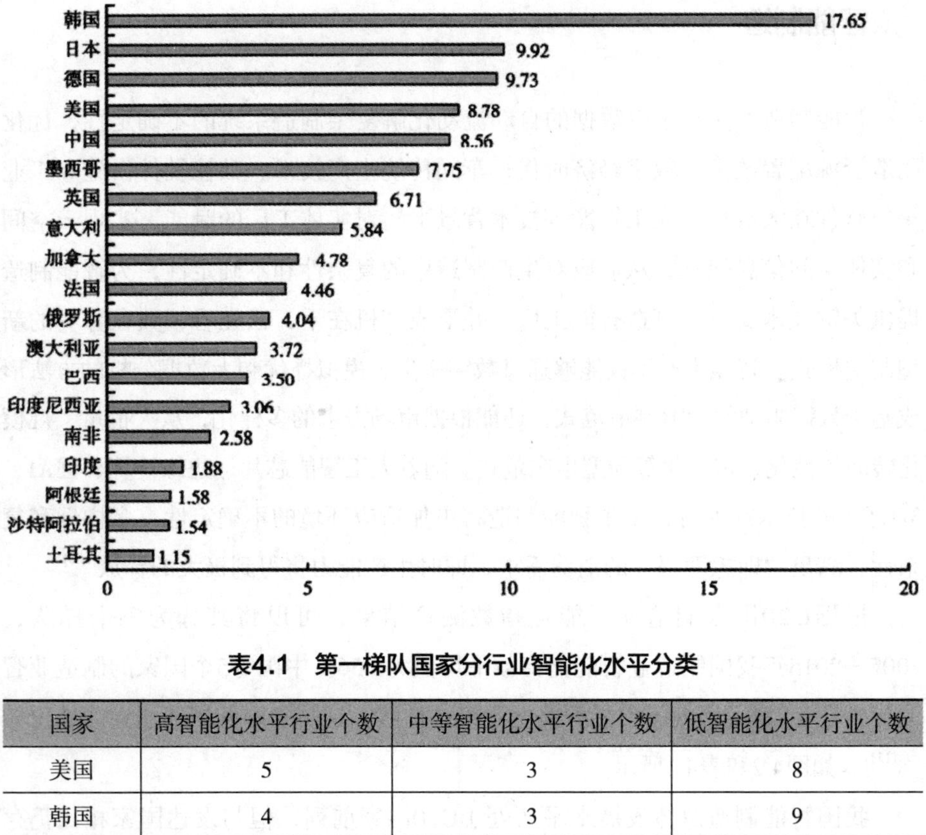

表4.1 第一梯队国家分行业智能化水平分类

国家	高智能化水平行业个数	中等智能化水平行业个数	低智能化水平行业个数
美国	5	3	8
韩国	4	3	9
日本	4	2	10
德国	3	4	9
中国	2	3	11

总之，对中国智能制造发展水平的分析表明，我国制造业总体智能化水平居于G20国家前列。但由于自动化、信息化等智能制造发展的基础不强，在智能制造发展增速上仍不如传统制造强国；同时我国制造业分行业智能化发展水平不一，中高智能化水平行业比例不高，因此我国智能制造发展还有待进一步

推进和深化。

我国智能制造有新兴高技术制造、网络化协同制造和服务型制造三个趋势。如表4.2所示，以区块链在制造业领域应用案例为例，近两年新兴高技术在智能制造领域应用的落地进程较快，渗透的程度较深，且得到产业和政府机构的重点支持。

表4.2　区块链在制造业领域应用案例

细分领域	日期	典型案例
工业制造	2020年8月	河南省出台推动制造业高质量发展实施方案。方案强调，着力“强端”，做强智能终端，构建鲲鹏产业生态
	2020年8月	上海新时达电气股份有限公司发布公告称，2020年上半年，该公司电梯业务推出多项自主研发的新产品。其中，公司将电梯电脑配件与电梯原制造厂绑定，通过区块链加密算法，确保更换的电梯电脑配件都来自安全可靠的供应渠道，进而保障配件质量可靠，保障电梯安全运营
	2020年9月	全球最大的铁矿石生产商淡水河谷与南京钢铁股份有限公司旗下的南京钢铁集团国际经济贸易有限公司完成了第一单运用区块链技术的铁矿石交易
	2020年12月	世界经济论坛（WEF）负责一系列旨在加强公私合作的项目，其中一个项目是“矿业和金属区块链”倡议，旨在“使用分布式账本技术更准确地追踪整个价值链的碳排放”

信息来源：《区块链+数字经济发展白皮书》[122]

在网络化协同制造方面，数字经济时代，ICT赋能工业互联网，从研发、设计到制造、生产实现网络化全流程协同制造。网络化协同制造克服了企业制造资源不足的限制，加速多产业协同发展[120]。以大型商用飞机这一复杂产品为例，大型商用飞机的研制是一项跨领域迭代耦合的系统性工程。大型商用飞机具有生产工期长、制造工艺复杂、性能要求高、涉及学科广、开发难度大等特点，其研制往往需要跨学科、多部门、多个研发单位、多个专家团队等共同参与完成。中国C919客机的生产过程就是多主体参与、集约全球化资源，实现网络协同创新的经典案例。随着信息通信技术的进步和发展，网络化协同制造正在从简单的线上异地协同（1.0阶段），迈向研发、生产组织模式并行的一体化组织单元（2.0阶段），并朝着基于信息物理系统（CPS）的新型网络化协同制造（3.0阶段）方向逐步演进。

在服务型制造方面，服务型制造是制造与服务融合发展背景下的新型智能制造模式和产业形态，是先进制造业和现代服务业深度融合的重要方向。在发展数字经济智能制造的情况下，着重发展服务型制造和提高高附加值产品的生产规模是智能制造的重要内容。工业化进程中产业分工协作不断深化，催生制造业的服务化转型；新一代信息通信技术的深度应用，进一步加速服务型制造的创新发展。制造业企业通过创新优化生产组织形式、运营管理方式和商业发展模式，不断增加服务要素在投入和产出中的比重，进而导致数字服务贸易的需求。例如，我国制造业广泛使用的许多工业软件来自美欧等发达经济体，包括CAE领域的Ansys.Altair和MSC等，EDA领域的CadcnceSynopsys和Mentor等，产生了数字服务进口，从投入角度看，以CT服务为代表的生产性数字服务被广泛应用于制造企业的研发设计、生产制造、经营管理等环节，提高制造企业全要素生产率、产品附加值和市场占有率。

从制造企业实践经验来看，传统制造过于重视低端环节、短期交易和以产品为导向，因此存在产业效益低下，行业竞争力不强的缺点。实现传统制造向高端环节迈进、重视长期交易和产品服务导向是智能制造业下一步的发展方向。数字经济背景下，“大智移云物”等新型数字技术在服务型制造的领域拥有着广阔的应用前景，如定制化生产、产品生命周期管理等。大力发展智能制造，就要推动数字技术与传统制造深度融合，促进制造业数字化的发展。

两化融合

在我国制造业数字化取得一定成果之后的当下，制造业正整体向网络加速过渡转型。而工业互联网的新应用新发展则是当前两化融合的新趋势和新动向。在我国，制造业两化融合向着范围更广、程度更深、水平更高的先进制造业发展过程中，也同时存在着以下特点：一是，融合范围持续扩大，工业互联网推动两化融合向全行业全环节加速渗透[123]。工业互联网通过构建现代化产业体系的新基础、新要素、新业态，支撑全行业向高端化、智能化、绿色化、生态化发展。同时，工业互联网促进传统制造体系中研发、生产、物流、服务等环节生产要素的解耦、整合和重构，加快两化融合向生产制造全过程、产品全生命周期管理等各环节不断延伸。

二是，融合程度走实向深，工业互联网推动两化融合向数据驱动价值创造延伸[123]。伴随着工业互联网的创新发展，数据、知识、人才、资本等各类要素实现在线汇聚共享，工业知识加速模型化、软件化，推动制造业加速迈向万物互联、数据驱动、软件定义、平台支撑、智能主导的新阶段，为新技术的创新、新产品的培育、新业态的扩散和新模式的应用提供强劲动力。

三是，融合水平稳步提升，工业互联网推动两化融合向高质量发展阶段迈进[123]。工业是实体经济主体，经济高质量发展取决于工业高质量发展水平，取决于两化融合高质量发展水平。工业互联网通过推动机器、物料、系统、产品、人等参与主体要素信息的泛在感知、云端汇聚、高效分析和科学决策，实现两化融合从点的应用到面的应用、从单向应用向集成应用、从单企业应用到产业链应用，促进两化融合持续升级，使之成为制造业高质量发展的关键支撑。

通过试点项目，在重大工程的引领下和行业内各企业的积极努力下，新一代信息技术与传统制造业加速融合发展，并实现了一系列新模式、新业态的产生和与传统制造业的结合发展，大大促进了传统制造业的高质量发展。例如，网络化协同制造模式在汽车、航空、电子等行业开始普及，个性化定制模式在服装、家具、家电等行业快速发展，服务型制造模式成为工程机械、船舶等行业转型升级的新路径，平台经济有效带动跨企业、跨界融合发展[123]。2019年，全国开展数字化管理、网络化协同、个性化定制、服务型延伸和智能化生产的企业比例分别达到46.0%、35.3%、8.1%、25.3%、7.7%，工业电子商务普及率增至61.2%，制造业重点行业骨干企业“双创”平台普及率达到81.0%。数据显示，融合发展带动我国企业运营成本平均下降了10.0%、经营利润平均增加了11.2%。

2020年，全国两化融合发展水平较2016年增长了10.5%。“十三五”时期，我国工业化和信息化发展将逐步摒弃盲目追求数量扩张，转向迈入追求高质量发展的新阶段，两化融合发展水平将继续保持2%～3%的速度平稳增长，两化融合水平进一步提高，制造业数字化、网络化、智能化取得明显进展，新产品、新技术、新模式、新业态不断催生新的增长点。

当前，新时代世界迎来百年未有之大变局，全球经济、产业发展将继续并长期保持着不确定性，持续推进两化融合，是在当前复杂局势和疫情威胁下，我国实现高质量转型发展的最优方式。企业在推进两化融合时思想意识上更加务实、产销渠道更加开放；ICT服务商提供的解决方案更加便捷、技术布局更加前沿。同时，企业要加倍意识到供应链作为各主体的核心竞争力，要持续发挥供应链高效、稳定、便捷的重要作用。我国在两化融合的工作重点为“综合集成”。短期内，推进“横向集成”，实现数据在供应链、产业链的横向互联，能够有效提升企业“回血造血”能力；中长期，同步推进“纵向集成”、深化“横向集成”，构建从物理层到信息层的全镜像数字化映射，推进贯穿产品全生命周期的数字赋能和价值链的泛在互联，是推进智能制造、实现我国制造业由大变强的必由之路。

三、服务业数字化

服务业数字化能够充分满足现阶段人们的个性化需求，在平台经济、在线服务、信息消费方面的应用非常广泛。受疫情影响，人们出行受限、学校开学延期、企业复工延迟，服务业数字化在疫情期间有了爆发式增长。这些增长促进了服务业数字化的进一步扩大发展，未来将更多拉动数字经济增长。

平台经济

产业平台化是指传统产业行业通过数字平台，贯通全流程、全产业链、产品全生命周期的数据链，将生产分配、交换、消费、服务等各个环节的资源要素进行整合，以平台为核心，创新商业模式，并促进产业组织方式重构。在这一过程中，数字平台位于整个过程的核心，作为以数字技术为基础，将数据、算法、算力进行整合，实现居中撮合、链接多个群体以促进各角色互动的服务中枢，可以为人类的生产、生活提供生产、分配、交换、消费、服务等相关信息的收集处理、传输以及交流展示等数字交易服务和技术创新服务，是数字经济时代的重要信息基础设施[124]。

UNCTAD报告中，将数字平台分为交易平台和创新平台，其中交易平台是具有在线基础设施的双边/多边市场，支持多个不同交易方之间的交易，现已成为主要数字企业（如亚马逊、阿里巴巴、脸书和易趣）以及提供数字赋能支持的企业（如优步、滴滴和爱彼迎）的核心商业模式；创新平台是为代码和内容生产商创造的开发应用程序和软件的环境，例如操作系统（如Android或Linux）或技术标准（如MPEG视频）[8]。

数字平台在推动大中小企业融合融通发展、构建要素横向整合、产业链纵向协同的产业网络中发挥着重要作用。因而，从应用角度，数字平台包括技术赋能、信息撮合、交易结算、物流配送、融资服务等多种类型的平台，具有广阔的市场空间，不断为经济增长和产业发展注入活力。其中，支付交易结算、物流配送类平台规模最大。以服务于产业发展的B2B电子商务平台为例，在2018年，这类平台的交易规模就已达近20万亿。信息撮合类平台发展起步的时间最早。在传统产业发展不断转型升级的过程中，融资服务类平台也得到了充分发展，这两类平台的商业模式逐步成型。据统计，2019年网贷平台的成交量达到了9649.11亿元。技术赋能平台虽起步较晚，但对于产业发展的支撑作用显著，尤其是近年来得到了各行业企业的关注，成为行业投资和发展的重点。以工业互联网平台为例，根据工信部的统计数据，2019年我国相关产业的经济增加值规模达到2.13万亿元。

从产业规模看，数字平台市场规模将持续扩大。据美国通用电气公司（GE）预测的数据，在2030年中国经济将累计产生3万亿美元数字平台及相关产业的GDP。从全球来看，预计到2023年全球工业互联网平台市场规模将占全球工业互联网市场规模的15%。从应用推广看，数字平台在行业应用将逐步走深向实。近年来，数字孪生、边缘计算等新兴技术的应用逐步走向深化，数字平台将作为愈发突出的桥梁角色，沟通物理世界与数字孪生世界，其整体发展将更加务实，将聚焦各产业痛点问题并集合技术突破、模式创新与产业实际需求，构建面向特定场景且具有更大价值的行业解决方案，以及一、二、三产业融通领域的系统解决方案。从区域发展看，发达城市数字平台建设领先全国。北上深杭、南京、青岛等地的数字平台建设将持续领先全国，并将会作为区域核心带动环渤海、长三角、珠三角等地产业整体提升，加速赋能区域内资源优化配置、供需精准对接、线上线下高效互动、孵化创新衔接。

当前，数字经济平台生态已逐步成为数字经济下的主流商业模式。据阿里研究院2017年发布的《数字经济2.0》，截至2017年7月，全球十大平台经济体（苹果公司、谷歌、微软、亚马逊、脸书、阿里巴巴、腾讯、Priceline、百度、网飞）市值已经超过十大传统跨国公司（伯克希尔·哈撒韦、埃克森美孚、强生、摩根大通、通用电气、富国银行、美国电话电报公司、宝洁、雀巢、沃尔玛）。不仅如此，全球规模最大的互联网公司中，大部分也都采取平台模式。特别是近年来，共享经济、众包、众筹、众创等一大批新模式、新业态在数字技术迅猛发展的动力支撑下，如雨后春笋般纷纷涌现，与之相关的大多企业也都采取平台模式，平台经济已经成为推动我国经济发展的重要组成部分，并不断为依托其生存的大量中小微企业提供更多的创新创业环境与土壤，推动着数字经济飞速向前发展。

数字平台作为数字经济2.0的基础，平台生态化成为数字经济下产业组织的显著特征。通过“云网端”等数字经济基础设施，将数字经济下的数据等关键生产要素汇聚起来，为传统行业创造出了全新的商业环境，不仅改变了单个企业的运行模式和达到规模经济的条件，也革新了传统商业模式下，产品从原材料到生产再到消费者手中这一过程中存在的传统繁复的分销体系，使交易成本大幅度降低。而且依托数字技术，各种类型、各种行业的中小企业通过借助市场范围极为广泛的数字经济平台，不仅可以克服规模小的不良影响，也可以打破时间与空间的地域限制，使全球各地的消费者和商家都能够实现超大规模的跨区域实时协作，商家和消费者之间被直接打通，商家获得了更多直接服务消费者的机会，获得了更多的利润，全世界消费者的消费水平也因借助数字平台服务获得了大幅提升。

在价值创造与汇聚方面，数字平台组织有资源配置的先天优势。一方面，包括ICT企业与传统制造业的传统企业组织逐步加快了向数字平台转型的步伐。例如，三一重工开发的树根互联工业互联网平台通过实时采集接入平台的遍布全球各地设备的不同运行参数，就能为其客户提供精准的大数据分析与预测、运营支持及售后服务，甚至帮助客户实现企业模式的创新；另一方面，从20世纪90年代到现在的20多年间，制造业、商贸、物流、交通、旅游等各垂直细分领域数字平台如亚马逊、阿里巴巴、脸书等新主体快速涌现，其市值增速也远高于传统企业。

在线服务

1. 数字视频及游戏

视频、影音和游戏等数字内容是数字服务贸易的重要组成部分。

在视频服务方面，美国的网飞等国际化发展流媒体平台走在前列。自2010年以来，网飞进入了国际化快车道，八年内业务迅速扩张到190个国家。在此过程中，网飞采取了多种措施来提升用户体验，一是通过大数据演算完成了对用户数据的实验，能够有效精准地预测不同用户的偏好和观看需求，从而制作出当地用户喜爱的题材和内容；二是积极改善用户的移动体验，不断与设备制造商、移动和电视运营商以及互联网服务提供商等建立合作关系。

在线游戏服务方面，游戏类App的跨国交易已经非常常见。腾讯游戏是全球知名的游戏开发与服务运营商，目前已在网络游戏的众多细分市场形成专业布局，打造了涵盖所有品类的产品阵营，为全球玩家提供休闲游戏平台、大型网游、中型休闲游戏、桌游和对战平台等各类不同游戏服务。

普华永道对娱乐媒体市场的研究显示，全球娱乐媒体行业收入将继续以每年4.3%增速持续增长，预计到2023年娱乐媒体行业的全球市场规模将达到2.6万亿美元。其中，数字性收益所占总收入比重将持续增加，2019年占比超过50%。在网络广告方面，亚洲市场占全球比重将持续增长，亚洲市场又主要依靠中国市场的强劲支撑。未来四年中，互联网电视（OTT）领域收入将保持20%的增长率[125]。

2. 数字教育与医疗

教育、医疗等传统服务业因数字化转型从而支持数字交付，因此为跨境贸易提供了更多的可能性。

在远程教育方面，通过互联网和新一代信息通信技术等，以教师为主导的传统课堂教育模式不再是唯一选择，教育不再受制于传统的时空的限制，将有力促进教育资源在全球自由流动并实现有效分配。例如，我国网龙网络公司在数字教育领域已向190多个国家和地区提供服务，与包括俄罗斯、埃及在内的20多个“一带一路”沿线国家建立了深度合作，为其他国家提供全球化、国际化的教育服务。目前，网龙的产品已经走进俄罗斯首都莫斯科所有中小学的教室，未来三年内也将为埃及快捷部署26.5万间“智慧集装箱教室”。再如，Udacity（优达学城）是已上线8年的计算机编程类在线教育平台，其提供的课程不只局限于计算机科学还包括了数学、物理学、统计学、心理学等。有超过75.3万的注册用户在Udacity平台注册使用，Udacity还与其他公司合作帮助学生解决就业问题。2017年8月，Udacity与腾讯联手，通过来自硅谷的在线课程和创新人才培养模式升级人才布局，帮助腾讯企业工程师“升级”。2018年3月28日，在硅谷举办的“国际科技行业大会Intersect2018”上，Udacity正式推出了与微信合作的“微信小程序开发纳米学位项目”，帮助开发者以更低的学习门槛，掌握小程序的基本开发技能。

在智慧医疗方面，全球医疗行业面临医疗成本居高不下、医疗资源分配不均等问题，通过互联网、人工智能等技术，传统医疗体系各环节、各链条实现打通，推动医疗资源的跨国界共享。如，MORE Health爱医传递致力于推动医疗行业互联网全球化发展，其云端国际联合会诊平台可供多名、多国医疗专家流畅地沟通、共同为患者用户进行联合会诊。医生可通过平台安全地与患者发送互动信息、通过内嵌的视频会议软件与用户面对面交流、合理利用间歇时间随时为用户提供疾病诊断、制订治疗方案和开具处方等服务。用户可以通过平台体验多种医疗相关服务，包括：上传并随时查阅个人电子病历、实时追踪医生诊断进程、在翻译协助下与国际专家进行视频问诊等功能。

再如，针对当前新冠疫情防控的严峻形势，我国医学专家联合开发者自主创新研发了一套人工智能诊疗系统，并将该系统免费提供给国际社会使用，将高科技的中国系统推广到全球，助力全球战“疫”行动。其中，新冠病毒感染自测评估系统通过问卷调查，能够智能测评人的感染风险，并提供就医建议，这套系统拥有英语、日语、韩语、波斯语和意大利语等多国语言版本。新冠肺炎人工智能诊断系统则以中国确诊病例资料为基础，通过攻克特殊算法和病变范围立体定量等核心技术研发而成，该系统目前已推广到韩国、美国等国家开展应用。

3. 数字交通

数字交通的本质是利用数字技术对传统交通精细化控制，通过数据驱动交通管理，满足人们多样化出行需求。在公共交通方面，北斗导航定位、智能电子公交站牌、车辆智能识别系统等都是数字交通的重要基础工具。同时，大众化的出行服务软件，也在数字交通领域积极探索。例如，在私家车出行方面，未来可实现无人驾驶的智能网联汽车的市场份额将持续扩大。在新一代通信技术与数字技术加持下，车联网与智能车将实现有机联合，通过搭载的先进车载传感器、控制器、执行器等装置，实现车与人、车、路、后台等智能信息交换共享，实现安全、舒适、节能、高效行驶。

截至2020年年底，我国高速公路总里程达16万公里，位居世界第一。自2020年1月1日起，中国全面取消高速公路的省界收费站，全国的高速公路联结成为“一张网”[126]。全国高速公路管理系统通过大数据、人工智能等新技术，管理着来自各省市的海量车流和路费结算数据，对于涉及省际高速费用的结算，可在极短时间内完成结算，并实现了超高的准确率。支撑这套系统完成高难度复杂任务的背后，是在线交易和实时数仓一体化解决方案，可满足大流量和海量数据的交易系统。此外通过融合多源交通数据，还可以精准识别高速公路车辆，通过路径拟合还原，构建起高速车流全息数字化。

广东已率先采用阿里云推行的全新计费方式。阿里云提供的AI、数据技术、精准定位的多源数据融合能力为高速公路收费站赋予了高速通行效率。收费站特情处理原来需要5分钟，现在只需10秒钟。

对社会公众而言，高速公路出行体验正变得更加舒适、安全、快捷。从成都天府国际机场高速公路南线出发，只需90分钟即可到达宜宾市。在这条路线上，气象传感器、温度传感器、高精摄像头、车联网设备、边缘计算设备等公路基础设施不时出现在道路之中；在系统后台，云计算、大数据、人工智能等高新技术也得到了充分应用，贯穿于公路的运营监测之中。

根据“十四五”民航基础设施建设规划，到2025年，全国运输机场将新增

30个以上，力争全国运输机场设计容量达到20亿人次[126]。国内首架高速卫星互联网飞机由青岛成功飞抵成都，飞机在万米高空可提供150M带宽的高速互联网服务。在这一项目中阿里云联手天地互联为这一航班提供了数字化改造，保障了乘客在飞行途中的高速便捷的网络服务。除了这些，更多数字出行服务和空中电商新零售服务正在陆续推出。基于云计算、人工智能和大数据技术，飞机还可为乘客推送“千人千面”的个性化内容，提升旅客全航程出行体验。

目前，我国大型航空公司平均每年服务旅客超1亿人次，执飞班机超过40万架次。先进的数字技术给民航发展创造了新的发展空间——与高新技术企业合作，打造数字机场、智慧航司，提升出行安全水平，更充分保证了旅客安全、便捷、愉悦的出行体验。通过航行档案数字化技术，可以实现飞行航路路线优化、航班优化编排、飞行数据全程跟踪分析，持续优化运营效率。对乘客而言，数字化还可以提升出行全流程的出行体验，甚至在精准配餐等方面提供更绿色、更便捷的服务。数字化正悄然影响着我国民航事业的时代变革。

4. 数字旅游

5G技术、物联网、VR、云计算和数字化终端设备等数字技术能够深度挖掘旅游信息资源，为游客的旅游过程提供全新的消费体验。例如，各大博物馆通过VR技术全景虚拟再现文物现状，游客可以实现在线参观文物，让游客在家就能获得“身临其境”的旅游新体验，提升了旅游服务的价值。另外，文旅融合的数字化旅游正在加快转型步伐。“玩转故宫”“口袋工匠”和“智游龙门石窟”等数字化游戏小程序，让游客感知数字旅游的便捷性、娱乐性、趣味性，为传统旅游带来了新活力、新范式、新模式。

数字文旅是以网络为载体，以数字技术和信息通信技术与文旅业的深度融合而形成的新产业形态。数字文旅的主要特征包括：更广泛的分享；更高效的交互；更有质感的体验；更便捷的信息；线上文博；智慧旅游产品和服务；沉浸式场景；旅游智能制造；旅游线上资产。

数字文旅加速实现文旅智慧运营。云计算是我国数字经济发展的重要支撑基础。它深刻改变了传统旅游行业信息处理的方式，加大了信息处理任务量，同时还加快了数据的分析速度以及私密性，提高了隐私安全性。雪松文旅集团与阿里云展开合作，依托雪松文旅项目的场景，联动阿里云的数字技术，通过智能化核心能力打造数字景区，全方位服务游客体验，以旅游+云计算、数字技术，创新升级文旅产业智慧运营方式及管理模式。疫情期间携程联合多地景区，推出包括无接触服务、实名制认证、大数据防控预警等功能，助力景区数字化精准疫情防控。并提供“秒入园”“无忧退”等便捷门票服务。

在地方文化旅游厅局层面，各地主管部门也积极配合数字文旅发展，纷纷出台具体实施方案，鼓励各景区企业主体开发数字文旅产品，抓住5G、超高清等新技术发展机遇，加快推动“互联网+文旅”，发展沉浸式体验型文旅消费。同时奖励文化和旅游景区数字化建设，促进“互联网+文化旅游”发展，提出在“互联网+文化旅游”领域统筹实施基层综合性文化服务中心、智慧型公共数字文化工程等惠民工程，发展互联网文学艺术等互联网文化产品和服务，提升完善智慧旅游服务平台等。此外，各地文化和旅游行政管理部门还结合文旅项目积极探索5G应用，与各大运营商合作，共建智慧文旅体系，探索数字文旅发展新模式。

2020年11月，国务院常务会议再次明确要求，旅游消费潜力巨大，要确定适应消费升级需求，支持“互联网+旅游”发展的措施。为促进常态化疫情防控下旅游业健康发展，会议确定了支持“互联网+旅游”发展的措施。一是支持建设智慧旅游景区，普及电子地图、语音导览等服务，打造特色景区数字展览馆等，推动道路、旅游厕所等数字化建设。二是鼓励景区加大线上营销力度，引导云旅游等新业态发展，出台规范发展互联网+旅游民宿的措施等。

在后疫情时代，一些平台型互联网企业与文博机构、旅游景区合作，通过“会员模式”“流量转化模式”“体验付费模式”等，整合打造市场化的数字文旅消费平台，不断提升数字文旅产品的供给质量。同时，强化数字文旅体验和线上线下互动，将文化内容与数字娱乐充分融合，将文化场馆、旅游景区植入网络游戏、动漫、电影、直播等数字娱乐场景之中，采取“游戏+虚拟游”“动漫+云展”“电影+沉浸式体验”等方式，构建数字“虚拟文化空间”，带动由虚拟体验形成的周边产品消费。引导线上用户转化为文化场馆和旅游景区的实地游览、线下消费，将用户、信息和消费在实体空间和虚拟空间之间充分互动交融，实现游前线上虚拟体验、游中现场沉浸体验、游后数字回味体验的全体验流程[127]。

5. 在线办公

不同企业的技术种类、管理制度、工作方式等都有着不同的设置方式，甚至没有一家公司对于线上办公的需求是相同的。在线办公行业可以满足不同企业的个性化、多元化需求，做到“定制化”办公服务，信息技术和互联网技术的突破为在线办公提供了技术基础支撑。随着信息技术的不断进步、软件应用模式的不断创新，越来越多的工作可以通过云服务器、多人共享、同时办公的模式进行。在线办公行业通过打造针对疫情防控特殊时期的管理系统，联合数字化工作专业供应商，开放办公系统智能“OA”权限，对不同规模的企业和各种社会团体制定精细化、个性化的抗疫办公管理。腾讯会议、Zoom等会议软件的功能和性能愈发完善，疫情催化了远程办公市场需求的爆发，使其迅速获取了大量线上用户，商务办公App日活跃规模达到1.52亿，商务办公小程序使用量更是从平日的1190万人次迅速增长为3305万人次，随着疫情在全球范围内的爆发，未来海外市场的远程办公用户规模将进一步扩大。复工复产后，企业恢复正常办公带来的巨大流量冲击对于在线办公行业来说既是机遇，又是一项挑战。数字经济相关企业应充分利用信息优势，及时感知市场对于在线办公的需求，提前部署云服务器，扩充容量迎接即将到来的流量高峰，保障社会生产生活的有序进行。

疫情防控大背景下，远程办公软件市场呈爆发式增长。疫情对办公差旅造成了巨大影响，各地企业纷纷转而寻求在线办公解决这一问题，大批潜在客户的现有需求得到充分挖掘，在线办公市场被逐步激活，刚需市场不断扩大，在线办公行业市场有望达到448.5亿元，远程办公软件需求量激增。华为WeLink有段时间每日新增注册1.5万家以上企业用户，由华为Welink服务承接的会议场次更是高达12万次，日均增加50%。

我国远程办公市场持续保持高速增长。《2019年中国SaaS产业研究报告》的数据显示，2015年至2018年国内远程办公市场规模分别为90.1亿元、208.6亿元、441.8亿元、459亿元，市场规模近460亿元。截至2019年6月30日，钉钉平台上的企业组织已经超过1000万，拥有近2亿用户。企业微信目前已经服务超过250万家真实企业，有超过6000万个活跃用户使用企业微信服务。进入2020年，在疫情防控的大背景下，远程办公软件市场更是迎来了爆发式增长[24]。

未来在线办公的常态化发展，将积极推动企业数字化转型。在底层技术层面，云计算、大数据分析、5G网络技术的发展，为未来的在线办公行业提供了更为稳定的技术基础以及更加广阔的市场发展空间。随着互联网企业和科技巨头的积极布局，音视频会议、协同办公、综合协作等在线办公软件及服务将日益完善。但在当前中国，在线办公对于企业而言仍是新鲜事物，整体接受度较美国等发达国家仍有较大差距。在推进在线办公行业持续发展方面，需要注重信息安全保护，全方位提高企业在线办公效率。当前地区间、全球的产业链分工日渐明晰，企业间跨地区协作将得到更进一步的推进。未来居家、跨地区等新型工作方式将得以拓展，线上实习、线上兼职等工作模式也会受到更多人的青睐。

6. 网络零售与电子商务

过去的几年中我国电子商务发展迈上新台阶，2020年电商交易额达到37.2万亿元，同五年前相比近乎翻倍；2020年全国主要经济体网络零售额在社会消费品零售额中占比达到24.9%，较2019年提升了4.2个百分点；2020年全国网上零售额达到11.8万亿元，连续8年成功保持全球规模最大的网络零售与电子商务市场。数据显示，2020年实物商品网上零售额占社会消费品零售总额的比重接近四分之一，电子商务已经成为居民消费的主渠道之一；电子商务从业人员规模超过6000万，电商新业态、新模式创造了大量新职业、新岗位，成为重要的"社会稳定器"。这些数据充分说明，电子商务已经全面融入我国生产生活各领域，成为提升人民生活品质和推动经济社会发展的重要力量[128]。

与此同时，我国电子商务发展仍然面临不规范、不充分、不平衡的问题，平台企业垄断和不公平竞争问题凸显，企业核心竞争力不强，外部宏观环境发生复杂深刻变化，电子商务高质量发展机遇和挑战并存[128]。综合来看，我国网络零售与电子商务市场表现出以下的发展趋势：

一是，新旧动能转换加快，消费升级势头不减。面对复杂严峻的挑战，我国网络零售表现出超强的韧性，化危为机，以创新驱动新旧动能转换。新业态、新模式发展迅猛，重点监测电商平台累计直播场次超2400万场，在线教育销售额同比增长超过140%，在线医疗患者咨询人次同比增长73.4%；"双品网购节""618""双十一"以及"网上年货节"等大型网购促销活动，推动需求释放，有力拉动市场增长；绿色、健康、“家场景”“宅经济”消费热度凸显，健身器材、保健食品、消毒卫生用品、中高端厨房电器、宠物用品增长均超过30%；线上线下融合加速，电商企业加快赋能线下实体转型升级。在抗击新冠肺炎疫情过程中，电商企业创新无接触配送、智能物流、直播电商等新方法、新模式，在保障生活物资和药品、医疗应急物资供应方面发挥了重要作用。

二是，跨境电商持续发力，有力推动外贸发展。据海关统计，2020年我国跨境电商进出口额达1.69万亿元，增长31.1%。跨境电商迅速发展得益于系列政策利好，2020年，我国与22个国家“丝路电商”合作持续深化，双边合作成果加速落地；新增46个跨境电商综试区，增设“9710”“9810”跨境电商B2B出口贸易方式，推动通关便利化；广交会等展会“云端”举办开辟了外贸发展新通道。

三是，农村电商提质升级，电商兴农不断深入。商务大数据监测显示，2020年全国农村网络零售额达1.79万亿元，同比增长8.9%。电商加速赋能农业产业化、数字化发展，一系列适应电商市场的农产品持续热销，有力推动乡村振兴和脱贫攻坚。商务部持续开展农产品“三品一标”认证，农产品品牌推介洽谈，推动农产品上行。“数商兴农”相关工作将在农村电商新基建、人才培养等方面持续发力。

信息消费

随着新一代信息通信技术与经济社会各领域的深度融合，信息消费规模持续壮大，我国信息消费发展势头强劲，成为继住房、汽车、家电之后的又一消费热点与亮点。据统计，2020年我国信息消费规模达到5.8万亿元，在最终消费中占比超过10%，为扩大内需贡献重要力量。同时，信息消费还将有力拉动其他消费，信息通信技术的广泛应用，极大程度地变革和重塑了人民群众和政府部门的消费习惯、消费模式和消费流程。电子商务、O2O、分享经济等信息消费模式极大地扩大了消费者选择范围，降低了消费成本，促进了供需精准对接，带动传统消费的升级，不断开辟消费新空间[129]。

我国信息消费覆盖面持续扩大，网络支撑能力显著增强。三年来，我国持续开展“宽带中国”行动，扎实推进网络提速降费工作，不断提升网络支撑能力，推进资费水平下降，促进信息消费主体快速扩张、应用不断拓展。目前，我国已建成大容量、高速率、高可靠的信息通信网络，所有地级市已实现光纤宽带和4G网络全覆盖，5G基站规模超60万个，全国网民规模突破9亿。上网速率大幅提升，我国固定宽带平均下载速率超43Mbps，是2017年的2.3倍。4G网络平均下载速率超29Mbps，是2017年的1.6倍，处于全球中上水平。资费下降普惠民生，截至2020年8月，我国固定宽带月户均支出为35.3元，较2017年底下降19.2%，较2019年同期下降1.4%；移动流量平均资费水平从2017年底的22.3元/GB下降至4.1元/GB，降幅达81.8%[129]。

随着移动互联网应用的日益丰富，信息消费供给水平不断提升，信息服务和产品持续升级。通信服务消费由传统话音业务快速向数据业务迁移，月户均移动数据流量达11.3GB，是2017年的4.2倍；数据流量消费占居民通信支出的比重由2017年的70%持续提升至目前的85%。互联网快速向社会经济各领域融合渗透，电子商务交易活跃，新兴信息服务消费快速成长，外卖配送、网络约车、共享单车、短视频等新应用蓬勃发展。信息产品加速迭代成熟。2020年1–8月，国内智能手机出货量累计1.96亿部，占手机出货量的96.8%，较2017年提高2.1个百分点。华为、小米、OPPO位居全球智能手机出货量前5位，综合竞争力不断增强。VR/AR头盔、智能可穿戴设备、智能音箱等新型智能硬件持续迭代创新，消费电子产品质量不断提升[129]。

四、新业态、新模式、新生态

随着产业转型，数字经济的作用不断凸显，数字经济在产业之间的渗透程度不同，使得新冠肺炎疫情时期新兴服务业和传统产业受疫情的影响程度差距较大，部分数字经济行业迎来春天，充分发挥了数字经济的多元性、互联性和协同性，与互联网关联程度较低的传统服务业却遭受了巨大的冲击。但数字经济仍然能为传统服务业带来新业态、新模式，降低疫情带来的影响。

新模式

产业数字化主要新模式包括以下几种：一是数字平台，是以数字技术为基础，整合数据、算法、算力，居中撮合、链接多个群体，提供生产、分配、交换、消费、服务等相关信息的收集、处理、传输以及交流展示等数字交易服务和技术创新服务。二是无人经济，是借助新一代信息技术和“新基建”优化传统劳动力，使社会生产总过程呈现“无人”模式。三是数据共享开放，即运用数字手段，通过打破内部壁垒、消除外部数据孤岛，实现提高数据供给能力、扩大数据资源利用价值的目的。我国已有82个地方政府推出数据开放平台，公共资源领域的数据开放在疫情期间及时汇聚信息、协助部署。四是共享生活，即利用新一代信息技术手段，有效对接供需双方在生活服务领域的潜在需求，包括专业共享租赁、共享内容等。五是共享生产资料，是把劳动者进行生产时所需要使用的资源、工具（主要包括土地、厂房、机器设备、工具、原料等）整合起来为全社会所用的一种新模式，即通过促进所有权和使用权分离，实现生产资料低成本无限制的共享，有效协调了公共利益与市场经济的内在矛盾，实现倍增效应。六是共享生产力，即通过互联网平台，将企业闲置的生产能力与生产能力需求方实现对接与共享的新型生产模式。

除此之外，新模式还有打造跨越物理边界的“虚拟”产业园和产业集群。其中，虚拟产业集群（园区）通过网络虚拟体和平台的搭建，促进集群成员基于一定的契约和规则实现虚拟空间集聚，最终将集群打造成为一个线下“实体”与线上“虚拟”的有机结合体[124]。见表4.3。

表4.3　传统产业集群与虚拟产业集群对比分析

对比项目	传统产业集群	虚拟产业集群
驱动因素	特定地理位置，大企业带动	基于平台在虚拟空间集聚，平台企业驱动
参与成员	产业链上下游企业	产业链上下游、跨产业链企业、行业组织、个人等
运作模式	产业集群属地管理机构主导，以实体园区方式运作	数字化平台主导，以模块化、虚拟化、社区化方式运作

续表

对比项目	传统产业集群	虚拟产业集群
运营环境	属地及周边市场，融入区域分工体系	覆盖全球一体化市场，融入全球化分工体系
发展特征	生产规模经济效应显著，个体价值最大化，有边界	网络边际经济效应显著，外部互动，系统价值最大化，无边界
企业在产业集群间转换的风险	具有很强的路径依赖性、转换成本高、风险大	转换成本较低，具有很强的弹性、风险相对小
演化路径	数量集中、质量提升、研发与品牌创新主导等三个阶段	平台企业驱动，社区化，无边界发展的产业生态体系

信息来源：《数字经济新业态新模式发展研究报告》[124]

新业态

新业态新模式借助平台和网络快速实现了技术更新、模式扩散与价值增值，带动上下游行业共同发展，实现价值产出高持续性的循环倍增，其结果是新产品、新服务、新应用、新场景的不断涌现，产生广泛的溢出效应，见表4.4和图4.3。

根据作用方式的不同，可将新业态新模式分为四大类15个小类。其中，在线教育、互联网医疗、线上办公、数字化治理等侧重激活消费新市场；产业平台化、数字化转型、“虚拟”产业集群、无人经济等为壮大实体经济带来新动能；自主就业、微经济、多点执业等侧重开辟消费和就业新空间；共享生活、共享生产、共享生产资料、数据要素流通等侧重创造生产要素供给新方式。

表4.4　新业态新模式的具体表现形式

大类	小类	内涵	特征	案例
激活消费新市场	在线教育	基于网络的远程学习、教育方式	授课地域灵活、教学方式多样； 教学资源共享、互动智能体验； 技术驱动升级、市场竞争激烈	直播教育方式；网易公开课

续表

大类	小类	内涵	特征	案例
激活消费新市场	互联网医疗	依托新一代信息技术，提供健康管理、寻医问诊、病情跟踪等医疗项目	优化资源配置、医疗技术共享； 促进医患沟通、提高诊治效果； 在线平台便捷、医疗设备智能	网上挂号、电子处方；平安好医生、阿里健康平台
	线上办公	通过现代互联网技术远程、异地、移动办公的模式	降低运营成本、增强企业收益； 业务平台共享、及时反馈沟通； 办公环境自由、提高办公效率； 缓解早晚高峰、减轻环境压力	钉钉、腾讯会议；飞书、石墨
	数字化治理	运用大数据、人工智能等数字技术，提速社会治理和资源调配的反馈效率	协同治理价值、多元主体治理；数据融通加速、政企合作增多；定制智慧城市、政务数据闭环	“健康码”；杭州“城市大脑”
壮大实体经济新动能	产业平台化	以数字技术为基础，整合数据、算法、算力，居中撮合、链接多个群体，提供生产、分配交换、消费、服务等相关信息的收集、处理传输以及交流展示等数字交易服务和技术创新服务	产业规模潜力大、行业运用范围广；平台发展服务化	根据用途产生技术赋能（阿里云、华为云等）、物流配送（顺丰、饿了么）、交易结算（淘宝、京东）等多样化平台，增强构建开放价值网络
壮大实体经济新动能	无人经济	借助新一代信息技术和“新基建”优化传统劳动力，打造社会生产总过程的“无人”模式	从零售业、服务业普及到生产制造业：市场需求旺盛、辐射作用强，区域布局迅速下沉三、四线城市：参与主体壮大、应用领域众多	小麦铺、宾果盒子；机器人消毒；西门子、上海通用的无人工厂；菜鸟驿站无人仓储
	“虚拟”产业集群	通过虚拟化和网络化平台，促进线下实体与线上虚拟有机结合，推动跨区域，具有产业链和价值链	跨区域、跨产业集群，具有信息共享、企业分散、开放灵活的特性	猪八戒、淘工厂等实现供需的匹配与对接，实现创新由封闭性到开放性的跨越

续表

大类	小类	内涵	特征	案例
壮大实体经济新动能	数字化转型	通过数字化技术与规模化数据管理构建完备的数字化组织架构协助传统企业更好地融入数字经济背景	人工智能、边缘计算强化平台：平台赋能、企业上云引导趋势；数据资源、平台整合推动升级	海尔U+智慧生活开放平台实现用户与生态资源的有效联动
消费和就业新空间	自主就业	基于平台型企业衍生的“平台+个人”的自我就业方式	以互联网营销（电商、直播）和现代物流出行（即时物流、网约出行）应用为主	以阿里巴巴为代表的互联网模式构建新实体经济生态圈
	微经济	以微商、微博、微视频、微应用为代表的“微经济”，通过社交、自媒体平台等分享知识、兼职创业的模式	企业组织扁平化、自组织、创客化：大众参与度高、碎片资源利用率高、生产消费一体化	以抖音、快手为主的微视频平台不仅将信息资源第一时间共享，同时激发平台价值创造潜力
	多点就业	由疫情引发的共享员工的新型用工方式，一定程度上促进企业降本增效、降低用工风险	灵活用工市场仍处发展初级阶段，行业两大核心特点表现为渗透率极低和市场份额高度分散	疫情期间大量劳动力资源通过“员工共享”方式转入生鲜配送、拣货等工作
生产要素供给新方式	共享生活	利用新一代信息技术手段，有效对接供需双方在生活服务领域的潜在需求	逐渐养成和固化线上消费、生活产业链进一步优化提升、共享市场领域扩大	宅经济带动配套新业态、生活服务电商发展迅速
	共享生产	通过互联网平台，将企业闲置的生产能力与生产能力需求方实现对接与共享的新型生产模式	共享平台为生产动力共享提供基础、行业领域广泛拓宽、共享模式多样化	沈阳机床i5智能机床、海尔海创汇
	共享生产资料	通过促进所有权和使用权分离，实现生产资料低成本无限制的共享，实现倍增效应	由出租自我闲置逐渐转向租赁专业化新趋势：以共享“设备+服务”为主导、共享内容多样化：数据要素共享成为新引擎，综合提升资源的合理配置与产出效率，加速数字化转型	胶州李哥庄“共享工场”

续表

大类	小类	内涵	特征	案例
生产要素供给新方式	数据要素流通	运用数字手段，通过打破内部壁垒、消除外部数据孤岛，实现提高数据供给能力、扩大数据资源利用价值的目的	以数字基础设施建设为硬件支撑、重点领域信息开放加强数据资源积累；区块链技术不可篡改特征维护数据安全共享，数据在跨行业、跨领域、跨地区流通、共享中创造更大价值	我国已有82个地方政府推出数据开放平台，公共资源领域的数据开放在疫情期间及时汇聚信息协助部署

图4.3 新业态新模式发展活力象限

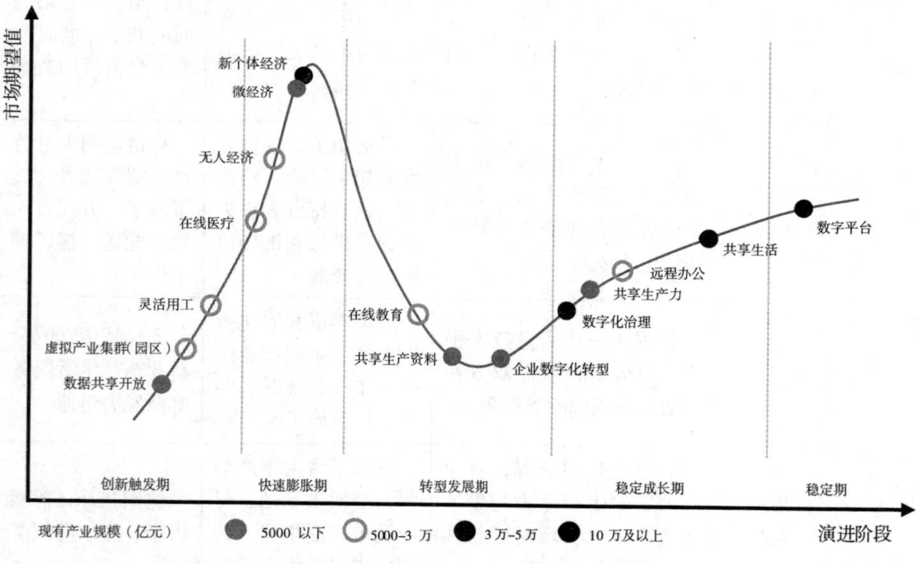

信息来源：《数字经济新业态新模式发展白皮书（2020）》[130]

新生态

数字经济生态系统与自然生态系统类似，有多个亚系统和多个复杂的要素；结构与功能紧密相连；由生产者亚系统、消费者亚系统、分解者亚系统和数字生态环境构成[131]。如图4.4和图4.5所示。

图4.4 数字经济生态系统运行机制

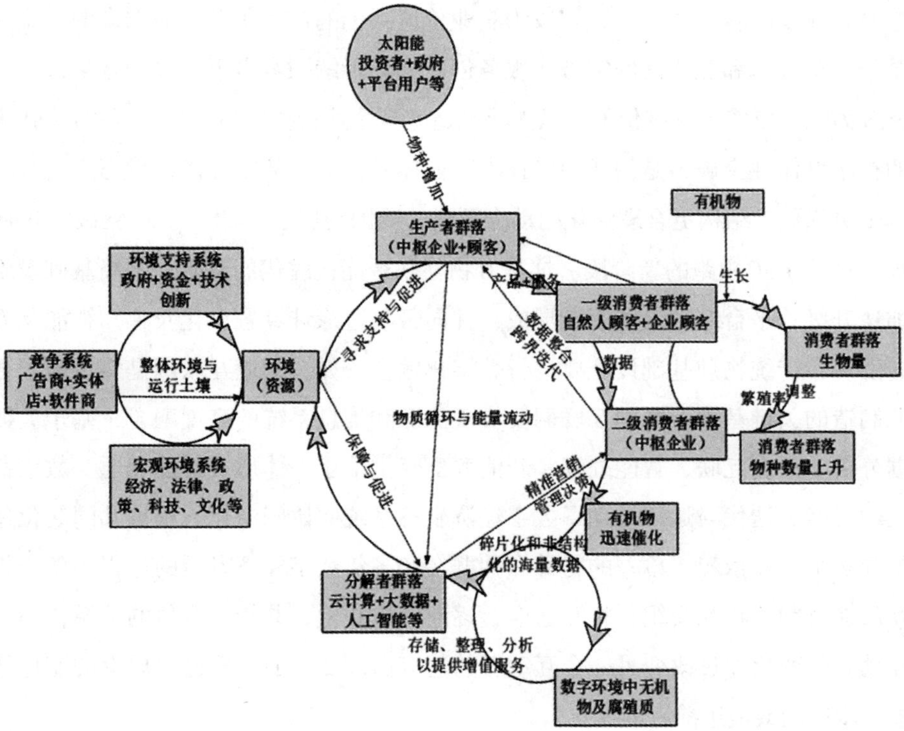

图4.5 我国数字经济生态系统演化发展过程

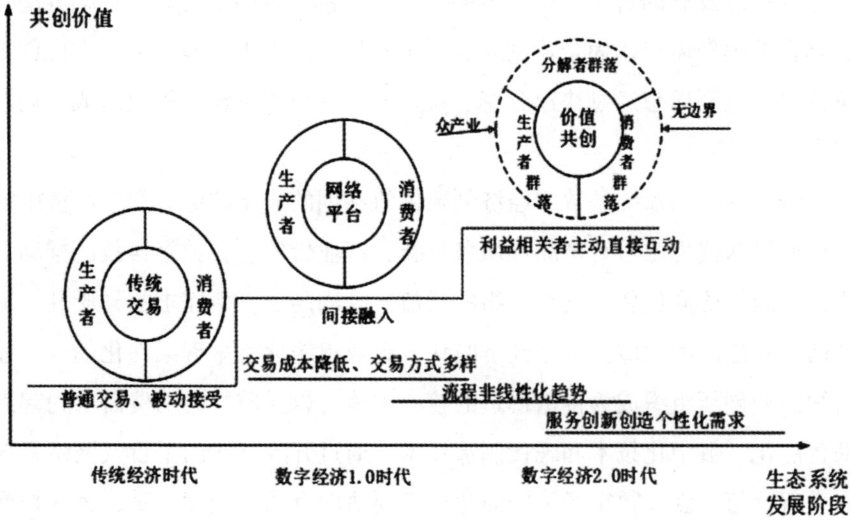

在数字经济生态中，顾客是数字经济实现价值共创的创造者。数字经济的参与企业以顾客为核心，顾客成为企业价值共创的重要信息和需求来源，企业基于信息技术和互联网的突破式服务创新充分了解顾客需求，离顾客最近，以顾客为天，以实现顾客价值的最大化创造实现企业价值的最大化。以ICT为代表的技术群体性突破，是构建现代技术产业体系，引领数字经济向形态更高级、分工更优化、结构更合理演化的动力源泉。我国经历了2G跟随、3G突破、4G同步，正处于5G领跑的新阶段。这是万物互联智能化时代的基础。网络基础设施加速升级；平台基础设施逐渐形成，并向云与边缘计算融合化及感知智能化方向发展；传统物理基础设施要进行数字化融合。如，工业互联网是实现中国智能制造的关键基础，能源互联网要实现能源和信息系统的高度融合，基于大数据分析、泛在互联、智能处理、新能源配套供给于一体形成智能交通。数字科技的发展、迭代与运用推动了数字经济生态系统向协同演化。根据共同演化理论，多个相互依赖、单一的物种和种群在20多年数字经济发展的过程中基于相互反馈机制，相互交织、相互适应，逐渐形成共生、共栖或竞争的关系；一个互动者的变化通过改变另一个互动者的适应而改变其演化轨迹，后者的变化又进一步制约或促进前者的变化。

数字经济生态系统中的顾客与企业间存在互动反馈机制，二者的交互作用所产生的创新思想是数字经济创新价值共创的源泉。企业把积极探索顾客的新需求作为持续发展的目标，将顾客第一作为经营发展第一要务，将顾客潜在的或者隐含的消费需求作为企业创新发展永不枯竭的思想来源，进而掌握创新的竞争优势。创新思想经过快速分享、快速尝试、快速调整与扩散形成了创新的生产力。

价值共创生态系统是数字经济创新价值共创的演化趋势。数字经济中的核心企业通过迭代思维进行产品和服务创新，产业价值链在数字科技的推动下进行重构，组织协同创新与共享网络的增值，既满足了消费需求的异质性，又让生产活动专注优势领域。数字经济时代，企业组织形态呈现柔性化趋势，无边界的智慧型创新组织成为价值创造的核心主体。以异质性的消费需求为起点，借助智能化、数字化技术和现代制造技术，通过开放智能的平台及网络系统结构，进行价值共创。数字经济的演化还需要适度有效的制度激励，为其拓展更丰富的机会。演化经济学视角下，数字经济生态系统随着技术进步、各产业的融合以及制度的变迁和创新，逐渐达到平衡和高效。数字经济生态系统正致力于构建良性循环体系，通过更加多元化和灵活的方式实现盈利，达到互利共生的稳定状态。

第五章

数字产业化

数字产业化是数字经济的基础部分。国内外各界对数字产业化包含的内容认知基本一致，因而是数字经济中相对较易统计的部分。尽管对内容范畴的认识一致，数字产业化仍被从不同的维度划分。例如，数字产业化被划分为电子信息制造业、通信业、软件和信息技术服务业等ICT产业；或被划分为资源型数字经济（包括数据采集、存储分析挖掘、可视化、交换交易等数字技术的核心业态与应用领域）和技术型数字经济（数字技术软硬件产品开发、数字安全、虚拟现实、人工智能等数字技术本身及其关联业态部分）。本章对数字产业化的划分以“尽量涵盖数字产业化的核心内容，突出部分重点领域，列举部分相关案例”为原则，使读者对其中较为关心的部分有个大致了解。

一、基础电信服务业

基础电信业务是指提供公共网络基础设施、公共数据传送和基本话音通信服务的业务。具体包括以下九种：固定网络国内长途及本地电话业务；移动网络电话和数据业务；卫星通信及卫星移动通信业务；互联网及其他公共数据传送业务；带宽、波长、光纤、光缆、管道及其他网络元素出租、出售业务；网络承载、接入及网络外包等业务；国际通信基础设施、国际电信业务；无线寻呼业务；转售的基础电信业务。

经工信部核算，2020年电信业务收入增速回升，电信业务总量增长较快（见表5.1）。电信业务收入累计完成1.36万亿元，比上年增长3.6%，增速同比提高2.9个百分点。按照上年价格计算的电信业务总量1.5万亿元，同比增长20.6%。

表5.1　我国电信业历年收入与增速

年份	2014年	2015年	2016年	2017年	2018年	2019年	2020年
年收入（万亿）	1.15	1.13	1.19	1.26	1.30	1.31	1.36
增速	3.6%	–2%	5.6%	6.4%	3.0%	0.8%	3.6%

信息来源：根据中国信通院《中国数字经济发展白皮书（2021）》等网络信息整理

近年来，中国通信行业投资规模不断增加。其中，中国通信运营商积极布局5G建设，2020年实现全国所有地级城市的5G网络覆盖，促使电信业务行业固定资产投资增长迅速。应用云计算、大数据、物联网、人工智能等新技术拓展的新兴业务，使固定增值及其他业务的收入成为增长第一引擎（见表5.2）。移动通信业务呈现收入负增长。

表5.2　2020年部分新兴业务增长情况

新兴业务	年收入（亿元）	比上年增长	在电信业务收入中占比	拉动电信业务收入增长	对全行业电信业务收入增长贡献率
固定数据及互联网	2376	9.2%	由上年的16.6%提升至17.5%	1.53%	42.9%
固定增值	1743	26.9%（数据中心业务、云计算、大数据以及物联网、IPTV业务分别增长22.2%、85.8%、35.2%、17.7%和13.6%）	由上年的10.5%提升至12.9%	2.82%	79.1%
移动通信	8891	–0.4%	占比降至65.5%		
移动数据及互联网	6204	1.7%	由上年的46.6%下滑到45.7%	0.79%	22.3%

信息来源：根据中国信通院《中国数字经济发展白皮书（2021）》等网络信息整理

网络提速步伐加快，千兆宽带服务不断推进。截至2020年底，三家基础电信企业的固定互联网宽带接入用户总数达4.84亿户，全年净增3427万户（见表5.3）。

表5.3　千兆宽带用户情况

用户分类	用户总数	全年净增	占比固定宽带用户总数	占比较上年末提高
固定互联网宽带接入速率100Mbps及以上	4.35亿户	5074万户	89.9%	4.5%
固定互联网宽带接入速率1000Mbps及以上	640万户	553万户		
全国农村宽带用户	1.42亿户	712万户		5.3%

信息来源：根据中国信通院《中国数字经济发展白皮书（2021）》等网络信息整理

二、电子信息制造业

电子信息产业（ICT），是指为了实现制作、加工、处理、传播或接收信息等功能或目的，利用电子技术和信息技术所从事的与电子信息产品相关的设备生产、硬件制造、系统集成、软件开发以及应用服务等作业过程的集合。ICT制造业细分领域包括电子元器件和板制造（含半导体元器件和集成电路制造）、电脑和外围设备制造、通信设备制造、消费电子产品制造（含手机和平板电脑制造）。

电子信息制造业概况

全球电子信息产业技术加速创新，与工业互联网、5G、人工智能、智慧城市等领域的快速发展互为支撑与推动。

2010—2019年我国电信业务制造行业固定资产投资整体呈上升趋势，增速平稳，年均复合增长率超过5%。至2019年，我国电信业务制造行业固定资产投资完成额为4350亿元，较上年同比减少4.17%。

2019年是移动通信制式换代期，电子信息制造业迎来周期性波谷，通信基础设施投资和移动终端销售收缩。2019年，规模以上电子信息制造业增加值同比增长9.3%，增速比上年回落3.8个百分点；规模以上电子信息制造业累计实现出口交货值同比增长1.7%，增速比上年回落8.1个百分点（见表5.4）。从细分行业看，通信设备制造业收入同比增长 4.9%，电子元件及电子专用材料制造业收入同比增长1%，电子器件制造业收入同比增长8.3%，计算机制造业收入同比增长4.4%[92]。

表5.4 2018年12月—2019年12月电子信息制造业增加值和出口交货值分月增速

时间	2018年12月	2019年1—2月	2019年3月	2019年4月	2019年5月	2019年6月	2019年7月	2019年8月	2019年9月	2019年10月	2019年11月	2019年12月
增加值（%）	10.5	6.0	10.2	12.4	10.6	10.4	6.1	4.7	11.4	8.2	9.7	11.6
出口交货值（%）	2.0	2.7	3.2	9.4	0.2	1.2	3.3	–4.6	0.3	–3.2	–1.5	1.9

信息来源：《中国数字经济发展白皮书（2021）》[92]

2020年，电子信息制造业逐步从周期性波谷转为企稳回升趋势。规模以上电子信息制造业增加值同比增长7.7%，增速比上年回落1.6个百分点；规模以上电子信息制造业实现营业收入同比增长8.3%，增速同比提高3.8个百分点；利润总额同比增长17.2%，增速同比提高14.1个百分点（见表5.5）。从细分行业看，通信设备制造业营业收入同比增长4.7%，利润同比增长1.06%；电子元件及电子专用材料制造业营业收入同比增长11.3%，利润同比增长5.9%；电子器件制造业营业收入同比增长8.9%，利润同比增长63.5%；计算机制造业营业收入同比增长10.19%，利润同比增长22.09%[92]。

表5.5 2019年12月—2020年12月电子信息制造业增加值

时间	2019年12月	2020年1—2月	2020年3月	2020年4月	2020年5月	2020年6月	2020年7月	2020年8月	2020年9月	2020年10月	2020年11月	2020年12月
增加值（%）	11.6	–13.8	9.9	12.8	10.8	12.6	11.8	8.7	8.0	5.0	9.3	11.4

信息来源：《中国数字经济发展白皮书（2021）》[92]

尽管美国拜登政府对我国半导体、通信等领域全方位遏制，欧、日、韩等电子信息强国纷纷出台最新政策，我国电子信息制造业仍保持相对高质量发展。2021年上半年我国电子信息制造业增加值增速为19.8%，为近年来较高水平（见表5.6）。与同期主要制造业行业相比，在17个主要制造业行业中排位第七，增速次于医药制造业（29.6%）、电气机械和器材制造业（29.4%）、金属制品业（28.2%）、通用设备制造业（24.3%）、汽车制造业（21.8%）、专用设备制造业（20.1%）[132]。

表5.6　2013—2021年电子信息制造业与全国工业增加值对比

时间	2013年6月	2014年6月	2015年6月	2016年6月	2017年6月	2018年6月	2019年6月	2020年6月	2021年6月
工业增加值（%）	9.3	8.8	6.3	6.0	6.9	6.7	6.0	–1.3	15.9
电子信息制造业增加值（%）	11.4	11.6	10.8	10.7	13.9	12.4	9.6	5.7	19.8

2021年上半年我国电子信息固定资产投资为近八年来最高水平，增速为28.3%，高于前同期增速18.9个百分点，高于2021年同期制造业投资增速15.7个百分点（见表5.7）。在主要制造业行业投资中，电子信息行业排名第五，次于铁路、船舶、航空航天和其他运输设备制造业（31.4%）、化学原料和化学制品制造业（30.1%）、农副食品加工业（29.8%）、专用设备制造业（28.5%）[132]。

表5.7　2013—2021年电子信息制造业固定资产投资增速

时间	2013年6月	2014年6月	2015年6月	2016年6月	2017年6月	2018年6月	2019年6月	2020年6月	2021年6月
固定资产投资累计增长（%）	20.1	17.3	11.4	9	8.6	6	5.8	–3.1	12.6
电子信息制造业固定资产投资累计增长（%）	10.4	11.8	17.8	7.7	27.4	19.7	8.5	9.4	28.3

信息来源：《2021年下半年我国电子信息制造业走势分析与判断》[132]

2021年上半年我国电子信息出口增速处于近年行业较好水平。电子信息产品出口交货值为29461.2亿元，增速为17.6%，处于近年来的较高水平，但较同期工业出口交货值增速低5.3个百分点；与工业出口增长走势高度一致，近两年来基本保持在44%以上[132]（如图5.1所示）。

图5.1　近四年我国电子信息制造业与工业出口交货值月度累计增速对比

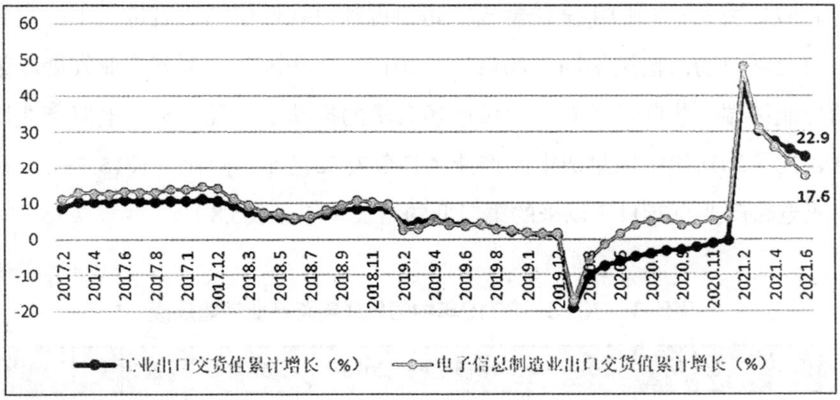

同期，我国电子信息制造业营业收入同比增长25.8%，整体与工业企业收入增长同步。其中，1—2月累计增速高达55.8%，高于同期工业增速近10个百分点；3月以后增速迅速降低至25%左右，低于同期工业企业营收增速2.1个百分点，下降幅度大、速度快[132]（如图5.2所示）。

图5.2　近五年电子信息制造业与全国工业营业收入月度累计增速对比

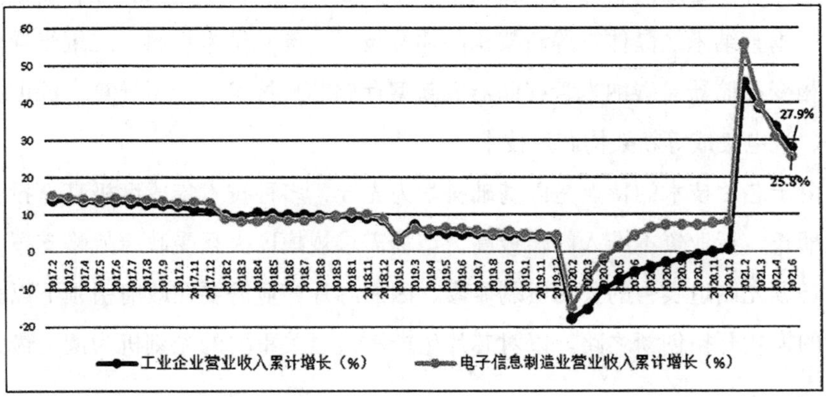

电子信息制造业发展现状

1. 典型产业现状

（1）集成电路产业现状

2011—2016年，集成电路全球市场年增速始终维持在10%以下，六年中有三年负增长；2017年增速达到24%；2018年，全球集成电路销售额快速增长，约为4767亿美元；2019年全球集成电路销售规模在低位震荡后进入下一增长周期。与全球市场的情况不同，2011年—2019年，在国家一系列产业发展政策和移动智能终端、物联网等新兴领域市场需求的推动下，我国集成电路产业增速全球领先。2019年中国集成电路产业销售额7562亿元，同比增长15.78%，是中国集成电路产业自2011年以来的第二低的增长率（见表5.8）。

表5.8　2013—2019年中国集成电路产业销售规模

年份	2013年	2014年	2015年	2016年	2017年	2018年	2019年
行业销售规模（亿元）	2.508	3.015	3.609	4.355	5.411	6.532	7.562

信息来源：《2019—2020中国城市数字经济发展报告》[24]

（2）芯片产业

随着产业转移、建厂推动、全球落后制程淘汰和产线升级，全球芯片市场不断增长。芯片技术趋势一直朝向微型化、高速化、低功耗发展。但面临延续摩尔定律抑或超越的新局面，新技术不断突破，典型技术包括：互补场效应晶体管、垂直纳米线晶体管等新架构晶体管技术；碳基纳米材料、二维半导体材料；相变存储器、碳纳米管存储器等新型存储芯片技术；量子计算、深度神经网络、光电集成等新架构芯片技术。

由于芯片技术的特点是以基础科学为先导，多种技术集成度极高，投资回报周期长，行业资本准入门槛极高，市场需求规模庞大且受政府战略支撑，导致具备领先制造实力的公司所剩寥寥，因而芯片产业需要在政府引领下以联合创新的模式开拓创新之路。以对芯片生产制造至关重要的光刻机为例，最先进的极紫外光源（EUV）光刻机只有阿斯麦尔（ASML）能生产，其创新经验也与其开放式合作创新模式息息相关。阿斯麦尔与其供应商、客户、研究机构、学院等建立开放研究网络，合理共享技术与成果，以加快创新速度。英特尔、三星、台积电、海力士均是其股东，每年共同研发为阿斯麦尔分担巨额经费并获得优先供货权。极紫外光源光刻机中，获美国、日本、中国台湾和韩国巨头公司支持集成有8000个零部件，阿斯麦尔持有10%核心技术。阿斯麦尔通过一系列战略并购与入股，快速获得上游核心电子束、光源、镜头技术及专利，既可以快速弥补自身技术需求，又可以提高行业进入壁垒，从而保持垄断地位[133]。

2. 创新人才现状

全球ICT就业人数逐年增加，2010—2018年全球ICT雇员数增加了834万人。其中，全球ICT制造业雇员数复合年均增长率为2%。尽管ICT从业人数不断增加，但ICT行业的创新发展需要高层次、复合型、国际化且具备良好教育背景和专业技术技能的人才。ICT领域高端人才供不应求，人才缺口不断扩大。整体来看，2010—2018年，美国ICT制造业和服务业的研发人员（全时当量）年复合增长率为4%，中国大陆的ICT制造业研发人员年复合增长率为3%。具体到各个领域：区块链开发岗位及相关计算机职位需求远超应聘人数已成全球普遍现象；到2020年我国集成电路行业人才需求规模72万人，现有人才存量40万，人才缺口32万；人工智能领域人才在全球范围内流动性很强，全球人才抢夺战激烈，加剧了人才缺口；前沿创新技术领域高端领域人才流向趋于大中城市，导致欠发达地区ICT产业创新发展受到人才不足的严重制约[133]。

3. 市场现状

我国ICT上市企业提质增效成果显现，2019年实现营业收入6.79万亿元，同比增长11.8%，呈现出资产结构稳定、盈利水平提升和创新不断加码三方面特点[134]（见表5.9）。

表5.9 2019年ICT上市企业资产、利润及研发情况

项目	总额（亿元）	同比增长	指标	较去年增长
累计资产	11.35万	15.2%	资产负债率56.2%	1%
累计净利润	6686.8	38%	行业净利润率10%	1.8%

续表

项目	总额（亿元）	同比增长	指标	较去年增长
投入研发费用	1635	20.5%	平均研发强度6%	0.4%
累计收入	6.41万	11.6%	占全部上市企业总比重94.5%	-0.2%

信息来源：《数字中国产业发展报告（2020年）——信息通信产业篇》[134]

从领域分布看，服务业务占比不断提升。其中，上市互联网信息服务企业成为增长最快也是利润率最高的领域。从地域划分看，我国ICT上市企业收入占比前十省市为北京、广东、浙江、上海、江苏、香港、山东、湖北、福建和安徽；东部地区集中了北京、广州、浙江等ICT产业发达的省市；中部地区凭借湖北等省份高速增长的推动，成为增速最快的区域[134]。

我国上市ICT企业融资能力加强，融资渠道加快拓宽。截至2019年底，上市ICT企业总市值为23.19万亿元，较2018年年底增长40.2%；内地市场科创板挂牌交易的ICT企业首发融资净额合计314.9亿元；在香港市场上市的我国ICT企业2020年一季度总市值为22.55万亿元，整体呈现放量小幅下跌的走势[134]。

4. 创新产出现状

ICT产业技术创新的重要产出要素是技术更迭。对2020年1—9月申请的全球ICT制造业专利进行技术创新方向分析，热点方向主要聚焦在人工智能、基带射频系统、半导体芯片制造、激光通信系统等领域；对2020年1—9月申请的全球ICT服务业专利进行技术创新方向分析，热点方向主要聚焦在人工智能、用户行为、区块链、图像处理等领域[133]（见表5.10和表5.11）。

表5.10　全球ICT制造业部分热点方向的热点技术和设备

热点方向	热点技术和设备	性能优势
人工智能	神经网络的模型、递归神经网络、卷积神经网络、联邦学习、超级网络、训练、测试方法、精度辨识、数据结构、学习方法、量子处理器、数字处理器	高精度、大数据、低功耗、小体积
半导体芯片制造	半导体激光元件、介电滤波器、压电层、声波装置、多量子、压电基板、导电层、热膨胀	

续表

热点方向	热点技术和设备	性能优势
基带射频系统	谐振器、振荡电路、弹性波谐振器、并联谐振器、串联谐振器、振动元件、电容器、感应器、带通滤波器、低通滤波器、体声波滤波器、电介质材料、量子计算机	降低尺寸、低损耗、高性能、低成本、易集成
激光系统	与6G技术发展息息相关，包括太赫兹激光、泵浦灯、激光腔、可调激光、泵源、激光振荡器、激光晶体、固态激光器、极化态、散热器、谐振腔、分束器	光束质量、高峰值功率、低成本、结构紧凑、小体积

信息来源：《ICT产业创新发展白皮书（2020年）》[133]

表5.11　全球ICT服务业部分热点方向的热点技术

热点方向	热点技术和设备	特征优势
人工智能	深度神经网络、机器学习、训练模型、特征提取、训练集、评价指标、损失函数	计算效率、大数据、预测精度更强
用户行为	用户行为画像、语音识别、结果比对等	
区块链	涉及智能合约、虚拟现实、支付系统、哈希计算、公钥等；涉及设备包括云平台、云服务器、客户端等	趋于解决实时性、构建管理系统和上云发展
图像处理	基于人工智能的特征提取、检测等技术，多在以医学图像、人脸图像为代表的范畴内进行机器视觉、图像重建、像素提取、目标检测、人脸识别	与人工智能技术存在交叉
能源电网	基于区块链的能源互联网，以及人工智能深入渗透到电动车、能源调度优化、能源评估方面。	

信息来源：《ICT产业创新发展白皮书（2020年）》[133]

从各领域创新度来看，近20年来，全球ICT专利申请数量持续攀升，总量达到121万件同族。并且软件和信息技术服务业专利、互联网和相关服务专利在全球ICT专利中占据较大份额。由于创新主体数量逐渐减少且市场相对稳定集中，通信设备制造领域的专利年申请量从20年前的2000余件缩至1000余件。其中，电信、广播电视和卫星传输服务领域以及电子元器件制造领域的专利申请量历年数量稳定，且电信、广播电视和卫星传输服务领域的专利数量最少，此领域的创新动力明显落后于其他领域[133]。

另外，ICT领域的创新主体来源日趋多元化，TOP100 的机构专利申请占比逐年下降，从2010年的35%下降至25%，其他ICT企业和科研院所专利申请比例逐年增多。首先，近20年来，中国大陆的全球ICT专利占比高且海外布局日趋增多，专利总量全球占比不断提高。截至2020年8月底，中国大陆全球ICT专利总量达到40万件，占全球三分之一的比重，其次，美国、日本和韩国各自占比在10%～20%以内。从2001年开始截至2019年，中国大陆在ICT领域的海外布局有所突破，原创并申请海外PCT的总量8000余件同族；相对制造领域，ICT服务领域的PCT专利同族数量更多[133]。

ICT领域企业越来越注重积极参与到标准化组织的开发和推进工作中。涉及标准化组织包括ITU、ISO、IEC等国际性机构，ETSI等区域性标准化机构，WIFI联盟、蓝牙联盟等论坛组织。据统计，近20年共计2.6万余件ICT专利向标准化组织披露，披露专利主体主要包括高通、LG、三星、华为、诺基亚、爱立信、苹果等。中国企业在国际化标准活动中，参与企业数量和披露专利数量均落后美、日、韩，但披露专利数量逐年增多，话语权有所提升[133]。

三、ICT服务业

根据联合国对ICT服务业的划分，ICT服务业分为电信服务、软件服务、计算机和IT服务、互联网服务四部分。其中，电信服务分为有线服务、无线服务、卫星服务和其他电信服务；软件服务分为发行电脑游戏和其他软件发行；计算机和IT服务分为计算机编程活动、计算机咨询和计算机设施管理活动；互联网服务分为数据处理、托管和相关活动，以及网络门户。

ICT服务业概况

2021年三季度国内生产总值（GDP）初步核算结果的数据显示，三季度信息传输、软件和信息技术服务业GDP比上年同期增长17.1%。我国ICT服务业消除2020年疫情影响，增长速度回归2019年之前的快速增长态势。

1. 软件服务概况

近年来，中国软件产业规模占全球的5%左右，低于日本，而美国的软件产业则占全球的26.69%。我国软件行业仍存在较大发展空间。随着经济转型、产业升级、“两化融合”、“互联网+”行动计划、大数据战略、建设网络强国等国家战略深入推进，软件行业在传统产业的信息化需求、新兴产业的软件和信息技术服务需求刺激下，以及云计算、大数据、物联网、移动互联网、人工智能、虚拟现实等新一代信息技术快速发展，我国软件服务业价值凸显，保持快速发展的态势（见表5.12）。

表5.12　2012—2020年软件业务收入增长情况

年份	2012年	2013年	2014年	2015年	2016年	2017年	2018年	2019年	2020年
软件业务收入（亿元）	24794	30587	37026	42848	48232	55103	61909	72072	81616
增速（%）	31.5	23.4	21.1	15.7	12.6	14.2	12.4	16.4	13.3

信息来源：《中国数字经济发展白皮书（2020）》[29]

以2019年、2020年为例，我国软件和信息技术服务业发展平稳、增长较快（见表5.13）。2020年，我国软件和信息技术服务业逐步摆脱新冠肺炎疫情负面影响，呈现较快正增长[26]。

表5.13　2019年、2020年软件和信息技术服务业发展对比

年份	软件和信息技术服务业规模以上企业	累计完成软件业务收入（万亿元）	增长（%）
2019年	超4万家	7.2	15.4
2020年	超4万家	8.2	13.3

信息来源：《中国数字经济发展白皮书（2020）》[29]

我国软件和信息技术服务业总体发展并不均衡（见表5.14），东部地区的产业积累深厚，在国内市场占据绝对的市场份额；中西部地区产业发展相对落后，开始逐步加大信息化建设的投资力度，保持较高的增速。

表5.14　2019年、2020年我国各地区软件业务情况对比

区域	2019年/2020年收入（亿元）	2019年/2020年收入增长（%）	2019年/2020年占全国软件业的总收入比
东部地区	5.72万/65561	—/14.2	79.6/80.0
中部地区	—/3726	22.2/3.9	—/5.0
西部地区	—/999	218.1/14.6	—/12.0
东北地区	—/230	—/1.9	—/3.0
全国4个直辖市和15个副省级中心城市	—/59636	—/16.4	—/85.9
副省级城市	—/43682	—/13.0	—/53.5

信息来源：工信部

从细分领域看，软件产品收入实现较快增长，2020年软件产品收入占全行业比重为27.9%（见表5.15）。其中，工业软件产品为支撑工业领域的自主可控发展发挥重要作用。信息技术服务加快云化发展，2020年增速高出全行业平均水平1.9个百分点，占全行业收入比重为61.1%。2020年信息安全产品和服务收入增速较上年回落2.4个百分点。嵌入式系统软件已成为产品和装备数字化改造、各领域智能化增值的关键性带动技术，收入增长加快，2020年占全行业收入比重为9.2%[29]。

表5.15　2019年、2020年软件和信息技术服务业细分领域发展对比

细分领域	2019年/2020年收入（亿元）	2019年/2020年收入增长（%）
软件产品	2万/2.3万	12.5/10.1
工业软件产品	1720/1974	14.6/1.2
信息技术服务	4.3万/接近5万	18.4/15.2
电子商务平台技术服务	7905/—	28.1/—
云服务、大数据服务	3460/—	17.6/—
信息安全产品和服务	—/1498	—/10.0
嵌入式系统软件	7820/7492	7.8/12.0

信息来源：《中国数字经济发展白皮书（2020）》[29]

党的十九届五中全会和《中华人民共和国国民经济和社会发展第十四个五年规划和2035年远景目标纲要》指出，要推动数字经济和实体经济深度融合，加速推进我国工业软件的发展。软件在研发设计、生产流程、企业管理、综合保障等关键环节的应用不断深化。2020年，制造业重点领域企业数字化研发设计工具普及率、关键工序数控化率分别达到73.0%、52.1%。截至2021年第一季度，我国工业APP数量已超40万个。全国具有一定行业区域影响力工业互联网平台超100个，连接工业设备数量达7000万台套，有力推动制造业转型升级。

2. 互联网服务概况

互联网服务业创新孵化一直保持活跃态势，2020年第一季度全球互联网服务业披露的融资总交易金额达360亿美元，融资案例近4300起。初创企业投融资受到资本青睐，包含种子天使轮和A轮的早期投资占比保持高位（见表5.16）。

表5.16 2019—2020年全球互联网服务业融资轮次案例数占比分布

时间	2019年第一季度	2019年第二季度	2019年第三季度	2019年第四季度	2020年第一季度
种子天使轮案例数占比（%）	57.3	51.4	57.4	52.8	53.7
A轮案例数占比（%）	22.2	24.4	21.8	24.2	24.3

信息来源：《数字中国产业发展报告（2020年）——信息通信产业篇》[134]

在人工智能、云计算、大数据等信息技术和资本力量的助推下，在国家各项政策的扶持下，我国互联网和相关服务业保持平稳较快增长态势，对数字经济发展的支撑作用不断增强（见表5.17）。

表5.17 2013—2020年互联网业务收入增长情况

年份	2013年	2014年	2015年	2016年	2017年	2018年	2019年	2020年
互联网业务收入（亿元）	3317	4229.4	5443.6	6650.6	7901.9	9796.7	11411	12838
增速（%）	32.1	27.5	28.7	22.3	18.8	24	16	13

信息来源：工信部

以2019年、2020年为例，我国互联网业务收入保持较高增速（见表5.18）。2020年，互联网和相关服务业发展态势平稳，业务收入稳中有落，利润保持两位数增长，全年增速整体低于上年水平。

表5.18 2019年、2020年互联网业务发展对比

年份	规模以上互联网和相关服务企业业务收入（亿元）	增长（%）
2019年	12061	21.4
2020年	1.3万	12.5

信息来源：《中国数字经济发展白皮书（2020）》[29]

从细分领域看，各领域呈现不同增长态势，信息服务收入整体快速增长，音视频服务、在线教育平台增长较快，2020年生活服务平台等受疫情影响较大。信息服务收入增速稳中有落，2020年，增速低于上年同期11.2个百分点，在互联网业务收入中占比为55.1%。互联网平台服务收入增长平稳，生活服务、网络销售服务规模不断扩大，以在线教育服务为主的企业受疫情反复等因素影响增长提速，直播带货、社交团购等线上销售方式持续活跃。5G、云计算、大数据和人工智能等新技术应用加快，新型基础设施建设进入快速增长期，拉动互联网数据服务增势突出[92]（见表5.19）。

表5.19 2019年、2020年互联网服务业细分领域发展对比

细分领域	2019年/2020年收入（亿元）	2019年/2020年收入增长（%）
信息服务	7879/7068	22.7/11.5
互联网平台服务	3193/4289	24.9/14.8
互联网数据服务	116.2/199.8	25.6/29.5
互联网及相关接入服务	—/47.5	135.8/115

信息来源：《中国数字经济发展白皮书（2021）》[92]

我国互联网服务业的发展，不仅得益于技术和政策，还受益于互联网用户的规模。从世界互联网网民数量与地区人口分布匹配情况来看，截至2019年6月，各地区互联网用户数占全世界比重前三的分别是亚洲、欧洲和非洲。其中，亚洲互联网用户数占比高达49.8%，接近半数。我国互联网用户群体持续扩大[24]（见表5.20）。

表5.20 2012—2020年我国网民规模和互联网普及率

年份	2012年	2013年	2014年	2015年	2016年	2017年	2018年	2019年	2020年
网民规模（万人）	51300	56000	62000	64700	73000	77000	83000	85400	98899
互联网普及率（%）	37	42	46	48	53	55	59.6	61.2	70.4

信息来源：《2019—2020中国城市数字经济发展报告》[24]

中国庞大的移动互联网用户群体，尤其是年轻化、下沉化的移动互联网用户群体，为数字消费提供了优质的发展土壤。截至2019年6月，我国网站数量518万个，光纤接入用户规模达3.96亿户，占互联网宽带接入用户总数的91%。移动互联网快速发展，移动通信基站总数达732万个，其中4G基站445万个。截至2020年3月，中国手机网民规模达8.971亿，网民使用手机上网的比例达99.3%[24]。

ICT服务业发展现状

1. 数据库

2020年，全球的数据库行业市场规模已经达到665亿美元。随着数据挖掘等大数据处理技术的日趋成熟，数据的量和价值都呈指数上升趋势，预计2026年国际数据库行业市场规模有望突破2000亿美元。在中国数据库行业这个百亿级的市场里，国外数据库依然占据绝大部分份额。自以美国棱镜门为首的一系列安全事件的出现，从2009年到2019年，数据库国产化替代持续推进，关系型市场国产占有率从2009年的4.2%提升到2019年的18.9%以上，但是国外厂商仍占据我国数据库市场65%以上的份额。

华为、武汉达梦、人大金仓、海量数据、南大通用、万里开源、科蓝软件等均推出了自研的数据库产品，并展开了广泛的业务拓展，使得国内数据库厂商近些年的市场份额有所提升。2020年中国陆续有多家政府机关、事业单位进行国产数据库的招标，并最终完成了数据库管理系统的国产化迁移。此外，各大互联网巨头（腾讯、华为、阿里等）开始进入数据库市场，加剧了国内市场竞争。同时，云部署也成为新时代国内关系型数据库部署的新方式，国内数据库云化率持续上升。根据IDC数据，2021年上半年，中国关系型数据库软件市场规模为11.9亿美元，整体市场同比增长37.2%；2021年，Q3中国公有云服务整体市场规模（IaaS/PaaS/SaaS）达到71.88亿美元。

数据库行业未来的发展方向包括云数据库、非关系型数据库、内存数据库和流数据库。目前云数据库已为数据库市场的增收贡献了一半以上份额。到2022年，预计有3/4的数据库天然部署或迁移到云上。国际市场研究机构（Research and Markets）的报告显示，2019年全球内存数据库市场达到41.6亿美元，预计到2025年将增长至118.2亿美元，复合增长率达到19%，远超整体市场每年8%的增长率，市场前景广阔。

2. 游戏产业

尽管面对疫情带来的不利影响，2020年，中国游戏产业仍呈现出健康、繁荣、多元的发展态势。游戏市场整体和自主研发游戏增长快速，其中移动游戏远超其他游戏的增长，但用户增长相对放缓（见表5.21）。

表5.21 2020年我国游戏产业发展现状

项目	收入（亿元）/（亿人）	增长（%）	占总市场比重（%）
游戏市场实际营销	2786.87	20.71	
游戏用户数量	6.65	3.7	
自主研发游戏国内市场实际销售	2401.92	26.74	
海外市场实际营销	154.50	33.25	
移动游戏实现销售	2096.76	32.61	75.24
移动游戏用户规模	6.54	4.84	
客户端游戏实现销售	559.2		20.07
网页游戏市场实际销售	76.08		2.73

当前，我国自主研发的游戏产品出海规模逐年攀升，海外影响力、海外市场份额、全球用户规模不断扩大。范围从中国港澳台地区、东南亚地区为主逐步转向全球，在美国、日本、韩国以及欧洲等成熟市场壮大，与此同时不断拓展到中东、印度、俄罗斯、巴西等新兴市场。2020年，中国自主研发游戏海外市场收入首次破千亿，实际营销收入为154.50亿美元，比上年增加38.55亿美元，同比增长33.25%。海外地区收入分布中，来自美国市场的收入占比最高达到27.55%；其次是来自日本、韩国的收入，占比分别为23.92%和8.81%。

同时，技术赋能带动产业升级，云游戏、电子竞技、VR游戏依托5G技术的商用，已经成为2020年中国游戏产业发展的重要标志。跨行业融合发展将成为游戏产业盈利增长的新热点，例如“游戏+”“IP+”加速了游戏与教育、旅游、影视、文创、体育等方面的融合发展，为多元融合和跨界合作提供平台支撑。

3. 各类软件

（1）办公软件

随着全国各地“信创”领域项目的实施，终端侧采购量爆发式增长，国产办公软件作为配套产品，得到了大规模的应用。2021年，重要行业（如金融、交通、能源等）也将陆续启动“信创”领域相关的适配、迁移及采购，国产办公软件在“信创”市场整体的出货量有望超过上一年度。未来用户对办公软件的功能、性能、兼容性、稳定性等各方面的要求将进一步提高。厂商必须面对大规模交付和上线运行，支持服务、交付及运维能力也需要进一步提升。

2021年，基于云端（公有云、私有云）的在线协同办公得到较快发展，文档云端集中存储、在线编辑、多人协同编辑等应用模式得到广大用户和机构认可。多端融合和在线协同编辑将构成办公新模式，也有望成为办公软件的未来发展方向。

（2）工业软件

中国是一个全球公认的制造业大国，2020年我国工业增加值达到31.31万亿元，连续11年位居世界第一。但是我国制造业的信息化起步较晚，与欧美国家相比，我国工业软件行业仍处于发展初期。一方面，我国在工业软件领域与海外巨头存在明显差距，重硬轻软现象长期存在；另一方面，工业软件的对外依存度仍然较高，我国工业软件市场长期被海外产品占据，仅在价值链相对低端的经营管理类软件等领域自主化程度相对较高[135]。

工业软件是实现工业智能化的核心，国内工业软件市场发展潜能巨大，工业软件下游所覆盖的工业领域十分广泛，包括电力能源、钢铁石化、医疗电子、汽车制造、航天航空、轨道交通、工业通信、机械设备、烟草等众多行业。从《中国制造2025》到“十四五”规划相关论述表明，政府对工业软件的重视程度也逐渐提高。同时，整个工业制造行业标准化、规模化的高质量发展需求，为工业软件行业的发展提供了内在动力。根据工信部等机构数据，预测2022年我国工业软件市场规模将有望达到2,685亿元，增速约为17.0%，行业发展速度远高于全球平均水平[135]。

（3）经营管理类软件

经营管理类工业软件能够提高工业企业的生产管理水平、产品质量水平和客户满意度，提升整个产品价值链的增加值。据工信部赛迪智库统计，截至2020年，中国经营管理类工业软件市场规模已达约390亿元，未来将呈现持续增长的趋势[135]。

从细分领域来看，以财务管理系统（FM）作为基础的ERP的市场份额绝对领先，《中国工业软件发展白皮书（2019）》数据显示，以财务管理系统（FM）作为基础的ERP占据46.9%的经营管理类工业软件市场份额，客户关系管理软件（CRM）、供应链管理软件（SCM）等占比相对较低。从市场普及率的数据同样可以看出，以财务管理系统（FM）作为基础的ERP的市场普及率约60%，其他经营管理系统的市场普及率在30%左右[135]。

4. 电子商务与新零售

据有关机构数据，从电子商务交易主体看，企业间（B2B）交易额占绝大多数，企业与消费者（B2C）交易额相对有限。从电子商务国别发展看，发达国家跨境电商发展环境良好，但发展中国家潜力巨大（见表5.22）。在跨境电商部分，阿里巴巴、亚马逊等超大型跨境电商企业纷纷加强平台中介服务开拓国际市场。市场信息服务方面，近两年我国跨境电商数据共享平台上线，既帮助企业及时掌握市场信息、提高生产经营效率，又帮助企业通过大数据进行高效选品和提升销量，抢占全球市场。跨境电商支付服务方面，跨境消费持续成为电子支付行业最重要增长点。中国支付清算协会报告显示，2019年人民币跨境支付系统共处理业务188.43万笔，金额33.93万亿元，同比分别增长30.64%和28.28%，日均处理业务7537.15笔，金额1357.02亿元。

表5.22　2014—2020年全球B2C跨境电商市场规模

年份	2014年	2015年	2016年	2017年	2018年	2019年	2020年
亚太	71	99	144	218	290	381	476
西欧	73	92	112	131	156	184	217
北美	67	82	98	115	133	153	177
拉丁美洲	6	10	15	25	37	47	53
中东欧&中非	13	17	22	28	34	40	45
中东&非洲	5	8	10	14	18	22	26
总计	236	308	401	530	675	826	994

信息来源：《中国数字经济发展白皮书（2020）》[29]

近年来，国内电子商务规模的不断发展壮大，带动了全国的经济增长（见表5.23）。

表5.23　2011—2019年中国电子商务交易总额

年份	2011年	2012年	2013年	2014年	2015年	2016年	2017年	2018年	2019年
中国电子商务交易总额（万亿元）	6.09	8.11	10.4	16.39	21.79	26.1	29.16	31.63	34.81
增长（%）	33.8	33.2	28.2	57.6	32.9	19.8	11.7	8.5	6.7

信息来源：《2019—2020中国城市数字经济发展报告》[24]

近年来，中国网络支付一直保持着高速增长的态势（见表5.24）。当下手机支付已经成为人们日常购物的主要支付方式。微信、支付宝等移动应用中的扫码支付、近场支付、红包支付模式大大拓展了电子支付的应用场景，简化了交易支付流程，实现了小额资金的快速流动，提高了商品的交易速度。

表5.24 2013—2019年中国非银行支付机构发生的网络支付金额

年份	2013年	2014年	2015年	2016年	2017年	2018年	2019年
非银行支付机构发生的网络支付金额（万亿元）	9.22	24.72	49.48	99.27	143.26	208.07	249.88
增长（%）	48.57	137.60	100.16	100.65	44.32	45.23	20.09

信息来源：《2019—2020中国城市数字经济发展报告》[24]

我国的网络零售起步晚于欧美发达国家四年时间，但我国的网络零售发展得很快，业务规模不断扩张，并后来居上。一部分得益于数字经济下我国新零售模式的形成（见表5.25）。

表5.25 2019—2020年我国的网络零售发展状况

项目	（亿元）	增长（%）	占社会消费品零售总额的比重（%）
2019年我国网上零售额	突破10万	16.5	
2019年实物商品网上零售额	8.5万		20.7
2020年1—7月全国网上零售额	6万	9.0	
2020年上半年全国农村网络零售额	7668.5	5	

信息来源：《中国信息消费发展态势报告（2020）》[129]

第六章

数字化治理

自“十四五”规划公布以来，我国加紧数字化治理步伐，以适应国际数字贸易环境和应对数字生态构建挑战。数字化治理成为当前我国数字经济发展的主要议题之一。从数字化治理的结构上来看，我国公共安全治理、智慧城市和数字政府发展速度较快，环境生态治理也得到了政策支持，取得了一定成就。相对而言，和全球其他国家一样，我国数字社会治理起步较晚，进程相对较慢。随着元宇宙等新兴技术的发展，数字社会的形态也将发生更大的变化，未来将为数字社会治理带来更大的挑战。

一、公共安全治理

本节从线上和线下两个层面，分别选取数字安防和网络安全两个重点领域探讨和分析公共安全治理的现状。

数字安防

城市安防面临各种自然灾害、事故灾难、公共卫生事件和社会安全事件的挑战，需要及时对各种公共安全事件进行检测、监测、预警、防护和应急处理。传统安防有四个痛点：视频监控产生海量的非结构化数据；各地安防系统的数据之间缺乏有价值的关联；大量的案件侦破仍然需要人力查阅录像；大多数的安防系统只能在事故发生后寻找线索和证据。而AI 可以很好地解决传统安防的痛点。“AI+安防”又称智慧安防，主要应用感知方面的计算机视觉技术、认知方面的知识图谱技术，以及视频结构化、生物识别和物体特征识别等技术。自2015年以来，国家陆续发布了一些AI安防的相关政策，支持行业发展（见表6.1）。

表6.1　2015—2020年国家发布的AI安防部分相关政策

时间	发布机关	政策文件名称	内容
2015年4月	国务院	《关于加强社会治安安防体系建设的意见》	将社会治安信息化纳入智慧城市建设总体规划，充分运用新的一代互联网、物联网、大数据、云计算和智能传感、遥感、卫星定位、地理信息系统等技术，创新社会治安防控手段，提升公共安全管理数字化、网络化、智能化水平
2015年5月	国家发改委等	《关于加强公共安全视频监控建设联网应用工作的若干意见》	提出2020年实现公共安全视频监控领域的全域覆盖和全网共享；结合智慧城市和网格化服务管理系统建设，推动公共安全视频监控建设集约化、联网规范化、应用智能化
2016年6月	工信部等	《“互联网+”人工智能三年行动实施方案》	主要任务提及将智能安防作为人工智能产品创新的重点应用推广领域；即提出实施智能安防推广工程，鼓励安防企业与互联网企业展开合作，研发集成图像与视频精准识别、生物特征识别等多种技术AI安防产品，推动安防产品智能化、集约化、网络化
2016年12月	国务院	《“十三五”国家战略性新兴产业发展规划》	提出重点推进智能家居、智能汽车、智慧农业、智能安防、智慧健康、智能机器人、智能可穿戴设备等研发和产业化发展
2018年1月	中共中央、国务院	《关于推进城市安全发展的意见》	提出强化安全科技创新和应用，加快实现城市安全管理的系统化、智能化
2018年7月	工信部	《关于加快安全产业发展的指导意见》	提出加快先进安全产品研发和产业化，“城市安全领域、重点发展智能化巡检、集成式建筑施工平台、智能安防系统等安全防控产品。”
2019年12月	交通运输部	《推进综合交通运输大数据发展行动纲要》	推进5G、卫星通信信息网络等在交通运输各领域的研发应用。开展综合交通运输体系下大数据关键技术研发应用
2020年3月	国家市场监管总局	《居家安防智能管理系统技术要求》	本标准规定了居家安防智能管理系统的组成与接口分类、功能要求、性能要求、实验方法和检验规则

从安防产业的发展历程来看，视频监控系统是安防行业最重要的细分领

域。在技术成熟度上，视频监控涉及的AI技术成熟度较高，2018 年全球人脸识别算法测试的准确率已经高达 99.3%；在数据可得性上，视频监控的大量摄像头采集了海量的数据，满足算法模型的训练要求；在容错率上，安防行业存在大量的交叉数据，对误判有较高的容忍程度。安防产业发展历程如图6.1所示。

图6.1　安防产业发展历程

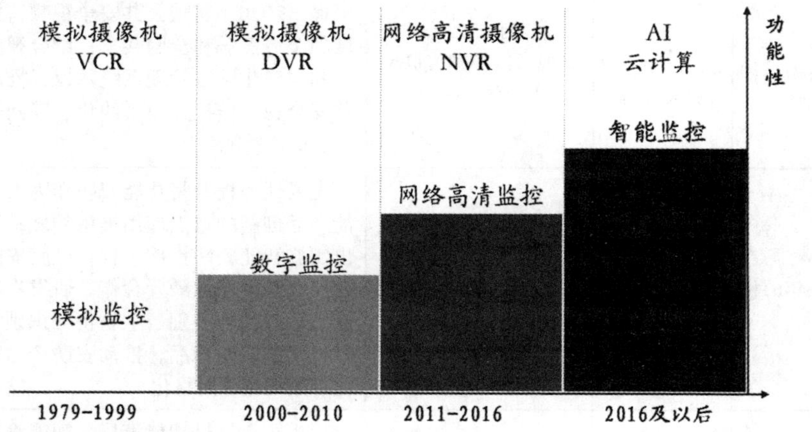

资料来源：招商银行研究院

2020年，中国安防行业总产值为8510亿元，同比实现2.9%的增长[136][137]。与2019年相比，智慧化成为安防行业发展的主流形式，安防市场由软硬件产品为主的销售向人工智能、数据运维、云计算等服务转型升级的趋势明显（见表6.2）。

表6.2　2015—2020年中国安防行业产值情况

年份	2015	2016	2017	2018	2019	2020
全国安防行业总产值（亿元）	4900	5400	6061	6900	8269	8510
增长率（%）	12.6	10.2	11.4	14.7	19.8	2.9

安防细分行业产品形式如表6.3所示。2020年中国安防行业产值中工程市场占比59.9%，安防产品占比30.6%，运维服务占比9.5%。

表6.3　安防细分行业产品形式

细分行业	产品形式
平安城市	是由公安部牵头，为了维护社会安定和谐而建设的特大型综合性信息化管理系统。主要嵌于各地具体的安防项目中
金融行业	包括ATM机安保、银行大厅监控、银行柜台监控、银行周边监控等
智能交通	车速监控、车牌号识别、电子警察、交通卡口、交通流量统计、公安交通集成指挥系统
工厂/园区	安防监控、生产监控、员工人脸识别、防盗报警系统、出入口控制、电子巡更系统
楼宇/物业	社区安防监控、业主识别、防火报警等
教育/学校	校园安防监控、校园周边监控、学生识别门禁、电子围栏等
卖场/零售	商场防盗监控、防盗门、防盗箱等
医疗	安防监控、患者状态监视等
能源/环保	厂区安防监控、设施工作状况监视、电子围栏、防盗设施、信息保护系统等
电力/水利	安防监控、电子围栏、厂区周围环境监控等
司法监狱	报警系统、音视频监控、门禁系统、对讲系统、会见管理系统等
其他新兴领域	无人机、视觉机器、无人仓储物流、无人商超等场景

智慧安防主要在公安、交通、园区、楼宇、金融等领域应用。其中，公安交通领域AI+安防市场规模情况：2020年公安交通领域贡献近86%的市场份额，市场规模达376亿元，其中视频监控系统规模为371亿元，占比近99%。预测2021—2025年间，公安交通领域AI安防软硬件市场规模增速将稳定在10%左右，预计2025年市场规模达654亿元。未来五年公安交通领域AI安防的重点将会放在边缘侧处理、AI中台建设上，表现在市场创收上即为过去70%的硬件创收转变为未来34%的软件创收。社区楼宇领域AI+安防市场规模情况：以智能视频监控系统、人脸识别门禁、智能楼宇对讲、智能车禁道闸等为代表的AI安防产品在社区楼宇中的应用已初具规模，2020年，社区楼宇领域AI+安防软硬件市场规模超过50亿元，在国家政策支持下，2025年市场规模有望超过164亿元。安防全景图如图6.2所示。

图6.2　AI+安防全景图

信息来源：《2021年中国AI+安防行业发展研究报告》[138]

网络安全

网络安全是指网络系统（包括硬件、软件、基础设施等）中的数据受到保护，不会由于偶然的或者恶意的原因而遭受未经授权的访问、泄露、破坏、修改、审阅、检查、记录或销毁，主要目的包括实现信息的真实性、保密性、完整性、可用性、不可抵赖性。网络安全行业分类参见图6.3。

近年来，随着大数据、云计算、人工智能等新一代信息技术的兴起，网络安全事故也愈发多样化，带动了网络安全行业的飞速发展。物联网安全、云安全和安全智能领域成为重点新兴领域，扩展的新的安全领域范围还包括区块链应用技术产品、密码产品和设备，以及云服务企业、电信运营商、车联网企业等主体的网络安全业务。

从全球来看，2011年到2018年全球信息安全支出占整个IT支出的比例越来越高，2018年达到3.05%。2019年网络安全支出中，服务占最大比重，达到了

图6.3　网络安全行业依据功能及形态分类

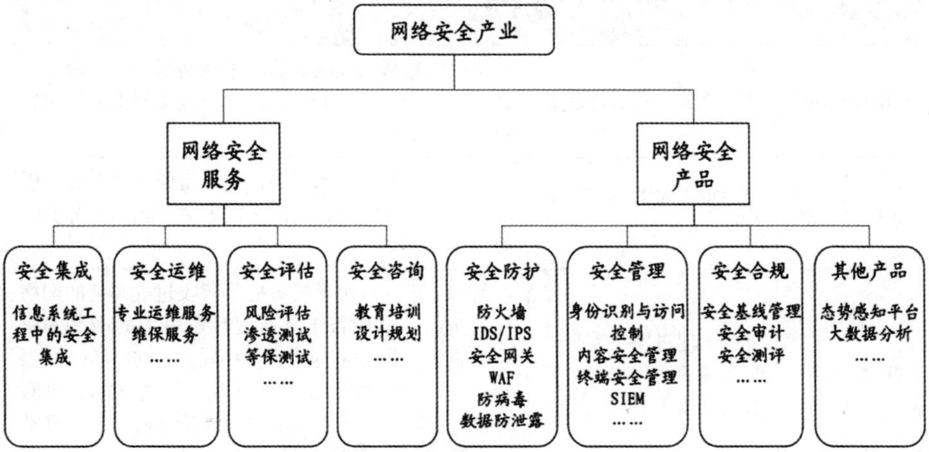

信息来源：渤海证券《计算机行业专题报告：行业空间持续拓展，网安行业成长可期[139]

47%，而软件和硬件的占比分别为36%和17%。据统计，2020年全球网络安全产业规模达到1252亿美元，较2019年增长5.95%，预计到2024年全球网络安全市场规模可增长至1747亿美元，其中美国网络安全规模预计达到743亿美元。

与全球网络安全市场相比，中国的网络安全行业起步较晚，市场规模较小，但发展速度较快。2013年棱镜门事件后，我国对网络安全的重视程度迅速提升，相关政策法规开始密集出台。2016年，我国颁布《网络安全法》作为网络安全领域基础性、全局性的法律，标志着我国在网络安全领域制度的建立。2019年《信息安全技术网络安全等级保护基本要求》《信息安全技术网络安全等级保护测评要求》《信息安全技术网络安全等级保护安全设计技术要求》等国家标准正式发布，把包括传统网络安全、云计算、物联网、移动互联、工业控制、大数据等在内所有新技术纳入监管，标志着国家对信息安全技术与网络安全保护迈入2.0时代（见表6.4）。2019年中国网络安全市场规模同比增长22.8%，达到608.1亿元，远高于全球市场的平均增速，但信息安全支出占IT支出比例仅为1.7%，远低于全球平均水平。

表6.4 2016年以来我国在网络安全领域出台的重要政策与法律法规

时间	政策文件	要点
2020年4月	《网络安全审查办法》	关键信息基础设施运营者采购网络产品和服务，影响或可能影响国家安全的，应当按照本办法进行网络安全审查
2019年10月	《中华人民共和国密码法》	将规范密码应用和管理，促进密码事业发展，保障网络与信息安全，提出了国家对密码实行分类管理
2019年9月	《关于促进网络安全产业发展的指导意见（征求意见稿）》	到2025年，培育形成一批年营收超过20亿的网络安全企业，形成若干具有国际竞争力的网络安全骨干企业，网络安全产业规模超过2000亿，加强5G、下一代互联网、工业互联网、物联网、车联网等新兴领域网络安全威胁和风险分析，大力推动相关场景下的网络安全技术产品研发
2019年8月	《信息安全技术大数据安全管理指南》	提出了大数据安全管理基本原则，规定了大数据安全需求、数据分类分级、大数据活动的安全要求、评估大数据安全风险，适用于各类组织进行数据安全管理
2019年5月	网络安全等级保护制度2.0标准	包括《信息安全技术网络安全等级保护基本要求》《信息安全技术网络安全等级保护测评要求》《信息安全技术网络安全等级保护安全设计技术要求》等国家标准
2019年3月	《中央企业负责人经营业绩考核办法》	将网络安全纳入考核范围
2018年9月	《公安机关互联网安全监督检查规定》	规定明确公安机关依法对互联网服务提供者和联网使用单位履行法律、行政法规规定的网络安全义务情况进行的安全监督检查的对象、内容和程序以及互联网服务提供者和联网使用单位的法律责任
2018年3月	《关于推动资本市场服务网络强国建设的指导意见》	重点强调要推动网信事业和资本市场协调发展，保障国家网络安全和金融安全，促进网信和证券监督工作联动
2017年1月	《关于促进移动互联网健康有序发展的意见》	要求要加快完善市场准入制度，提升网络安全保障水平，维护用户合法权益、打击网络违法犯罪、增强网络管理能力，防范移动互联网安全风险
2016年11月	《中华人民共和国网络安全法》	《中华人民共和国网络安全法》正式发布，并于2017年6月1日开始实施，强调了金融、能源、交通、电子政务等行业在网络安全等级保护制度的建设，是我国第一部网络空间管理方面的基础性法律

网络攻击与信息泄露是我国网络安全发展的主要驱动力。一方面，近几年，从传统网络病毒到各种新型攻击模式，各种网络风险问题和恶意攻击层出不穷。截至2019年12月，国家互联网应急中心（简称：CNCERT）监测发现我国境内被篡改网站185573个，国家计算机网络应急技术处理协调中心（简称：CNCERT/CC）共处理网络安全事件10.78万余起，我国发生攻击流量峰值超过10Gbit/s的大流量攻击事件日均约220起，同比增加40.0%。在2020年第二季度，利用“肉鸡”发起DDoS攻击的活跃控制端有1248个[139]。另一方面，信息泄露事件频繁，涉及各行各业。2013—2018年我国信息安全漏洞平台收录漏洞数量逐年增加，2018年漏洞数量达到14216个。

从发展形势上看，近年来，我国安全市场的安全硬件占比逐步降低，而安全服务的占比稳步提升。2020年上半年我国共有3000多家公司开展网络安全业务，相比上一年增长了17.3%。其中，生产销售网络安全产品的企业有1185家，同比减少了12%；提供网络安全服务的企业有2671家，同比增加了39.4%；提供网络安全产品和服务的综合型网络安全公司有267家，同比增加了36.2%。

从产业链来看，下游的政府、金融、电信、能源、教育等各行业用户对网络安全的重视程度及需求持续增长。云计算的普及使得云端上的数据资产的价值越来越大，2020年数据显示，42.4%的企业在选择公有云服务商时会考虑服务安全性，43%的企业在私有云安全上的投入占IT总投入的10%以上，较上一年度提升了4.8%。2020年我国云安全市场规模约为80.8亿元。大数据安全上，主动防御和预测类安全产品如态势感知、威胁情报分析、安全合规管理、安全配置核查等细分领域在近年倍受重视，特别是态势感知平台，几乎所有网络信息安全公司都参与到这个安全管理和监测平台建设中。除此之外，物联网和工业互联网安全也成为网络安全的重点领域，市场规模大、增速快且潜力大，2024年中国物联网安全行业市场规模有望达到840.9亿元。

二、智慧城市

智慧城市是运用物联网、云计算、大数据、空间地理信息集成等新一代信息技术，促进城市规划、建设、管理和服务智慧化的新理念和新模式（如图6.4所示）。从发展阶段来看，智慧城市可以分为“城市+数字化”以及“数字化城市”两个阶段（如图6.5所示）。目前，我国的智慧城市正处于“城市+数字化”阶段，在政策驱动和技术支撑下，从政务服务与城市治理两大领域以场景为单位进行数字化建设。

图6.4　智慧城市架构图

信息来源：《中国智慧城市行业趋势报告》[140]

在2012年正式开始智慧城市试点工程后，2014年智慧城市上升为国家战略，2016年建设智慧城市正式被确认为国家重点工程。从政策上看，2012—2014年的政策以政府长期规划、建设方案、指导意见、项目管理方法为主，2015年以后的政策逐渐关注智慧城市的基础设施建设和具体细分场景。地方层面推进智慧城市建设的重点和发展路径虽略有不同，但都强调由政府进行顶层设计、统筹协调，呈现数据融合和场景融合需求逐步提升、数据智能化支持越来越高的政策导向[141]。

图6.5　智慧城市发展阶段

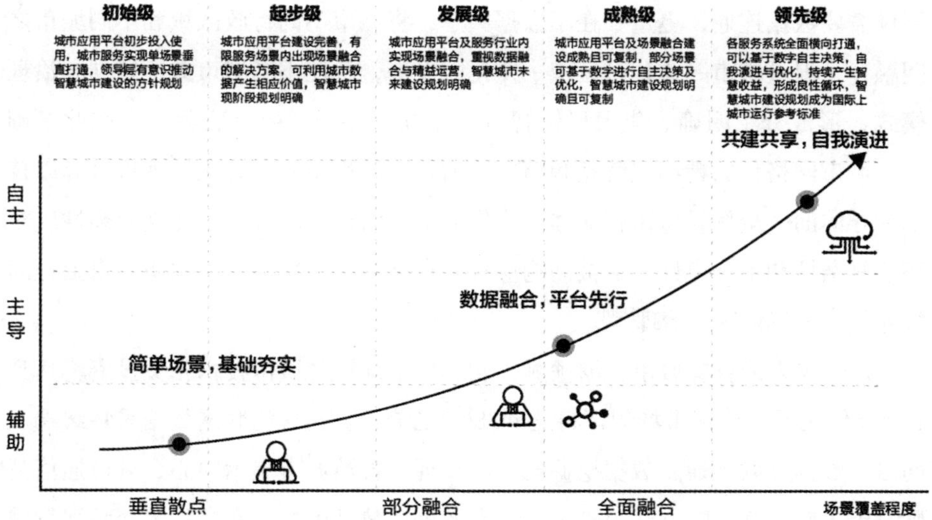

我国智慧城市受政策支持带动，已得到全面发展。2020年统计数据显示：近年来，我国智慧城市、信息惠民、宽带中国等智慧城市相关试点已超过700个，开展新型智慧城市顶层设计的省会城市及计划单列市、地级市已分别达94%、71%。中国智慧城市市场规模近几年均保持30%以上增长，2019年市场规模达10.5万亿元，全国智慧城市投资总规模约为1.7万亿元，占全国固定资产投资比例为3.1%。2019年智慧城市各级政府财政支出约3650亿元，占总投资21%，社会投资约13460亿元，占总投资的79%[142]。

发展趋势上，我国智慧城市应用场景更细化，更倾向于弹性化、定制化服务，涉及领域涵盖政务服务改革、城市治理、城市公共安防等。另外，智慧城市建设需要对城市综合平台、城市垂直领域功能平台、园区综合平台、社区综合平台等所产生的数据和信息进行专门运营，据统计，地方政府成立或引入本地化运营企业占所有智慧城市的比例达50%。同时，城市智能中枢将成为城市必不可少的新型基础设施，是智慧城市价值链制高点，预计未来几年可保持100%以上增速[142]。

伴随着数字经济，未来我国发展智慧城市将进入第二阶段，即数字城市。数字城市以数据打破原有的封闭、冗余的城市制度管理体系，用数据的无界、连通、跨越，实现数字城市的连接性、多元性、开放性。数字城市建设和治理不仅需要数据连通，更重要在于数据共享，将城市不同行政区域和不同城市之间融合，促进城市一体化、区域一体化的发展，并使不同城市共享数据和治理模式，形成分工明确、集聚群体智慧、相互依存的“数字联盟”。在此基础上，城市网格化的精细化管理和精准化治理，会逐步向智慧化治理迈进。以技术为导向的“全场景城市智能体”将作为城市治理解决方案，建立起柔性应对环境复杂性和不确定性，从被动响应进入自感知、自协同、自预防、自治理的智能化、智慧化城市治理[120]。

针对未来的智慧城市，据预测，2023年全球智慧城市技术相关投资将达到1894.6亿美元，中国市场规模将达到389.2亿美元。包含物联网数据采集终端及网络、数据互联互通、数据挖掘与大屏呈现、智慧城市展示中心、城市通信基础设施（5G、Wi-Fi、NB-IoT）、一卡通等智慧城市相关底层技术会是智慧城市投资的主战场。物联网、环境传感器、全光网络、5G全覆盖、人脸识别与物体识别摄像头、智能抄表、车联网等智慧城市基础设施将是智慧城市的重点发展方向。未来十年智慧城市的主要工作内容是数字孪生城市。将城市元素的物理世界和数字世界进行孪生化，相当于再造一个城市，可以大大提高城市的规划、设计、运营和维护质量，根本目的是产生新的应用、新的社会价值、新的生产力。同时，城市大脑将由当前的城市交通大脑扩展为包含更多的垂直领域（医疗、生态、应急、舆情等）并行的城市大脑，继而打通垂直领域数据并加入人工智能技术，实现真正的城市智慧大脑。另外，5G、6G时代，将彻底解决数据流动、交互的低时延问题，实现智慧城市中人工智能在各行各业的普遍应用[143]。

三、数字政府

区别于电子政务，数字政府是政府应用数字技术破除“数字信息孤岛”、履行职能、全方位提升数字化治理能力和水平的一种政府运行模式，包含数据驱动的政务服务，但更侧重社会治理、城市管理、经济调控、行业监管等政府职能履行的数字化、智慧化（见表6.5）。数字政府具有以用户为中心、数据驱动、整体协同、泛在智能、服务人性化、组织结构扁平化的特征[144]。

表6.5　电子政务与数字政府的主要区别

项目	电子政务	数字政府
时代背景	互联网发展	整个社会数字化转型
政策语境	电子型政府、服务型政府	服务型政府、国家治理现代化
技术支撑	办公自动化系统、互联网	新型基础设施
功能属性	工具理性：提升行政效率	兼具工具和价值理性：提升办事效率、优化营商环境，实现民主、参与等治理价值
顶层设计	流程驱动	数据驱动
信息流动	自上而下单向流动	双向及多方流动
应用领域	政务服务，包括告知、互动、政策解读等	政务服务、态势感知、决策支撑、社会治理等
应用案例	一站式办事大厅	一网通办、最多跑一次、一网统管等

信息来源：《数字时代治理现代化研究报告：数字政府的实践与创新（2021年）》[144]

从技术上看，数字技术对数字政府的驱动作用日益突出。以区块链技术为例，数字技术渗透力强，对数字政府的发展方向起到关键导向作用。区块链应用于政务服务领域典型案例如表6.6所示。

表6.6　区块链应用于政务服务领域典型案例

细分领域	日期	典型案例
行政审批	2020年2月	广东省惠州市惠城区智慧政务一体化商事登记秒批系统上线试运行。该系统运营区块链、大数据和AI等技术，实现了商事注册登记的“远程受理、一网通办、秒批办结”
	2020年7月	青岛市建成全省首个“智能办”平台，且平台已成功上线，该平台充分运用区块链等前沿技术理念，实现“秒批”到“秒报”的升级，同时实现了信用信息的共享比对、自动检索
	2020年10月	芜湖自贸区正在建设全国一流、全省示范、功能全面的企业服务中心，赋权全部市级审批权限，部分省级审批权限，积极推进“一业一证”“容缺受理+信用监管”和综合监管分类执法改革，探索“区块链+综窗通办”模式

续表

细分领域	日期	典型案例
电子票据	2020年2月	深圳市税务局联手腾讯区块链、微信支付上线区块链电子发票极速版。消费者通过扫码或支付回执进入开票申请页面，财务人员通过手机小程序审核，无需领票、购买专用设备和纸质发票传递，用票全程实现无接触
	2020年3月	北京在财政电子票据领域首次试点应用了区块链技术。两家首批区块链电子票据试点单位，成功开出区块链医疗收费票据和区块链公益事业捐赠票据
	2020年12月	雄安新区区块链底层系统（1.0）正式发布。第一个基于区块链的非税电子票据支付系统已正式上线运行
数据共享	2020年1月	河南漯河市通过区块链技术，建立了中心、住建部、税务总局之间的数据采集、传输、存储、使用等全流程的防篡改、防伪造、防抵赖机制，对核心业务系统进行了改造。并接入全国住房公积金数据平台，确保住房公积金个人贷款及相关信息准确、完整，切实维护住房公积金缴存职工权益，为缴存职工提供了更高效、更便捷的服务
	2020年2月	华为云区块链助力北京市打造目录区块链系统，将全市50多个委办局的职责、目录以及数据建立有序的对应关系，通过多方实施参与的数据授权和审批，打通政府部门间数据共享过程中的技术和流程障碍
	2020年5月	上海市启动房地产经纪行业诚信信息平台，借由区块链+大数据技术，供经纪公司、经纪人、消费者，还有政府监管部门等多方使用，主要功能包括行业从业人员信息卡申请及信息验证、行业违规信息上报与查询、行业信息公示、投诉评价体系等
海关贸易	2020年3月	青岛海关区块链数据分享系统完成上线部署，并启动数据上链实测，架起了一条海关与外贸企业、金融机构的区块链加密数据通道
	2020年5月	威海海关国际快件区块链项目首批企业“上链”试运行。充分利用区块链理念实现风险可控，进一步促进威海国际海运快件业务平稳、规范、健康发展
	2020年6月	韩国的一批跨境电商进口货物在山东自贸试验区青岛片区的海关特殊监管仓通关，中韩跨境电商首次实现多个环节全部上达区块链，实现全程信息流、物流、资金流、关务流的互通互认和贸易全链条闭环数字化运行
城市治理	2020年6月	上海浦东上线“城市大脑”3.0版，探索运用区块链等最新技术，为破解超大型城市治理难题作出探索

续表

细分领域	日期	典型案例
城市治理	2020年6月	关于聚龙链的全国首个区级自主政务区块链基础设施在深圳坪山区上线，有力地推动了坪山新型智慧城市建设迈上新台阶，为深圳打造区块链“创新高地”注入了新动能

信息来源：《区块链+数字经济发展白皮书》[122]

当前全球大部分国家数字政府建设尚处于起步期或发展期，只有少数国家迈入成熟阶段。欧洲大部分国家电子政务进入“非常高”水平，数字化转型处于领先地位，其次是亚洲、美洲、大洋洲。日本发布报告显示，2019—2020年度数字政府排名前十的国家以西方发达国家为主。国外数字政府战略更加关注新兴数字技术及数据驱动在数字政府建设中的重要作用，数字政府建设重心逐步从“信息化、线上化”向“开放型政府建设、用户驱动、业务流程再造”转变。西方主要国家数字政府建设规划倾向走“利用技术赋能、以用户为中心、数据驱动整体治理”的路径（见表6.7）。

表6.7 部分国家现行数字政府战略

国别	战略规划	愿景目标
丹麦	数字化战略2016—2020	将公共部门数据作为促进增长的推动力，建设一个灵活的、极具适应性的社会及数字化程度更高的国家
新加坡	智慧国2025计划（2015—2025）	使用科学技术为民众创造更加舒适且充满意义的生活，利用互联网、物联网、数据分析和通信技术，提升民众生活质量、增加商业机会、促进种族团结
英国	政府转型战略（2017—2020）	加快推进政府数字服务，强化“数字政府即平台”理念，促进政府跨部门建设共享平台，提高政府数字服务效能，改善民众与政府之间的关系
美国	政府技术现代化法案（2017）	成立美国技术委员会，构建更加现代化、更加安全的联邦信息技术系统架构，提升政府信息网络的安全保护水平，更好地提供公共服务和智能化决策
韩国	《数字政府革新推进计划》（2019）	适应以人工智能、云计算等尖端信息通信技术为主导的数字化转型趋势，以提升工作效率、更好为民服务为目的，改善现有的电子政府服务

续表

国别	战略规划	愿景目标
瑞典	数字战略：瑞典可持续数字转型（2017）	通过改善数字技能、数字安全、数字创新、数字领导、数字基础设施，使瑞典在数字变革中走在世界前列
澳大利亚	政府数字化转型战略2018—2025	通过建设开放式的政务数据库，改善公共服务交付方式，到2025年要将澳大利亚建成全球三大领先的数字政府之一

我国国家层面的数字政府政策提出沿着“互联网+政务服务—电子政务—数字政府”的顺序。自2016年在《国家信息化发展战略纲要》《“十三五”国家信息化规划》中提出深化“互联网+政务服务”，以信息化推进国家治理体系和治理能力现代化；2018年习近平总书记在全国网络安全和信息化工作会议上指出，要加快推进电子政务；2019年党的十九届四中全会首次提出“推进数字政府建设”；至2020年党的十九届五中全会上，将数字政府作为数字化发展的三大支柱（数字经济、数字社会、数字政府）之一进行强调。2018年以来，我国地方政府陆续响应国家号召，纷纷发布数字政府建设行动规划。截至2020年底，已有至少9个省级行政区域形成专门的数字政府建设方案，主要涵盖了利用现代信息技术手段的政务服务、利用大数据技术提升政府管理职能、打破信息孤岛和加强数据开放的政务数据治理（见表6.8）。

表6.8 部分省级政府数字政府规划发布情况

省份	发布时间	文件名称
贵州	2018年6月	《贵州省人民政府关于促进大数据云计算人工智能创新发展加快建设数字贵州的意见》
广西	2018年8月	《广西推进数字政府建设三年行动计划（2018—2020年）》
广东	2018年10月	《广东省“数字政府”建设总体规划（2018—2020年）及实施方案》
	2019年4月	《广东省“数字政府”改革建设2019年工作要点》
	2020年2月	《广东省数字政府改革建设2020年工作要点》
江苏	2018年9月	《智慧江苏建设三年行动计划（2018—2020年）》

续表

省份	发布时间	文件名称
浙江	2018年12月	《浙江省深化“最多跑一次”改革推进政府数字化转型工作总体方案》
湖北	2020年6月	《湖北省数字政府建设总体规划（2020—2022年）》
福建	2015—2021	2015—2021年数字福建工作要点（福建自2015年起每年发布一次年度数字福建工作要点）
山东	2019年3月	《山东省数字政府建设实施方案（2019—2022年）》
宁夏	2019年6月	《自治区加快推进“数字政府”建设工作方案》
	2020年3月	《宁夏回族自治区2020年“数字政府”建设工作要点》
黑龙江	2019年6月	《“数字龙江”发展规划（2019—2025年）》
山西	2020年9月	《山西省数字政府建设规划（2020—2022年）》
安徽	2020年10月	《安徽省“数字政府”建设规划（2020—2025年）》
内蒙古	2020年10月	《内蒙古自治区数字政府建设行动方案（2020—2023年）》（征求意见稿）

当前我国数字政府建设初步取得成效。典型的应用包括“一网通办”为代表的“互联网+”政务、“掌上办”和“指尖办”为代表的移动政务、不见面审批、“秒批秒办”、城市大脑、“互联网+监管”大数据平台。疫情期间，数字化治理更是起到了疫情精准管控、复工复产稳步推进、物资快速调配和远程监督、保障公共服务、落实特殊时期监督执纪的关键作用。

四、环境生态治理

数字化环境生态治理体系是国家治理体系的重要组成部分，是推进我国生态环境保护的重要基础支撑。“十四五”规划和2035年远景目标纲要明确提出“健全现代环境治理体系”。深入实施大气、水、土壤污染防治三大行动计划是当前健全我国现代环境生态治理体系的重点工作。

特别是，全球气候变化的影响促使主要国家和地区纷纷加速向碳中和迈进。《联合国气候变化框架公约》《京都议定书》《巴黎协定》标志着碳中和已成为全球共识。各国根据自身国情提出国家自主贡献目标。2019年12月欧盟公布“绿色协议”，宣布2050年实现净零排放目标；美国宣布重返《巴黎协定》，将不迟于2050年前实现全经济净零排放。陆续地，世界上主要的经济体（约占全球GDP的75%、碳排放量的65%）已经宣布走向碳中和。

当前，我国处于工业化后期向后工业化过渡的阶段，产业结构正发生根本变化，第一产业和第二产业占GDP比重近年来持续下降，2020年第三产业已经超越第二产业成为经济发展的主力。碳达峰、碳中和已成为全民关注的重中之重。2020年9月国家主席习近平在75届联合国大会上提出：我国二氧化碳排放力争在2030年前达到峰值，努力争取在2060年前实现碳中和。

我国能源结构以化石能源为主。2020年煤炭占全国能源消费56.8%，占全国二氧化碳总排放80%，远超全球煤炭占能源消费比29.6%（见表6.9）。煤炭的碳排放强度远高于油气能源，导致碳排放强度高。尽管如此，我国清洁能源消费占比正在快速提升，2020年已达24.3%，为实现“2025年非化石能源占比20%左右、2030年达到25%左右、2060年80%以上”的目标奠定了良好基础[145]。

表6.9　全球和中国能源消耗结构图

项目	煤炭占比（%）	石油占比（%）	天然气占比（%）	非石化占比（%）
全球	27.2	31.2	24.7	16.9
中国	56.8	18.9	8.4	15.9

信息来源：《数字碳中和白皮书》[145]

我国碳排放总量大，碳排放强度高于全球平均水平，能源利用效率偏低，是全球最大的碳排放国。2019年我国单位国内生产总值能耗为3.4吨标准煤，是全球平均水平的1.5倍，是主要发达国家的2～4倍[145]。我国碳排放的大户依次是电力、工业、交通和建筑，贡献了全国碳排放量的90%以上，这些重点行业降碳迫在眉睫。

我国要实现碳达峰、碳中和必须要推动大数据、人工智能、5G等新兴技术与绿色低碳产业深度融合；推进工业领域数字化、智能化、绿色化融合发展。从根本上，即通过构建数字化环境生态治理体系，形成环境生态的绿色低碳发展模式。这和美国、英国、欧盟、日本等国家和地区对以数字技术应对气候变化的观点、路径方向一致。例如，美国在推进本国净零排放目标整体过程中高度重视数字技术的融合应用，围绕数据、标准、技术、资金等制定了丰富的政策工具，初步建立了科学合理、协调有力的政策方案。英国、欧盟等将利用数字技术促进行业脱碳和可持续发展纳入投融资、研究创新、国际合作等政策，释放明确政策信号，鼓励企业通过数字转型提高应对气候变化的能力。日本政府十分强调绿色化与数字化的双轮驱动，即高度重视利用新一代数字技术和基础设施支撑绿色转型。

数字技术助力我国碳达峰、碳中和的总体思路包括：开展碳排放数据摸底确定工作重点，对碳达峰、碳中和进程模拟预测，完成并实施碳减排顶层规划设计、路径、行动计划和出台政策，调整完善碳排放管理体系。在此过程中，能源互联网、工业互联网作为技术和产业融合的重要载体，5G、大数据与云计算、人工智能、物联网、数字孪生、区块链等数字技术将发挥重要作用（如图6.6所示）。

图6.6　数字技术助力碳达峰、碳中和的思路框架

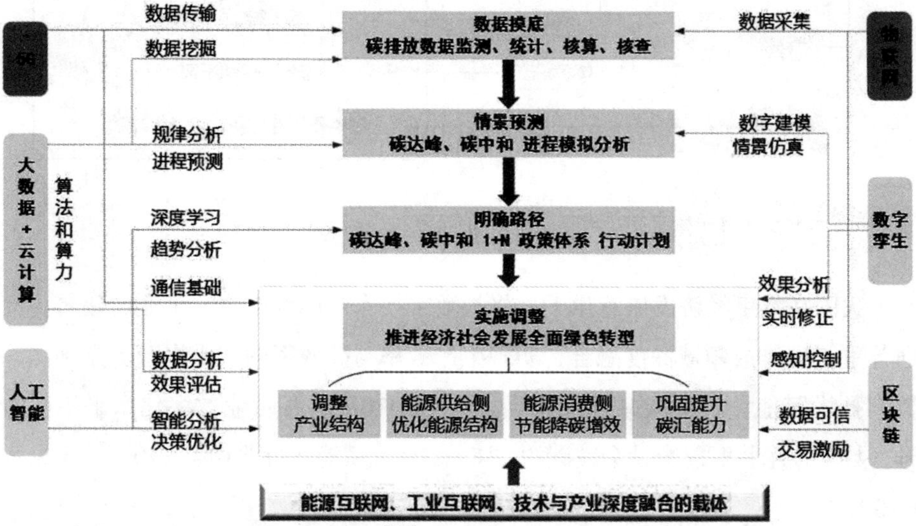

信息来源：《数字碳中和白皮书》[145]

数字技术在碳达峰、碳中和中发挥的重要作用体现在碳排放、碳移除和碳管理三个方面（如图6.7所示）。其中，数字技术通过网络化、数字化、智能化的技术手段，赋能产业转型升级和结构优化，提升供能效率，降低社会总体的能耗，并促进包括碳市场、碳金融、企业碳资产和政府碳管理的碳管理高效化以及碳排放追踪监测，构建清洁低碳安全高效能源体系。

图6.7　数字技术助力碳达峰、碳中和的主要途径

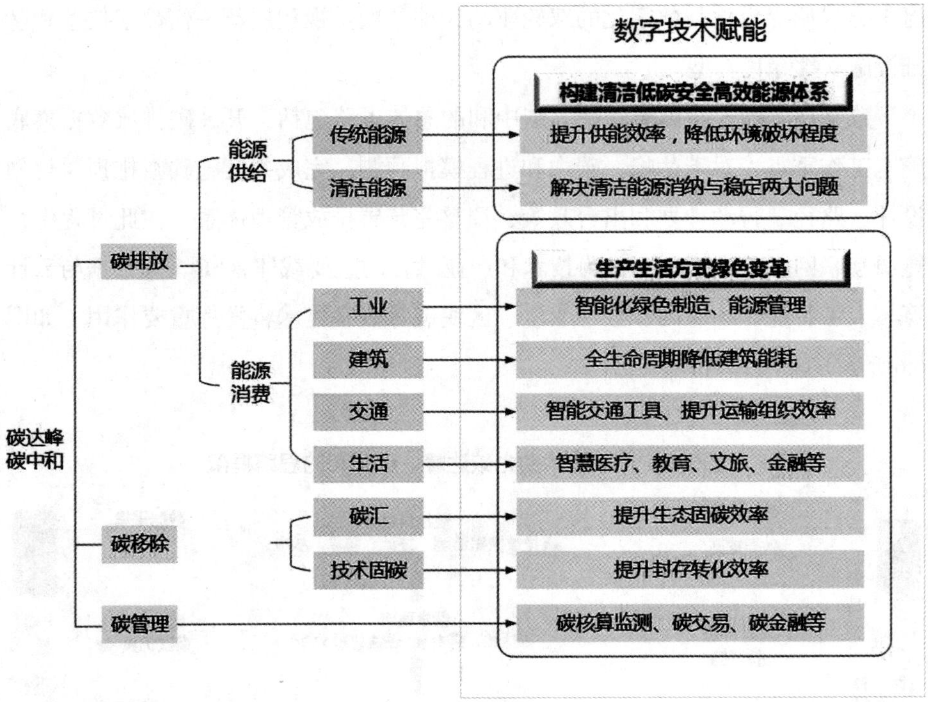

信息来源：《数字碳中和白皮书》[145]

我国在数字经济发展背景下，将把数字技术与能源电力、工业、建筑、交通等重点碳排放领域深度融合，实现生产效率与碳效率的双重提升。据预测，数字技术赋能各行业碳减排潜力巨大。至2030年，各行业数字化水平不断提升，数字技术将赋能全社会减碳约12%～22%、赋能各行业10%～40%[145]（见表6.10）。

表6.10 数字技术对碳中和重点行业的赋能手段及效果

碳中和重点行业	重点行业面临的问题	数字技术赋能手段及效果
电力行业	形成了以化石能源为主体的技术体系，占我国碳排放总量的40%	通过加强电网运行状态大数据的采集、归集、智能分析处理，实现设备状态感知、故障精准定位，人工智能技术应用将促进传统电网升级、电网资源配置能力提升，以数字化推动电网向智慧化发展，全面提升智能调度、智慧运检、智慧客户服务水平。数字技术助力电力行业碳减排的着力点包括数字技术赋能输配电网智能化运行，推动城市、园区、企业、家庭用电智能化管控系统构建，数字化储能系统加速实现规模化削峰填谷
工业	工业是我国能源消费、温室气体排放的大户，是我国第一大终端能源消费与碳排放领域。其中，原材料制造业如钢铁、石化化工、建材、有色金属均为工业部门能源消耗和碳排放重点行业	钢铁行业：目前我国钢铁行业占全国碳排放总量的14%左右，是除能源以外碳排放量最大的工业行业。钢铁行业工艺流程以碳排放量高的高炉—转炉工艺为主，占比约90%。数字技术促进钢铁行业碳减排方法：利用数字化技术赋能低碳钢铁产品及工艺研发过程，通过研发轻质、高强度、高性能的钢材，提升钢材的利用效率；利用数字化技术赋能主要工序的生产操作过程与企业运营管控过程，通过开展集中一贯的企业管控，减少企业内部生产运营过程中的能耗物耗；利用数字化技术赋能产业链、供应链协同，通过基于产业级工业互联网平台的跨企业信息互通与资源调度配置优化，减少行业资源浪费
		石化化工行业：能源消耗总量大，是碳排放集中行业；由化石燃料燃烧及工艺反应排放等方式直接排放的二氧化碳量约占石化化工行业总排放量90%以上。数字化技术赋能石化化工行业的方法：数字技术赋能低碳石化化工产品与工艺研发，以及对产品结构及工艺合成过程的仿真模拟开发低碳工艺及高性能产品；数字化技术赋能石化化工产品生产制造及企业管控优化，通过开展精细化的过程控制及生产运营管控，提升企业资源利用效率；通过数字化技术赋能石化化工行业资源配置优化，提升行业资源利用效率
		建材行业：我国是水泥生产和消费大国，水泥产量占世界水泥总产量的60%左右。水泥生产是建材行业的能耗大户，碳排放占建材碳排放的83%，位居建材行业首位。数字化技术赋能水泥行业的方法：生产工艺和能源管理、设备设施管理智能化以及安全环保管理，提升生产效率、能源效率，改善产品质量和安全绩效，助力生产和管理模式从局部粗放向全流程精细化和绿色低碳发展变革，解决资源、能源与环境约束问题，提高行业智能化绿色制造水平

续表

碳中和重点行业	重点行业面临的问题	数字技术赋能手段及效果
工业	工业是我国能源消费、温室气体排放的大户，是我国第一大终端能源消费与碳排放领域。其中，原材料制造业如钢铁、石化化工、建材、有色金属均为工业部门能源消耗和碳排放重点行业	有色金属行业：我国有色金属行业生产中碳排放主要存在于熟料烧成、脱硅工序、蒸发工序、高压溶出工序等4个高耗能阶段。工业炉窑是生产的核心装备，耗能巨大，提升智能控制技术是实现工业炉窑高效、节能的关键。数字化技术赋能有色金属行业的方法：通过物联网、大数据、人工智能、5G、边缘计算、虚拟现实等技术手段，使矿山采选资源集约、绿色安全。有色金属冶炼行业，通过工业互联网实现制造资源要素的平台化设计、智能化制造和网络化协同，形成清洁环保、优质低耗、安全高效的企业管理。有色金属加工行业，通过新一代信息通信技术的应用，实现柔性化组织生产、产品质量全生命周期管控、供应链协同优化运营等功能，使企业能够质量稳定、协同高效、响应快捷
绿色智慧交通	交通运输行业碳排放量约占总量的10%。未来交通能耗最终将占终端能耗的1/3，我国交通运输行业碳排放还将继续增长	降低交通运输领域碳排放涉及全产业链条，通过大数据、车联网等技术进行资源配置优化、决策，助力构建更为灵活、高效、经济和环境友好的智慧绿色交通体系。车辆的智能化、出行结构的优化和出行效率的提升、电动汽车的充放电优化、新能源汽车与可再生能源协同是数字技术促进交通领域碳减排的核心着力点
建筑	直接、间接和隐含碳排放三项之和可称为建筑全生命周期碳排放。建材生产运输碳排放占比为55%，运行阶段碳排放占比43%，施工阶段碳排放占比2%	数字技术促进建筑领域碳减排的着力点主要在于节能设计、运行阶段的能效提升和构建“光储直柔”建筑。将数字技术广泛应用到建筑项目的规划、设计、采购、生产、建造、运行的全生命周期过程中，提升建筑质量、安全、效益和品质。在建筑运行阶段其核心是绿色建筑和智慧建筑融合，基于传感器、计量设备的能源管理，在线监测、分析与计算各项能源指标，智能化控制的能源需求，通过对设备和环境的实时感知、智能决策和自我控制，实现建筑内部能源资源利用最优和经济绿色运行

信息来源：《数字碳中和白皮书》[145]

第七章

数字新基建

新基建即数字新基建，是“以科技型设施为建设重点，以数字化和智能化技术为支撑，改造交通、能源、水利、市政等传统基础设施，为数字经济发展提供必要的设施基础和技术基础”的新型基础设施。加快新基建已经成为我国经济发展的普遍共识。

一、什么是新基建

新基建对互联网行业有着重要影响，主要体现在其能够为互联网行业带来三大机遇。即，能够促进人与人之间的跨地交流；符合中国经济转型的主方向；更重视绿色化和可持续化。新型基础设施并没有改变基础设施的一般特征和标准，它的“新”是相对于传统基础设施而言的。对比数字新基建和传统基建，新基建就是数字化基建，主要引擎是5G、互联网、人工智能等高科技；传统基建以常规大建筑为主，包括铁路、公路、桥梁、水利工程等。数字新基建和传统基建对比如表7.1所示[125]。

表7.1　数字新基建和传统基建对比

对比项	数字新基建	传统基建
服务对象	面向数字社会，提供无形的数据和信息资源，支持比特和算力的流通和应用	面向工业社会，提供有形的生产和要素资源，支持原子和能量的流通和应用
技术经济特征	轻资产，技术迭代快，价值寿命相对较短，竞争激烈，可替换性强；长期供给作用巨大，边际产出效益高	重资产或资本密集型行业，技术进步空间较小；边际产出效益呈现下降趋势

续表

对比项	数字基建	传统基建
应用场景	人与人、人与物以及物与物之间的万物互联互通，数字化、网络化、智能化转型与发展，新产业、新业态和新模式，产业融合发展，新兴新型消费需求	支撑城镇化和工业化发展，农业、商贸、物流和制造业等传统产业，应用场景已经得到充分挖掘
投资模式	倡导企业自主投资模式为主	政府投资为主导

按照国家发展和改革委员会对于新型基础设施的分类，新型基础设施分为信息基础设施、融合基础设施和创新基础设施（见表7.2）。新基建主要包括5G基建、特高压、城际高速铁路与城市轨道交通、新能源汽车充电桩、大数据中心、人工智能、工业互联网七大领域[20]。

表7.2　国家发展和改革委员会对于新型基础设施的分类

类型	子类型	主要内容
信息基础设施（基于新一代信息技术演化生成的基础设施）	通信网络基础设施	5G、物联网、工业互联网、卫星互联网
	新技术基础设施	人工智能、云计算、区块链
	算力基础设施	数据中心、智能计算中心
融合基础设施（深度应用互联网、大数据、人工智能等技术，支撑传统基础设施转型升级，进而形成的融合基础设施）		智能交通基础设施、智慧能源基础设施
创新基础设施（支撑科学研究、技术开发、产品研制的具有公益属性的基础设施）		重大科技基础设施、科教基础设施、产业技术创新基础设施

从技术层面来看，新基建可以细分为四大层次[125]，如图7.1所示。

图7.1　新基建的四大层次

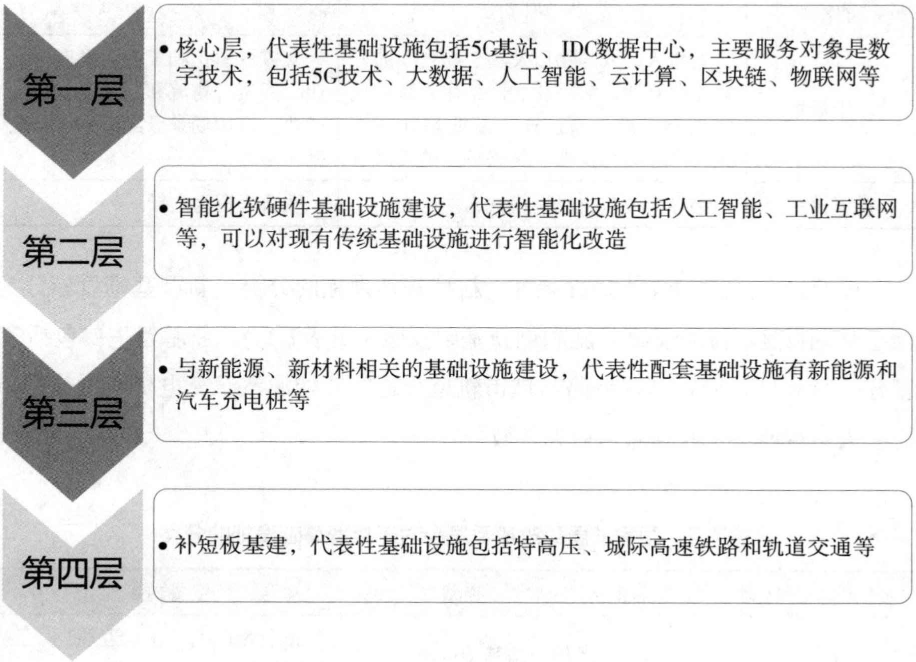

二、典型新基建

5G基建

根据新兴ICT技术体系可知，5G肩负着数据从获取到加工到应用的主要传输任务[15]（如图7.2和图7.3所示）。在此基础上，数据在各个场景中的应用才能得以实现。

图7.2　数据流转环节

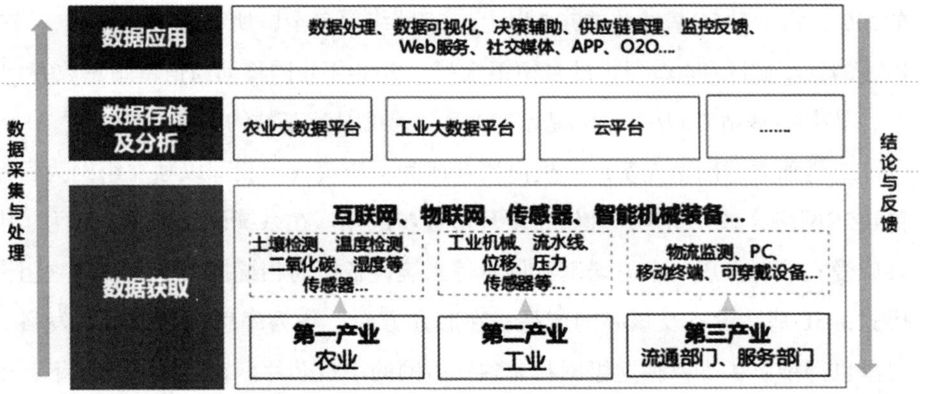

信息来源：《运营商在5G时代数字经济的机遇和挑战》[15]

图7.3　新兴ICT技术关系

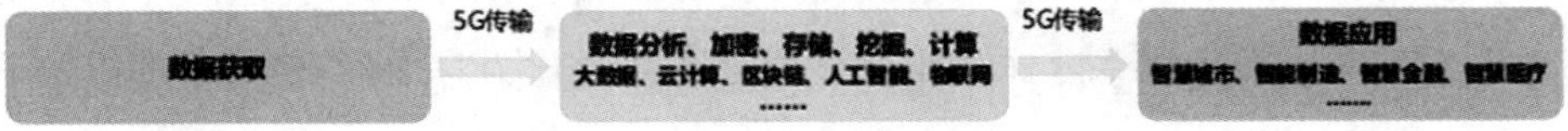

信息来源：《运营商在5G时代数字经济的机遇和挑战》[15]

新冠肺炎疫情促使2020年中国5G正式进入规模商用时期。在各地政策的共同支持下，我国加快5G网络、数据中心等新型基础设施建设进度，2020年10月初提前完成全年建设目标，使得5G创新应用在疫情防控中发挥良好作用。2020年，5G移动产业链逐步成熟，产品市场加快发展，5G网络建设及应用取得了显著的成绩。2021年上半年，中国5G无线接入设备市场规模达到58亿美元以上，占全球市场的44%[16]。根据美国高通公司预测数据，到2035年5G将在全球创造13.2万亿美元的经济产出。

一是建成全球最大规模5G商用网络。2020年全球5G网络市场规模超过100亿美元，基站出货量超过100万个。全球5G基站出货量中，绝大部分份额由华为、爱立信、诺基亚、三星和中兴几家占有。我国5G基站在全球市场份额保持领先。2021年，中国的5G网络覆盖从城市扩展到县城乡镇，5G手机在新上市手机中的渗透率突破75%，全年出货量有望达到2.5亿部。截止到2021年9月，5G终端连接数已超过4.5亿户，用户渗透率突破27%。5G商用部分行业级应用已开始在制造、能源、采矿、港口等先导行业进行复制推广。截至2021年9月底，我国累计开通5G基站超115万个，平均每万人5G基站数8.2个，5G基站数量占4G基站数量的20%，占全球5G基站数的70%以上。5G网络覆盖全国所有地市级城市、97%以上的县城城区和40%以上的乡镇镇区[146]。2020年我国移动通信基站总数931万个，其中4G基站575万个，5G基站71.8万个，我国5G基站约占全球70%[145]。

二是独立组网率先实现规模商用并成为主流模式。我国以独立组网为目标构建5G网络，独立组网产业链主要环节逐步成熟。在系统设备方面，华为、中兴、爱立信、大唐、上海诺基亚贝尔等系统设备厂商相继推出了支持独立组网模式的5G基站设备及核心网产品；在芯片方面，华为海思、高通、联发科、三星也都推出了支持独立组网和非独立组网的手机芯片。在运营商组织下，中国电信和中国移动在2020年11月相继宣布实现5G独立组网（SA）规模商用。中国联通则致力于为端到端网络切片技术以及面向行业的应用创造基础条件的5GSA。从2021年5月17日起，我国新进网5G终端默认开启5G独立组网（SA）功能。2021年，我国二季度5G网络测试中SA连接占比为74.7%，较一季度提升了22.8个百分点[146]。5G商业合作模式如图7.4所示。

图7.4　5G商业合作模式

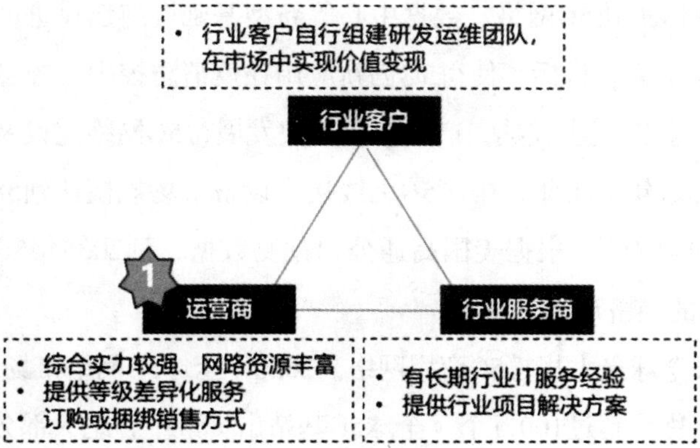

信息来源：《中国5G发展和经济社会影响白皮书（2020）》[16]

三是针对低时延、高覆盖等技术需求，5G 技术标准不断增强。3GPP按计划持续推进5G国际标准研制。2018年6月，发布第一个5G独立组网标准即R15，作为目前5G商用网络使用的版本。2020年6月，3GPP发布R16标准版本，重点支持低时延、高可靠业务。R16标准版本重点面向工业自动化、车联网、电力分配等应用，实现1毫秒空口时延、高达99.9999%的可靠性。目前，3GPP计划将于2022年6月发布重点支持增强移动宽带业务的R17版本，重点实现差异化物联网应用和中高速大连接[146]。

四是5G产业链快速增长，并持续保持中频系统设备和手机终端设备在全球的领先地位。2021年上半年全球5G无线接入设备市场规模达到133亿美元，比上年同期增长了43%，其中中国贡献了全球市场的44%。2021年上半年，华为以35.2%的市场份额稳居第一。随着全球5G大规模部署，欧美企业成为毫米波产品研发主力。在基站设备领域，主流设备厂商已陆续推出毫米波商用基站产品，普遍支持满足密集城区室外覆盖需求。2021年上半年，我国国内市场5G手机出货量占全球半数以上，比同期我国智能手机出货量占全球比例高出25个百分点。伴随全球半导体芯片缺货的加剧，国内手机厂商纷纷开启芯片布局。同时，终端设备类型逐渐丰富，非手机终端快速增长[146]。

大数据中心

大数据技术起源于2000年前后互联网的高速发展时期。从2009年开始，“大数据”成为互联网信息技术行业的流行词汇。美国互联网数据中心指出，互联网上的数据每年将增长50%，每两年便将翻一番，而目前世界上90%以上的数据是最近几年才产生的。随着5G、人工智能、物联网、虚拟现实等新技术向各领域渗透以及数字经济的发展，整个社会的数据量将呈几何倍数增长。据国际权威机构statista预测，2035年全球数据产生量将达到2142ZB。

大数据企业的快速增长阶段出现在2013—2015年，增长速度在2015年达到最高峰。2015年后，市场日趋成熟，企业新增量开始趋于平稳，大数据产业走向成熟。2015年以来，国家和各级政府大力推动大数据产业加速演进和迭代，以《促进大数据发展行动纲要》《大数据产业发展规划（2016-2020年）》等政策为标志，大数据技术和应用已成为国家基础性战略支撑。根据中国信息通信研究院监测统计，当前我国活跃的大数据企业共有3242家。

过去5年，大数据产业政策已经从宏观的总体规划方案逐渐向微观细分领域深入，体系日益完善，包括大数据技术攻关政策、大数据安全保障政策、大数据产业关联政策及各细分领域大数据政策等（见表7.3）。

表7.3　2016—2021年部分大数据政策

年份	政策	部门
	大数据技术攻关政策	
2020	第五批“数据科学与大数据技术专业”	教育部
2020	《“大数据驱动的管理与决策研究”重大研究计划2020年度项目指南》	国家自然科学基金委员会
	大数据安全保障政策	
2021	《中华人民共和国数据安全法》	全国人大常委会
2018	《科学数据管理办法》	国务院
	大数据产业关联政策	
2021	《关于推动工业互联网加快发展的通知》	工信部
2020	《关于推进“上云用数赋智”行动 培育新经济发展实施方案》	国家发改委、中央网信办
	各细分领域大数据政策	
2020	《关于工业大数据发展的指导意见》	工信部
2020	《工业数据分类分级指南（试行）》	工信部
2019	《推进综合交通运输大数据发展行动纲要（2020—2025年）》	交通运输部
2018	《关于加快推进交通旅游服务大数据应用试点工作的通知》	交通运输部、国家旅游局
2017	《气象大数据行动计划（2017—2020年）》	气象局
2017	《关于深入开展“大数据+网上督察”工作的意见》	公安部
2017	《智慧城市时空大数据与云平台建设技术大纲》	国家测绘地理信息局
2017	《关于推进水利大数据发展的指导意见》	水利部
2016	《农业农村大数据试点方案》	农业部
2016	《关于促进和规范健康医疗大数据应用发展的指导意见》	国务院
2016	《生态环境大数据建设总体方案》	环境保护部

信息来源：《2021中国大数据产业发展白皮书》[147]

我国大数据技术的快速发展，与人工智能、VR、5G、区块链、边缘智能等一批新技术的交汇融合，使大数据产业持续增长。2020年中国大数据产业规模达6388亿元，同比增长18.6%。其中互联网、政府、金融和电信引领大数据融合产业发展，合计规模占比为77.6%。预计到2023年，中国大数据产业规模将超过10000亿元[147]。

新一代信息技术、智慧城市、数字中国等发展战略逐步推动社会经济数字化转型，金融、医疗健康、政务是大数据行业应用的最主要类型，除此之外，依次是互联网、教育、交通运输、电子商务、供应链与物流、农业、工业与制造业、体育文化、环境气象、能源行业。

具体的，从产业总体来看，我国大数据产业主体从“硬”设施向“软”服务转变的态势明显。工业大数据和健康医疗大数据作为新兴领域，数据量大、产业链延展性高，未来市场增长潜力大。从技术上看，2020年以来，大数据技术新趋势包括：控制成本按需索取成为基础技术主要理念，自动化智能化数据管理需求紧迫，图分析需求旺盛引导数据分析新方向，隐私计算技术稳步发展安全流通热度持续上升。从细分领域上看，与存储和计算相关的并具备高技术、高算力、高能效、高安全特征的芯片和终端设备成为发展热点；基础设施云化已成为趋势，云计算资源管理平台（包括私有云、公有云、混合云）日益成为产业不可或缺的重要支撑；人工智能分析框架等大数据分析挖掘工具日益成熟。

当前，数据中心成为5G时代重要的算力基础设施和数字经济发展的重要支撑，承担了数据存储、数据流通的关键作用，受到全球范围内的广泛关注。截至2020年第二季度末，全球超大规模数据中心的数量增加至541个，相比2015年同期增加一倍有余。EMEA（欧洲、中东和非洲地区）以及亚太地区的增长率仍然最高，但美国仍然占据了近30%。

近5年来，我国在用数据中心机架规模持续增长，年均增速超过30%。新冠肺炎疫情影响下，数据中心投资建设更加活跃。仅2020年上半年就有26个新的超大规模数据中心投入运营，此外还有176个数据中心处于计划或建设阶段。截至2020年底，我国在用数据中心机架总规模约400万架。数据中心建设布局由北京、上海、广州、深圳一线城市集聚转变为京津冀、长三角、粤港澳等聚集区协同发展，中西部地区稳步推进的新格局[145]（见表7.4）。

表7.4　省市级大数据管理局

省级大数据管理局（14个）		
北京市大数据管理局	河南省大数据管理局	贵州省大数据发展管理局
福建省大数据管理局	吉林省政务服务和数字化建设管理局	浙江省大数据发展管理局
山东省大数据局	广西壮族自治区大数据发展局	广东省大数据管理局
海南省大数据管理局	内蒙古大数据发展管理局	江西省大数据中心
上海市大数据中心	重庆市大数据应用发展管理局	
市级大数据管理局（12个）		
南京市大数据管理局	广州市大数据管理局	沈阳市大数据管理局
成都市大数据管理局	兰州市大数管理局	保山市大数据管理局
黄石市大数据管理局	咸阳市大数据管理局	银川市大数据管理服务局
昆明市大数据管理局	贵阳市大数据发展管理局	宁波市大数据发展管理局

人工智能

人工智能在过去十年中从实验室走向产业化生产。全球经济体都高度重视人工智能领域的科学技术研究和产业发展。我国高度重视人工智能技术进步与行业发展，陆续出台了《新一代人工智能发展规划》《促进新一代人工智能产业发展三年行动计划（2018—2020年）》《关于促进人工智能和实体经济深度融合的指导意见》《关于“双一流”建设高校促进学科融合 加快人工智能领域研究生培养的若干意见》等重要文件，人工智能已上升为国家战略。

据预测，到2030年约70%的行业企业将使用人工智能技术，预计为全球增加13万亿美元的附加值。2020年，中国人工智能核心产业规模达到3251亿元，仅次于美国，且基本建立了比较完备的产业链。我国人工智能企业数量不断扩大，截至2020年底，我国人工智能相关企业数量达到6425家，排名全球第二。中美两国在全球人工智能领域占绝对竞争优势。国内京津冀、江浙沪、粤港澳三大区域占据了全国人工智能企业数量的80%以上，北京、上海、深圳拥有人工智能企业数量均超过1000家，是我国人工智能行业发展排名前三的城市。

我国企业在应用算法、专用芯片、开源开放平台、智能传感等核心关键技术上已取得局部突破。部分关键应用技术居世界先进水平，特别是视频图像识别、语音识别等技术全球相对领先。我国人工智能产业发展不断深入，与一、二、三产业融合成效初显，正在从部分先导领域如医疗、交通、教育等服务领域向制造业、农业等产业领域拓展。人工智能芯片、智能语音、计算机视觉等创新产品不断涌现，医疗影像、智能语音、智能翻译、自动驾驶等产品已达国际先进水平，智能安防、消费无人机等领域具备全球竞争优势。2020年上半年，我国人工智能研发平台市场规模达1.4亿美元，复合增长率超30%[148]。

我国人工智能论文总量、高倍引用的论文数量和发明专利授权量，处在第一梯队。截至2020年底，中国人工智能企业申请专利55.13万项，登记软件著作权超12万件，人工智能专利申请量位居全球第一。从领域分布来看，基础层创新最活跃的主体是物联网、大数据、云计算以及智能芯片企业；技术层中计算机视觉企业专利和软著申请量显著；应用层中智能机器人、智能终端、公共安全、智能运载工具以及智能制造企业为专利和软著申请数量领先主体。我国区域专利申请量前五名排序为广东、北京、上海、浙江、江苏。

从整体发展趋势看，算法、算力和数据三要素从模型训练的高精度转向模型推理的高效能，已落地且初见成效；开源工具的广泛普及促使人工智能创新加速推进和广泛普及；相对其他技术来说，围绕人工智能建立技术信任和社会接受的工作至关重要。我国政府高度重视人工智能伦理道德问题，通过成立专门的机构、部门发布一系列人工智能治理政策法规，促进地方、产业界和学术界积极设立相关机构并开展相关研究。

虽然有许多利好，当前我国人工智能产业仍存在“人工智能技术体系与产业体系错位发展，部分关键理论突破速度开始放缓，耗费产业界大量精力和时间，阻碍人工智能大规模应用进程”和“资本早期对人工智能产业回报预期过高，和现实出现较大偏差，产业生态已现加速构建态势”的问题。

工业互联网

工业互联网是新一代信息技术与工业系统深度融合形成的产业和应用生态，通俗来说就是通过互联网将工业产业链条上的每个节点连接起来，以形成大范围、高效率的各环节生存状态[24]。工业互联网的本质和核心是设备、产线、工厂、供应商、产品和客户等工业生产中的各角色在工业互联网平台的联系下，紧密联系和整合起来。工业互联网可以帮助制造业拉长产业链，形成跨设备、跨系统、跨工厂、跨区域的产业互联互通，从而提高整个系统内的工作效率，促进整个制造服务体系的智能化转型。这也有利于促进制造业的融合发展，推动工业制造业与服务业实现跨越式发展，使工业经济的各种生产要素资源得到有效共享和利用。

国家相关部门高度重视工业互联网的发展，并出台了一系列政策助推工业互联网发展。2020年3月6日，工业和信息化部印发《关于推动工业互联网加快发展的通知》。4月28日，工业和信息化部印发《关于工业大数据发展的指导意见》。10月10日，工业和信息化部、应急管理部联合印发《“工业互联网+安全生产”行动计划（2021—2023年）》。12月22日，工业和信息化部印发《工业互联网创新发展行动计划（2021—2023年）》。12月23日，国家发改委、中央网信办、工业和信息化部、国家能源局联合印发《关于加快构建全国一体化大数据中心协同创新体系的指导意见》。12月25日，工业和信息化部印发《工业互联网标识管理办法》。

工业互联网作为新一代信息技术与工业经济深度融合形成的新兴业态和应用模式，是实现产业数字化转型的关键基础。近年来工业互联网发展走向深入发展阶段，产业规模与参与主体快速壮大，加速传统工业支撑体系变革，并带动新兴产业发展。工业互联网给以ISA-95为代表的传统制造体系带来了数字化、网络化和智能化赋能与升级。一是强化传统产业产品的数字化功能，如为工业装备提供了数据采集、传输和分析能力，形成工业数字化装备产业；二是创新融合技术下的新型产品，如工业互联网平台、工业边缘计算等近年来蓬勃发展，有望成为未来关键新兴产业。

测算结果表明，2018年、2019年我国工业互联网产业经济增加值规模分别为1.42万亿元、2.13万亿元，同比实际增长为55.7%、47.3%，占GDP比重为1.5%、2.2%，对经济增长的贡献为6.7%、9.9%。其中，工业互联网核心产业稳步增长，2018年、2019年核心产业增加值规模为4386亿元、5361亿元；工业互联网融合带动的经济影响快速扩张，2018年、2019年增加值规模为9808亿元、

1.60万亿元。2018年、2019年我国工业互联网带动全社会新增就业岗位135万个、206万个。未来随着工业互联网与各行业融合应用逐渐深化，将进一步释放稳就业巨大潜力。

2020年我国工业互联网整体呈现快速发展态势，总指数从2019年的100上升到2020年的146.6，成为国民经济中增长最为活跃的领域之一。工业互联网作为新型基础设施发挥了投资带动作用，对冲了经济下行的压力，连续实施4年的工业互联网创新工程带动投资近700亿元，全国超过20个省区市设置了相关专项资金。同时，2020年我国工业数字经济占行业增加值的比重达到21%，较2018年提高2.7个百分点。工业互联网作为新模式增强了企业发展的韧性，提高了高质量发展能力，数字化程度高的中小企业在疫情后的恢复率达到60%，高于成熟度低的企业12个百分点[149]。近年来，工业互联网成为新的投资热点。2020年，针对工业互联网相关的投资达到了98起，投资金额累计达123.6亿元，投资范围覆盖了工业平台、工业安全、工业软件等六大领域。

与此同时，工业互联网核心产业是工业互联网发展的重要基础，融合带动是工业互联网发展的关键动力。从结构上看，工业互联网产业经济结构优化，核心产业贡献逐年递减，融合带动部分贡献逐年递增。2017—2020年间，工业互联网对经济社会各领域的叠加、倍增作用逐步显现，融合带动部分在工业互联网中的占比由59.8%上升至79.2%，核心产业占比则由40.2%下降到20.8%。

随着工业互联网的快速发展，工业互联网加速向一、二、三产渗透，其应用范围已由制造业延伸到建筑、能源、交通、医疗、智慧城市等领域，并不断向一、二、三产其他相关领域拓展。在建筑领域中，建筑企业通过工业互联网实现施工项目的高效设计、安全生产，提供质量保证，控制项目成本和进度。在交通行业，工业互联网也成功应用到车辆识别、车辆行驶决策和自动驾驶领域。并且可以对城市交通路网实现智能分析和智能决策调控。

根据相关数据，工业互联网对经济社会各行业起到的促进作用已经逐渐明显。2018年一、二、三产中工业互联网融合带动的经济规模占行业增加值的比重分别为0.19%、1.81%和0.63%，2019年三次产业中工业互联网渗透水平分别为0.27%、2.76%和0.94%，在第二产业中的渗透率最高，第三产业次之，第一产业较低。工业互联网对三次产业的影响逐渐增强，2017—2019年期间，三次产业中工业互联网融合带动的经济规模占行业增加值的比重分别提升了0.16、1.70和0.56个百分点，第二产业提升最快，第三产业次之，第一产业提升相对较慢。

目前工业互联网融合应用最主要分布在第二产业，工业互联网已广泛应用于石化、钢铁、电子信息、家电、服装、能源、机械、汽车、装备、航空航天等行业和领域。各种新模式、新业态蓬勃兴起，帮助企业提高产品质量和产业效益，并推动寻找行业内新的增长点。工业互联网加快了第二产业数字化转型的步伐。各类制造企业依托工业互联网采取了丰富多样的数字化转型探索。企业从内到外推动改造协同、从单点试点应用到广泛推广，大力促进企业数字化、服务化转型。5G等新信息通信技术为复杂先进的高级别应用场景提供了可能性。工业生产过程中，5G的大连接特性为数据采集、远程运维等场景提供了可靠的网络服务。随着5G技术的逐渐成熟，各种新型无线技术将持续提升改造工厂网络环境。

当前全国各地从各方面积极发展工业互联网。以杭州为例，侧重在发展环境、资金支持、基础支持等方面发力。在发展环境方面以龙头企业提前布局引领探索工业互联网解决方案，又有产业园区、特色小镇等积极培育打造工业互联网平台、推动构建工业互联网产业生态；在资金支持方面，杭州工业互联网的投资案例达38起，在全国城市中仅次于北京；在基础支持方面，5G建设进度及规模属于全国领先水平。政策上，杭州“十四五”规划纲要提出加快构建工业互联网平台体系，市政府积极打造了优秀的发展环境，包括良好的营商环境，充沛的人力与技术资源储备，持续活跃的民营经济和数字经济基础。当前，杭州已经涌现出许多工业互联网的优秀案例，尤其在大型工业互联网平台建设上取得了较优异的成绩。

特高压

特高压是指电压等级在交流1000千伏及以上和直流±800千伏及以上的输电技术，具有输送距离远、容量大、损耗低、造价低和效率高等技术优势，是世界先进的输电技术。特高压输电示意图如图7.5所示。我国能源资源大部分分布在西部、北部地区，新疆、内蒙古等西北部地区拥有我国大约80%的煤炭资源；我国中东部地区经济发达，人口稠密，电能需求量大，但是一次能源匮乏。因此，为了大范围优化配置能源资源，保障大型能源基地的集约开发和电力的合理输出利用，就需要发展特高压输电技术。在这一需求下，我国成功研制了拥有完全自主知识产权的特高压输电设备。

图7.5　特高压输电示意图

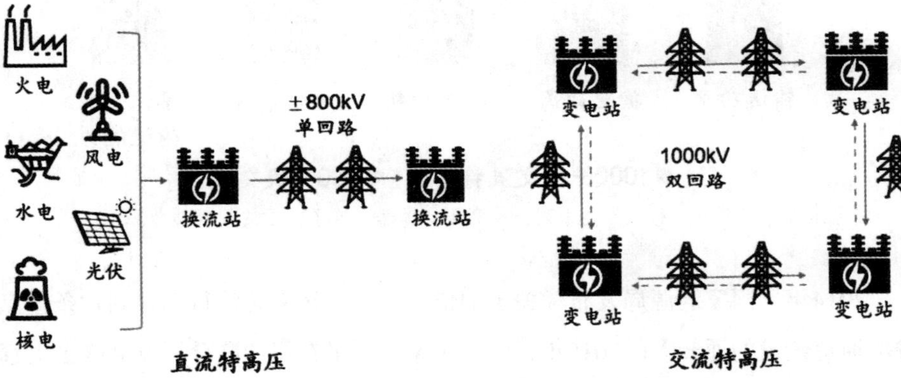

信息来源：《新基建行业专题系列：特高压：加速，电力传输的超级动脉》[150]

特高压能大大提高电网的输送能力。在相同输送功率下，1000千伏交流线路的最远送电距离是500千伏线路的四倍，而损耗只有500千伏线路的25%～40%。据国家电网公司测算，输送同样功率的电量，采用1000千伏线路比采用500千伏的线路可节省60%的土地资源（参见图7.6）。特高压电网投资大，中长期经济效益显著，对经济贡献较为突出。根据国家电网测算，“十三五”期间，包括特高压工程在内的电网工程规划总投资2.38万亿元，带动投资3万亿元，年均拉动GDP增长超过0.8%。

特高压直流电网能够有效提升输电效率，且具有“输电线路造价低，适合远距离输电，适用于海底电缆和城市地下电缆输电，可有效支援交流系统”等优势。特高压交直流混合电网输电，能降低电网大面积停电的风险，可为下一级电网逐步分层分区运行创造条件，提高电网运行的灵活性和可靠性。

图7.6 特高压1000kV交流与500kV交流性能对比（单位：倍）

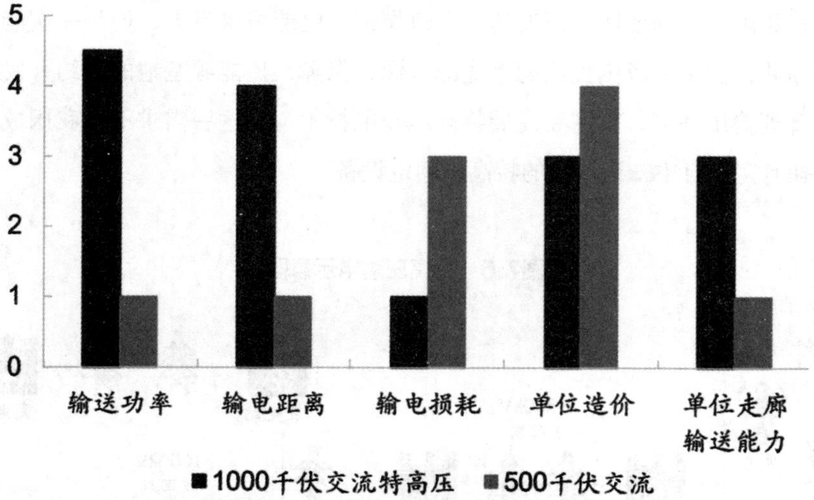

信息来源：《新基建行业专题系列：特高压：加速，电子传输的超级动脉》[150]

2014年，国家能源局发布《关于加快推进大气污染防治行动计划12条重点输电通道建设的通知》。2015年，国家主席习近平在纽约联合国发展峰会上宣布“中国倡议探讨构建全球能源互联网”，实质就是“智能电网+特高压电网+清洁能源”。由此，我国特高压在2014—2016年迎来第一轮建设高峰。2018年，国家能源局发布《关于加快推进一批输变电重点工程规划建设工作的通知》，标志着第二轮特高压建设高峰来临。2021年我国电网建设部分相关政策见表7.5。

表7.5 2021年我国电网建设部分相关政策

时间	部门	政策	相关内容
2021年9月8日	国家能源局	《国家能源局综合司关于公布整县（市、区）屋顶分布式光伏开发试点名单的通知》	各地电网企业要在电网承载力分析的基础上，配合做好省级电力规划和试点县建设方案，充分考虑分布式光伏大规模接入的需要，积极做好相关县（市、区）电网规划，加强县（市、区）配电网建设改造，做好屋顶分布式光伏接网服务和调控运行管理

续表

时间	部门	政策	相关内容
2021年8月31日	国家能源局	《国家能源局贯彻落实中央生态环境保护督查报告反馈问题整改方案》	1.持续推进北方地区冬季清洁取暖。推动完善支持政策，全力保障天然气、电力、煤炭等能源稳定供应，加强“煤改电”配套电网等基础设施升级改造，不断提升北方地区清洁取暖水平。2.推动重点工程建设。推动山西送电京津冀电网优化改接工程建设。3.加强统筹协调。推进电源和电网、常规电源和清洁能源协调发展，及时解决清洁能源消纳利用问题
2021年5月24日	国家能源局	《国家能源局综合司关于开展酒湖特高压直流等典型电网工程投资成效监管工作的通知》	本次监管按照“双随机”方式选取酒湖特高压直流等10项典型电网工程，同时从往年检查过的工程中，筛选出哈密—郑州特高压直流等7项电网工程开展“回头看”
2021年4月22日	国家能源局	《2021年能源工作指导意见》	加快建设陕北—湖北、雅中—江西等特高压直流输电通道，加快建设白鹤滩—江苏、闽粤联网等重点工程，推进白鹤滩—浙江特高压直流项目前期工作；进一步完善电网主网架布局和结构，提升省间电力互济能力
2021年3月14日	全国人大	《中华人民共和国国民经济和社会发展第十四个五年规划和2035年远景目标纲要》	加快建设新型基础设施，构建现代能源体系；提高特高压输电通道利用率，加快电网基础设施智能化改造和智能微电网建设，提高电力系统互补互济和智能调节能力
2021年3月10日	国家能源局	《关于推进电力源网荷储一体化和多能互补发展的指导意见》	在实施重点上，一是区域（省）级侧重于通过电力市场价格信号引导各类市场主体灵活调节、多向互动，落实电源、电力用户、储能、虚拟电厂参与市场机制。二是市（县）级侧重于重点城市加强局部电网建设、清洁取暖和清洁能源消纳一体化示范

信息来源：《特高压电器专题报告：特高压电器迎来电网建设机遇，成长可期》[151]

我国特高压建设在保障电力供应、高效利用清洁能源、维护电网安全等方面发挥了积极作用。截至2019年年底，国家电网已累计建成22条特高压线路，项目累计投资超过4300亿元。已投运的特高压工程累计线路长度达27570公里、累计变电（换流）容量为29620万千伏安（千瓦）。特高压输电线路累计送电量超过11457.77亿千瓦时。2021年1—8月，电网工程完成投资2409亿元，同比增长1.3%[150]。电网重点工程建设有序推进。在2021能源电力转型国际论坛上，国家电网提出，把构建新型电力系统、助力“双碳”目标作为重大战略任务，发布了碳达峰、碳中和行动方案和构建新型电力系统行动方案，未来五年计划投入3500亿美元，推进电网转型升级。

三、新基建产业及生态

“新基建”之“新”在于：在新一轮信息技术革命的推动下，以数字基建为代表的新基建将向平台经济方向发展，依托“平台”的新结构力量，新基建将充分发挥数字对经济发展放大、叠加、倍增、融合等作用，产生网络效应、平台效应和赋能效应，推动形成新的产业体系和产业生态。中国通过加快新基建建设，不仅改变了经济社会的格局，更带来了新型消费、新产业、社会治理等方面的根本性变革。

在新型消费方面，新冠肺炎疫情以后，线下交易活动受到较大冲击，但新基建进一步扩大了互联网对企业与消费群体的覆盖，打造了以远程办公、在线课堂、智慧医疗、线上购物等为代表的新业态，使网络化线上消费市场占比开始迅速增长，成为新型消费的代表。5G网络、大数据、人工智能等新型基础设施，从根本上为消费新业态提供集约智能、绿色高效的硬件保障和平台基础，整体上促进了新型消费的快速迭代升级，使得线上医疗、在线教育、无接触配送、网络游戏等新型消费业态不断提质发展。在消费领域，新基建不仅包括5G、大数据中心等线上设施，而且也涉及互联网对线下设施的连接融合，如工业互联网、物联网等。企业不仅要在平台合理开展线上活动，也要配合做好线下业务的数字化，形成高效率、高价值的企业数字化管理的基本理念。单就5G和数据中心带动的5G手机、宽带、8K电视等个人信息消费市场，数据价值挖掘技术带动的二手车评估、用户画像等增值数据服务市场，以及充电桩市场带动的新能源汽车消费，已为我国疫情后的经济发展作出巨大贡献。

在新产业方面，新基建覆盖范围广、涉及行业领域多。新基建能够重构传统生产方式，打造网络化、分布式平台，数字技术、3D打印、分布式能源、区块链等技术的出现与应用，使得制造业布局也呈现分布式特点，上下游企业、生产者与消费者之间的连接越来越泛化紧密，大大降低了生产制造的门槛，实现市场的公平竞争。因而，新基建为助力产业转型升级提供了一个优良的平台基础和技术支撑。技术的应用使得用户在生产活动中的作用不断增强，针对用户价值的供给倒逼供给侧作出适应性调整。我国着眼于供给侧改革，产业结构转型升级进入下半场。在数字化时代大背景下，产业新基建主要侧重结构调整，而不是产生新的结构性剩余，以数字化为依托紧抓创新提质和降本增效，使新基建为产业结构升级打下坚实基础，为打破行业间的壁垒创造了有利条件，并将对产业生态链的科学布局产生重要影响。新基建重构产业链领域如表7.6。按照新的商业逻辑，用户价值供给决定了产业组织的演变。这一点在制造业电子商务和数字化业务中尤为突出。当前，新基建催生了新的产业形态，将促使我国产业结构和产业水平进入更高的发展阶段。发达国家的经验表明："加大新基建与供给侧的深度融合以及在需求端对消费群体的覆盖，改进服务质量和效率，提高数字化程度以增强供求两端的连接，通过新技术扩散衍生出新产业"的方式要明显优于推出新的生产方式。

表7.6 新基建重构产业链领域

新基建类别	重构传统产业链领域
与传统产业结合的新基建	智慧城市、智慧交通、智慧农业、食品安全、智慧教育、智慧医疗、智慧园区
信息基建	大数据中心、云计算平台、IOT、区块链系统、5G、AI应用
融合基建	工业互联网、下一代信息技术、高端装备制造、大健康产业、新零售产业、智能供应链、科创+、文旅+
创新基建	新材料、新能源、智能家电、生物医药、节能环保、科技金融、新能源汽车

信息来源：《新冠疫情对全球产业经济的影响及中国式机遇》[150]

随着新基建相关产业正在进行数字化和智能化的转型升级，信息在部门之间的流通加快了，新基建逐步发展为面向服务的纯技术架构。5G网络基础设施建设和人工智能、大数据等技术，使传统互联网加速向产业互联网转型，有效提升了产业上下游全要素生产效率和供应链数字化水平，在降低成本的同时，实现对传统产业的数字化、实时化、智能化改造。当前，新基建助推产业升级发挥的作用如表7.7。与此同时，在产业需求端，通过商业模式创新、市场颠覆或变革、企业转型重构，新需求和新业务被不断挖掘出来。在产业供给端，传统企业通过调整产业结构降低生产成本，利用大数据为生产供销精准匹配，打通上下游产供销环节，实现智能仓储和战略成本管理。特别是，随着数据成为生产活动中的核心生产要素，数字产业化、数字企业开始拓展新经济。越来越多的企业加大投资数据战略性部署，通过对数据进行汇聚与挖掘，加强与其他企业的业务合作，不断扩大生态圈规模。整体来讲，产业新基建以数字化基建为核心，实现人、机、物深度连接与融合，构建网络连通、数据贯通、边云协同的产业生态体系，以数据链打通创新链、资金链和供应链，引领产业向数字化管理、智能化生产、网络化协同、个性化定制和服务化延伸等方向发展。产业新基建不是虚拟化产业，而是通过数字化服务构建资源通道与提升流动效率，建设数字孪生世界。产业新基建必须通过云数结合才能解决产业发展的监测管理、资源调配、专业服务和供应链运营等实质性问题，实现具有行业属性的垂直数据应用。产业新基建的广泛应用标志着，在数字经济下，产业组织的基本单位转变为围绕产业新基建提供特定的产品或服务而延伸出的数字化生态。

表7.7　新基建助推产业升级发挥的作用

新基建类别	重构传统产业链领域
高铁和轨道交通、特高压等领域的新型基础设施	激活众多创新业态，推动智能制造的进程，带动衍生行业的繁荣发展，激发传统行业的新动能
5G、人工智能、大数据中心、工业互联网等数字基础设施	促进数字经济在各个领域渗透程度更深，数字产业的价值和潜力得到进一步发挥
5G	作为未来数字经济的高速公路，成为传统经济和数字经济的桥梁，催熟5G产业链，可以带动整个产业链的发展

续表

新基建类别	重构传统产业链领域
人工智能	快速高效处理数据，提高生产效率，通过降本增效为产业赋能；与5G结合，创造新需求和新的价值增长点
大数据中心	为工业互联网、人工智能等其他领域的新基建提供算力载体和通用支撑技术，成为传统产业数字化的新引擎
工业互联网	重构了工业生产体系，协同上下游产业链，实现数据互通和信息共享，全面提升企业信息化、数字化水平，实现供应链协同和智能制造

信息来源：《新基建 中国经济引擎》[151]

当前，制约各产业新业态发展的一大因素是需要推进新基建与产业互联网融合发展。专家指出补足这一短板的关键是解决基础设施建设与产业发展不匹配所致的过剩、低效和脱节等问题。具体解决方法包括：加强新基建与终端需求的有效衔接；加强从产业链视角的顶层设计新基建；加强新基建与产业互联网融合互动；鼓励新基建广泛参与市场主体。

在社会治理方面，新基建将创新社会治理方式，推进精细化社会治理，在市场监管、环境监管、信用服务、应急保障、治安防控、公共安全等多个领域建立和完善相关信息服务体系，发挥举足轻重的作用。人工智能、物联网、大数据等新型基础设施将打造更为智能化的社会治理应用场景，加速基于数据驱动的社会治理的创新升级，促进交通运输、城市安全、医疗、教育等公共数据资源的有效流动，帮助各地政府解决交通、政务等各方面的治理难题。例如，通过广泛分布的城市神经元感知器件和社会治理类感应设备，城市管理者能够快速感知社会事件，具体地构建全面设防、一体运作、精确定位、有效管控的社会治安防控体系，整合各类视频图像信息资源，推进公共安全视频联网应用，大幅提升社会安全水平；在食品、药品、消费品安全等领域，具有溯源追查、社会监督等功能的市场监管信息服务体系不断完善；征信信息系统在整合信贷、纳税、履约、参保缴费和违法违纪等信用信息记录后不断完善，为建设诚信社会提供重要保障；建立环境信息智能分析系统、预警应急系统和环境质量管理公共服务系统，构建“天地一体化”的生态环境监测体系，对重点地区、重点企业和污染源实施智能化远程监测。与此同时，新基建通过不断深化信息基础设施在社会治理方面的利用效率，提升社会管理者的科学治理能力，也在改变着社会治理的逻辑和内涵。在抗击新冠肺炎疫情期间，各级政府、有关部门依托信息技术创新了社会治理体系，改进了治理流程，利用大数据采集实现了精细化管理。借助大数据、物联网等多项技术，基层人员能够实时监控辖区，掌握居民出入动态，通过线上通行证实现了“无接触”社区服务。创新推出的“健康码”也让各类公共场所实现了人员精细化管理。

进一步的，新基建是建设智能社会的重要基础，将加速智能社会的到来。智慧城市、智慧农业、智能医疗、智能交通、智能物流、智能机器人、无人驾驶、智能手机、智能游戏、智能制造、智能社会、智能经济等，都迫切依赖新基建的发展。这些实际需求促进了网络空间与物理空间高度融合，促使物联网、大数据、人工智能、机器人和共享经济等高新技术逐渐进入社会生活的各个领域，进而解决各种社会问题。新基建逐步成为与经济社会模型紧密结合，逐渐发挥出智能经济/智能社会建设与发展价值的主要引擎。即运用信息技术和物联网技术建立合理便捷的社会基础设施，实现实时、广泛、精准的数据采集处理和分析，进而智能化控制信息物理空间，以提高生活的便捷性，创造新的社会价值。

未来新基建在智能社会中的两大突出应用场景包括智慧城市和智慧农业。据预测，新基建将进一步提升城镇化率，城镇化率每提高1个百分点，相当于每年1400万人进城，我国相当于每年要增加一个深圳，到2030年中国城镇化水平将突破70%[152]，到2042年，中国城镇人口达到峰值时，新增1.9亿城镇人口约80%将分布在19个城市群，约60%将分布在长三角、珠三角、京津冀、长江中游、成渝、中原、山东半岛七大城市群[153]。这一增长速度是世界上任何一个国家都没有经历过的。2019年底的中央经济工作会议上已明确表明，网络型基础设施建设、通信网络建设等新型基础设施的建设重点将向大都市圈、城市群转移，与人口流动方向相适应。即，对人口流入地区，要适当放松地方债务要求，以推进大规模基建；对人口流出地区，要避免因大规模基建造成明显浪费。2020年政府工作报告也提出要加强新基建，深入推进新型城镇化。新型城镇化和新基建的同步并向发展，正演变成为城市发展的主流趋势之一。同时，未来的农业的技术发展趋势是精准化和数字化，两者都离不开新基建对其中核心技术突破的支持。数字农业是用现代工业生产的组织方式、管理理念和先进技术发展现代农业而形成的一种新的农业业态，以“信息+知识+智能装备”为特征，与以“土地+机械”为核心的传统农业有着根本性的不同。数字农业将使生产效率得到倍增放大，实现产业结构升级、产业组织优化和产业创新方式变革，增强农业产业整体素质、农业效益和竞争力，提升资源利用率、劳动生产率和经营管理效率。世界主要国家地区的政府和组织相继推出了数字农业农村发展计划。如欧洲农机协会提出以现代信息技术与先进农机装备应用为特征的农业4.0。德国发布《有机农业——展望战略》，明确基于“工业4.0”的基本理念发展智慧农业。荷兰《数字化战略》明确数字化技术在开放式耕种、精准农业、温室园艺、畜牧养殖、食品质量安全以及生产链各环节的应用。日本发布“机器人新战略”，启动基于智能机械+IT的“下一代农林水产业创造技术”。韩国发布了信息化村计划，加快推进农村的信息化建设以缩小城乡差距和增加农民收入等。当前，我国已经进入加快发展新基建促进数字农业发展的阶段，并以新基建为基础正加速农业与其他产业的深入融合发展。新基建促进形成了智能供应链继续向乡村下沉的“平台化与集成化运营，规模化与柔性化结合的运作”的新组织形态，重构了农业生产、分配、交换、消费等经济活动各环节，为农产品生产及销售提供了新技术、新产品、新产业支持，从而创造农业产业新增值。

在我国的基建投资中，过去，政府是投资主体，占据着主动地位。未来，我国基建领域将吸引更多社会资本进入，投资主体将变得多元化。具体来看，新基建的投资领域包括信息通信、5G等基础网络建设，生态绿化、水和大气污染治理等环保基础设施建设，教育、医疗、文体等民生保障项目，市政管网、城市停车场、冷链物流等市政工程建设，农村公路、水利、文卫等农业农村设施建设等。更聚焦的，“新基建”引入的投资风口包括加快5G、人工智能、服务器、物联网和IGBT控制芯片产业化，补足工业软件研发设计、生产制造和工业控制的短板，推进包括5G基站、服务器和工业数控装备的系统装备规模化生产，促进智慧医疗、智慧教育、智慧交通和智能制造等行业的应用落地。

第八章

数字经济发展趋势

从全球化到逆全球化再到“创新全球化”，这一发展历程，标志着全球发展趋势。世界需要更深入的渗透式的全球性连接，数字经济才会日益重要，逐步成为世界发展的核心要务。数字经济革命的核心是“以数据要素链接整个生产与社会，以数字经济数字技术驱动的，实现网络化、信息化与智能化的深度融合的”社会生产方式变革。因此，数字经济革命中，数字经济是主线，数据要素化是起源。数字经济对产业化的主要作用在于通过技术创新和要素革命，变革全球产业结构布局，解决产能过剩并提升要素生产率。同时，数字经济组织社会变革经历着基于生产力生产关系的经济理念转变相应的变革，到数字经济、智能经济时代，需围绕信息生产到销售的整个过程构建新的去中心化管理体系。

一、未来数字经济的全球化创新走向

数字经济的背景是全球化，是应创新全球化所需衍生而来的，并将助力创新全球化，带来科技创新、产业创新、政策变革、社会变革的一场全球化革命。全球化发展趋势总体上是从合作与竞争对立走向合作与竞争融合的过程。从根本上来讲，虽然从全球化到逆全球化，让我们听到一些悲观的声音和分裂的观点，但世界的发展主流目标仍是化解矛盾、寻求高质量发展，未来的“创新全球化”世界需要更深入的渗透式的全球性连接，数字经济将逐步成为世界发展的核心要务。

数字经济助推“创新全球化”

全球化起源于20世纪80年代，指各种生产要素或资源在世界范围的最优配置，指社会空间的超地域化联结，意味着世界政治、经济和文化的一体化。在全球化合作带来高速经济发展的同时，全球化合作有时超速于经济发展的客观进程，有时受限于客观情况反而落后于经济发展进程，也造成了一些失败案例。这些失败案例反映出在全球化合作中后期，经济发展到了一定的水平，以往的全球化合作模式不能完全适应经济发展形势。究其原因，主要包括合作共识、合作理论和监管问题三个方面，使全球化合作与竞争在一定程度上失衡。因而导致近年来，单边主义、贸易保护主义、孤立主义、科技脱钩等声浪不断，越来越多的人认为使全球化回归到新平衡态的方法是逆全球化。逆全球化认为全球化可能带来全球失业增加、贫富差距扩大、文化与价值观同化、全球性金融危机、民主和社会保障制度受到挑战、环境恶化等负面影响。然而在逆全球化思潮下，西方技术垄断和产业垄断愈演愈烈，这显然有悖于全球共同发展的初衷。

实质上，全球化和逆全球化是将竞争与合作对立于两端，通过加权竞争与合作使全球化达成平衡态。但在全球化和逆全球化中，现实是竞争与合作不会永远处在天平两端，有时候相互作用，都在做无用功。这种类似于两种作用力、能量、正负等的相互抵消“中和”结果，是竞争者与合作者都不愿意看到的。透过现象看本质，全球化和逆全球化的竞争是针对核心要素的争夺分化，合作是围绕核心要素的联合聚集。两个都不是密不可分的物理实体，而是两种由核心要素构成的分化或聚集状态。

事实上，随着全球化和逆全球化加深，核心要素在其中不断流动，有时形成竞争态，有时形成合作态，有时又游离于两态之间。只要在大的全球化和逆全球化体系下，哪怕是处于游离两态之间的状态，核心要素仍然是全球化和逆全球化的一部分，仍然在发挥作用。全球化和逆全球化的普及使我们意识到，很难说哪一个核心要素是完全不会参与竞争与合作的，很难说哪一个核心要素是不受全球化和逆全球化影响的。不论主动或被动，它们不可避免地都身处其中。

更重要的是，在全球化和逆全球化阶段，我们讨论的重点是竞争与合作这两种状态，之所以重视合作与竞争，是由于这两种状态带动了核心要素的流动趋势，进而带动了全球化和逆全球化的发展。从这个层面上看待和发展全球化和逆全球化，并没有将核心要素的潜力完全激发出来，反而在一定程度上，将核心要素框定在竞争与合作的模式下。

综合以上，要解决全球化合作与竞争问题，就要创新全球化核心要素并优化全球化核心要素的流动。这一过程，亟须数字经济助推。这是因为，以往简单地把合作与竞争放在天平的两端去平衡，把竞争与合作看作相对对立的类似于一对物理上的作用力与反作用力的关系，导致了合作与竞争都出现了问题，因此必须改变这种将合作与竞争对立的思路、模式和方法，才能从根本上解决问题。创新全球化的“创新”，指的正是新的思路、模式、体系和方法。创新全球化的目标是要构建以合作竞争融合化为内核的、化解矛盾的稳定系统，使合作与竞争的相互作用关系类似于一对化学上的相互促进、产生化学作用的关系。从全球化、逆全球化到创新全球化，数字经济促进和引导核心要素的流动情况，通过核心要素输入和输出的反馈来判断和驱动全球化的发展，从收获的成效主要来源于配置优化和目标协同，转变为开启全新领域、收获前所未有的未知成效的高质量发展。

1. 全球化和逆全球化中竞争与合作的物理关系

本质上，全球化和逆全球化的竞争与合作都是围绕核心要素开展的，竞争的目的是争夺核心要素，合作的目的是优化核心要素。因此，每一个参与者都要在全球化和逆全球化中积极参与核心要素的争夺与优化，这使得核心要素在全球化和逆全球化中流动起来。在全球化早期人们已经充分认识到通信信息行业与技术因素保障了核心要素的流动性。

全球化和逆全球化的核心要素有多种划分方法。选取一种从参与者角度较易理解的划分方法构建组织架构图，如图8.1所示，包括：核心技术、核心组织、关键资源、关键资金、重点政策、主要经济形式等。

根据全球化和逆全球化核心要素的组织架构图可以看出，核心要素的链接与交互主要基于通信信息。而核心要素的流动关键有两点，一是全球化合作与竞争；二是通信信息作为链接与交互枢纽在其中起到的促进作用。如图8.2所示，全球化和逆全球化核心要素的流动使合作与竞争形成了闭环。核心要素在基于通信信息的链接与交互中被中心化汇聚、分布式服务及综合性决策，进而共同作用，驱动参与者争夺与优化核心要素，形成新的合作与竞争趋势。

图8.1　全球化和逆全球化核心要素的组织架构图

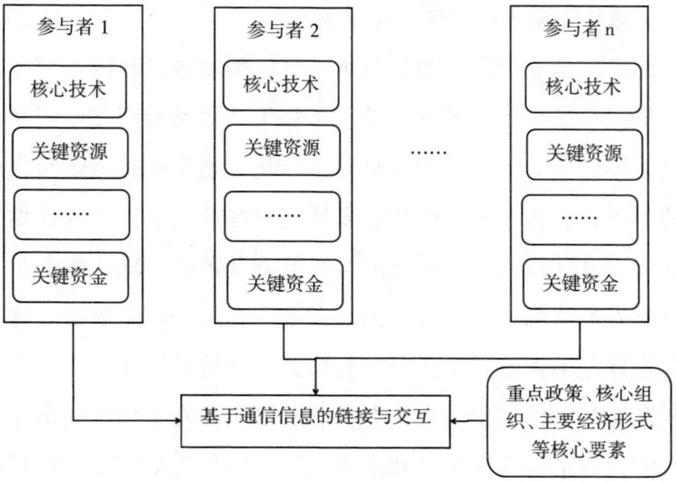

图8.2　全球化和逆全球化核心要素的流动图

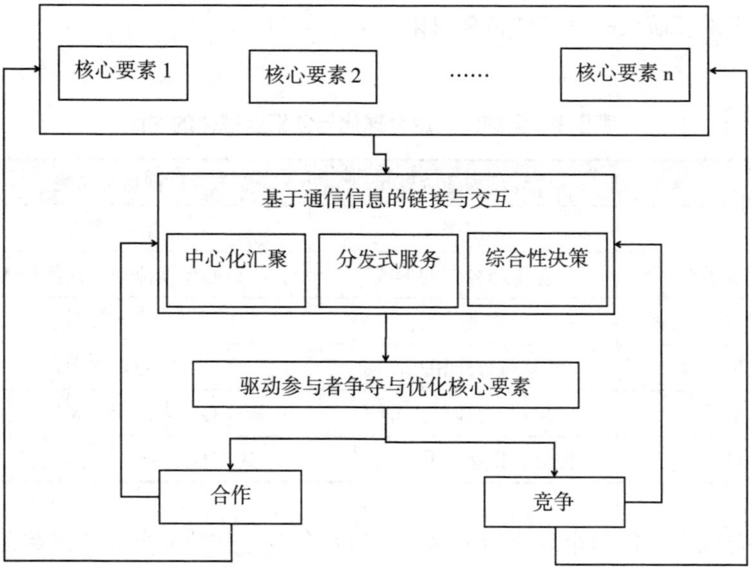

在这种模式下，由于全球化和逆全球化中竞争与合作是物理关系，核心要素作为在其中的核心单元，并未发生质变。而是通过物理上的合作凝聚、竞争分化，使核心要素流通提速，强强联合，并逐利避害，实现核心要素流通效率和质量的提升，进而最大化核心要素的利益。核心要素之间同样以竞争与合作

关系为主调，以包含和独立关系为次要。

2. 创新全球化中竞争与合作的化学关系

当前人们已逐渐意识到要想使竞争与合作深度链接和深入交互，仅仅依靠通信信息的链接与交互是不够的，必须加强生产要素的链接与交互，才能真正实现全球化。不破不立，只有彻底打破全球化和逆全球化竞争与合作的物理关系和两者的界限，将包含其中的核心要素完全释放出来，深入地细化分割，自由地重组架构，共同作用，形成新的核心要素及新的全球化生态，才能从根本上改变全球化发展格局，实现发展的高质量、高效率与高收益。这个过程，使全球化和逆全球化不再受限于竞争与合作的物理关系结构，而是通过核心要素流动、创新和变革，使竞争与合作在核心要素层面发生化学关系并质变融合。在这种模式下，竞争与合作是“和而不同”的两种化学状态，它们不再是结果而是过程，系统追求的最终结果是竞争与合作在核心要素层面的根本融合，进而形成新核心要素及新全球化生态。全球化和逆全球化的这个转变即形成了真正意义上的新阶段——“创新全球化”（见表8.1）。

表8.1 全球化、逆全球化与创新全球化的对比

项目	全球化和逆全球化	创新全球化
主导	组织	核心要素
发展手段	竞争与合作的形成	核心要素流动、创新和变革
竞争与合作关系	物理关系	化学关系
发展过程	竞争与合作相互作用	核心要素融合
结果	竞争与合作对立并存	新核心要素及新全球化生态形成
目标	提质、提速与升量发展	高质量、高效率与高收益发展

综合以上，创新全球化指的是，将以竞争与合作对立并存为结果的全球化和逆全球化，逆转为以新核心要素及新全球化生态形成为结果的“创新全球化”。“创新全球化”的“创新”是思路创新、模式创新、体系创新和方法创新，这些创新会进一步带来科技创新、产业创新、政策变革、社会变革。

数据要素全球化的高质量发展

首先，在万物互联的数字经济时代，数据要素即在社会经济活动中参与财富创造的数据资源，它被自动化、模式化、持续不间断地获取且通过数据的采集、挖掘、处理后，具有价值、使用价值和高流动性特质。数据要素化并非只是简单将数据作为一种新型生产要素融入生产与社会，而是更深入地对其他生产要素产生影响，进而重构生产要素，带来生产与社会变革的递阶循环效应。数据要素化是数字经济的源头，也贯穿数字经济的始终，不独立于数字经济的某一环节。

其次，全球化和逆全球化核心要素带来的一系列问题，本质上是核心要素的合作尚属表象化合作，核心要素之间不能相互融合，也无法产生新的核心要素。这使得全球化和逆全球化停留在只能依靠扩大规模发展，难以依靠内部创新发展的境地。实现创新全球化的关键是核心要素的创新和变革，这也是实现高质量、高效率与高收益发展目标的关键。而当代数字经济的本质正是核心要素的创新和变革，其目标同样是高质量、高效率与高收益发展。因而，数字经济要助力创新全球化，关键是要完成从全球化和逆全球化核心要素到创新全球化核心要素的转变。即，使创新全球化核心要素增加了数据这一核心要素，将除数据外的其他核心要素数字化，彻底破除其他核心要素之间的壁垒，打通它们之间的连接。创新全球化将其他核心要素进一步划分、重构并数字要素化，以数字要素化为基础，使其他核心要素在数字化层面密切联系。这使其他核心要素在数字化层面产生化学作用，进而质变及融合为新的核心要素及新全球化生态，全面提升创新全球化核心要素的价值，实现创新全球化高质量、高效率与高收益发展目标。

为了便于描述创新全球化核心要素的形成及演变过程，将数据要素化过程机械性地划分为数据资源筛选核心要素、核心要素数字化、重构核心要素、数据要素质变及融合四个阶段进行讨论。

1. 筛选核心要素

互联网时代实现了信息资源化，使得信息流对经济、文化、社会甚至政治都产生了深远的影响。但相对而言，信息资源化通常通过间接地影响知识、技术、市场、政策、经济、环境等因素影响生产。因而，互联网对生产的影响比较缓慢。且在互联网时代，受信息生产加工技术所限，信息质量存在一定程度的不确定性，挖掘信息的价值的成本相对较高。

但是，全球化带来的经济危机使得美国为首的部分资本主义国家开始意识到，实体经济与互联网的脱节使得生产发展速度慢于社会经济总体发展速度，导致经济发展的空心化。而解决这一问题的根本就是要发展“数字化”。时至今日，我们发现信息资源转化为数据资源，绝不仅仅是重构一个网络的问题，首先要通过数字技术解决万物互联的超增速的海量数据资源筛选问题。数据资源筛选的主要目标是筛选出高价值的数据资源作为核心要素。从信息到数据、再到技术和知识、最后到智慧的排序是价值升值过程，价值越高数量相对较少、处理加工越难。从信息到数据的阶段中，信息和数据都被称为资源，类似于拥有价值但仍需挖掘的意思，目前机器基本能够独立完成这一阶段的加工处理。从数据到技术再到知识的凝练阶段中，是数据资源向数据要素转化的过程，数字技术的到来主要是为了完成这一阶段的加工处理。

进行筛选的关键是利用大数据、云计算、人工智能等数字技术，形成“数据+算力+算法”的模式，从众多数据资源中筛选出具有巨大价值、发挥关键作用的核心要素。这一过程至少包括两个层面。一是通过技术手段从数据资源中挖掘有价值的数据。二是需要综合考虑数据本身的价值、数据间相互关系、应用场景以及外界环境因素，判断挖掘出的价值数据是否是核心要素。

2. 核心要素数字化

由于数据从数据资源转化为数据要素的背景是全球化，而当前全球化的竞争合作存在问题，因而从全球化核心要素到创新全球化核心要素形成的演变过程中有两大难题。一是实现核心要素的数字化转型。二是建立打破核心要素之间壁垒的数字化链接。这两个难题正是核心要素数字化阶段要解决的问题。

（1）两大难题

①实现核心要素的数字化转型

要建立创新全球化，就要加深全球化合作。参与者必须调整自身内部的技术、组织架构、资金、资源配置及人才等要素。另外核心要素的数字化转型必须以数据标准化、生态秩序良好、技术及基础设施稳定等客观条件为前提。

②建立打破核心要素之间壁垒的数字化链接

打破核心要素之间壁垒分为两个阶段。一是针对同类核心要素之间壁垒。关键是应构建良好的发展生态，切断同类核心要素之间的组织垄断。二是针对不同类核心要素之间壁垒。关键是建立新的数字化链接体系，解决不同类核心要素数字化链接的数据标准化、技术及基础设施等问题。

（2）解决办法

对应从全球化核心要素到创新全球化核心要素的演变过程中的两大难题，可以看出，解决问题的关键是：首先要实现全面统一的数据标准化；其次，更重要的是要在此基础上，构建良好的发展生态，形成良好的生态秩序。当然，数据标准化、数字化生态和秩序的建立有一个基本前提，即技术及基础设施的稳定性。

3. 重构核心要素

创新全球化核心要素形成以后，未来所有核心要素都将实现数字化和数字化链接，形成创新全球化的数字化网络。该网络的技术、结构、逻辑、目标等各方面都和全球化的互联网完全不同，这正是各行各业数字化转型的主要原因。

（1）数字化网络和互联网的本质区别

数字化网络的对象是数据要素，互联网的对象是信息。从全球化的角度来说，信息的表达方式可能包含一定的理解歧义、不对称、不全面、难以实时对接和复原等实际问题。因而，在创新全球化时代，人们更需要通过数据对核心要素更直观、更精准的表达。互联网与信息技术保障信息流动下的全球化核心要素流动，但由于互联网的结构是中心化的，海量的信息流动对中心节点带来巨大处理难题。更重要的是，全球化结构和信息网络结构如出一辙，都具有中心化聚集特征。正因为如此，全球化合作与竞争的矛盾根源所在，即全球化的中心化网络结构决定了其垄断趋势。而数字技术则相反，它的分布式结构，会帮助创新全球化的参与者形成身份地位对等的合作，使创新全球化实现真正的普惠目标。

从技术上来说，信息技术和数字技术的技术路径也是南辕北辙的。信息技术的路径是技术集成，讲求的是以系统优化为目标，升级系统中的单一技术。

数字技术的路径是技术深化与细化，讲求的是将单一技术细化至各个领域，深化至各个场景，再根据实际需求，灵活地整合技术。因而，互联网对全球化的技术支撑更多是平台化、系统化的支撑。而数字化网络对创新全球化的技术支撑则将是深化至具体场景、细化至各个领域的支撑。

（2）基于数字化网络的核心要素重构

正是因为数字化网络是具有去中心化的、节点平等的、支持万物互联的结构特征优势网络，使得数字化网络中的核心要素能够在其中更高效、更快速地流通。一方面，随着核心要素流通效率的提升，加之数字化网络的结构优势，各核心要素有更多机会参与与其他核心要素的合作，进而优化配置。另一方面，数字经济产品更倾向于定制化、个性化，要求相关数字化核心要素能够更加精细、灵活机动地合作重组，并全面渗透掌控生产过程。

以上两方面归根结底都是遵循着数据生产要素重构资源配置的逻辑。当前，数字化转型中核心要素的重构是大势所趋。它不仅涵盖了数据生产要素及其所直接影响的社会和生产部分，核心要素的重构目标还包含了数字世界、物理世界和意识世界的连接。

实质上，虽然没有明确的理论研究结论，但我们在很多数字经济相关的研究中都可以意会到研究者们在思想上有统一认识，即核心要素的重构没有一定之规。核心要素的重构可以是跨界的、多维度的、虚实转化的、多可能性的。核心要素的重构是异常复杂系统的一个或多个解，具有概率性。当前，我们更应该追求效率、效益和产出等指标的不断进步优化，探求核心要素的重构规律和其带来的高质量发展的途径。

4. 数据要素质变及融合

核心要素重构之后，必须使其自身与其他要素和因素产生化学作用，进而引发核心要素的质变，并将质变的核心要素融入社会和生产的各个环节。这是因为，数据要素要发挥出价值必须经过质变，且数据要素的融合性为社会和生产带来更高的价值。

具体来说，数据要素与其他要素具有本质区别，其量与质的关系具有不确定性，投入产出不一定成正比。数据要素必须经过其与其他要素相互作用的质变，保障数据要素在各种应用场景中均发挥作用，并通过质变确保数据要素在质量层面上提升价值。同时，由于数据要素的排他性和非竞用性特征，数据要素在应用中将质变产生的效益反复不断输出，在投入产出比上远远高于其他要素，因而相关受益方更具有促进其质变的意愿。数据要素的融合性为社会和生产带来更高的价值主要表现在：从其对生产过程的作用机制看，数据要素的应用需要与其他生产要素深度融合，进而促进了其他各类生产要素的融合。这一融合过程，将促使数据要素发生质变，其影响的生产要素以及社会和生产的变化更加突出，使相关社会和生产迅猛升值。

在技术上，数据要素质变及融合的最终目标是实现智能化，以借助智能化实现大幅度并快速的价值提升。从数字产业化和产业数字化的角度，数据要素质变及融合提高了生产效率和质量。以往的产业升级借助的是要素配置或资源结构的优化等因素，但几次工业革命都是借助新要素的加入在其中发挥的关键作用。以往由于信息资源和数据资源没有融入实体经济，因而并未发挥出这种关键作用。数字经济要想成就第四次工业革命，必须实现从数据资源到数据要素的转变，这种转变必须经过质变且是融入性的。

二、未来数字经济的下一发展阶段

对数字经济的阶段性划分，有两种典型方式。一是按照技术演化的周期，将其分为起源期、积累期、显现期、数字经济1.0（突围期）和数字经济2.0（兴盛期）。二是认为沿着网络化、数字化、智能化的发展方向，按照信息经济、数字经济、智能经济三个经济范式顺序发生。由于数字经济不仅是技术变革，而且对人类社会的生产、生活各方面都造成了深远的影响，使人类社会由信息社会迈向数字社会、智能社会。因而，第二种划分方式更易得到大多数人的理解和共识。

智能经济即将到来

从四次工业革命整体来看，数字经济并非孤立的技术变革带来的经济形态，它是符合人类社会从工业社会向智能社会发展的历史趋势的一个关键阶段。

表8.2 从工业社会到智能社会的三个阶段划分

社会阶段	阶段目标	对应经济阶段	代表性核心要素
农业社会	集中化劳动	农业经济	土地
工业社会+信息社会	自动化生产+信息化消费	实体经济+信息经济	能源信息
工业+数字社会	数字化生产+消费	实体+数字经济	数字
智能社会	智能化生产消费	智能经济	智能素

从农业社会到智能经济，社会阶段的划分是以谁在经济社会中占据主导地位来决定的。表8.2中提及的“代表性核心要素”指的是代表核心竞争力的要素的意思，也即“垄断”与“主权争夺”较为集中的核心要素的意思。各社会阶段围绕核心要素形成垄断主要有：土地垄断、能源信息垄断、数字垄断、智能素垄断。以往土地归国家所有，能源和通信归国家管控。当前各国都在加强对信息垄断的防治手段，而国际上数字主权争夺较为激烈，各国数字垄断的防治已经被提上重点工作日程。数据作为新的生产要素加入数字经济以后，科学要素也会逐步进入到生产要素的阵营。随后，数据、技术、科学和其他生产要素将融合形成智能素，在这个过程中，智能素将成为智能经济最核心的生产要素，围绕智能素的知识产权和其他权限、资源争夺将愈发激进。

如表8.2所示，从工业社会到智能社会，经济上划分为实体经济+信息经济、实体+数字经济、智能经济三个阶段。这是由于：第一，实体经济和虚拟经济双轮驱动，谁的动力强由谁来主导；以前是实体经济主导，信息经济辅助；之后是实体经济与数字经济相结合，同步发展；未来是智能化动能带动实体经济发展，智能经济成为主导，实体经济成为智能经济的一部分。第二，这三个阶段，即是从信息到数字再到“智能素”的发展路径，背后的逻辑是：“实体经济主导，信息经济辅助”时，信息是“既描述实体经济及其相关因素，又辅助支持实体经济发展的独立于实体经济的催化剂”；“实体经济与数字经济相结合，同步发展”时，数字需要和实体经济在体系结构上一致、技术上兼容、逻辑上统一、发展上和谐，信息必须以数字这一更加精准、易于组合、易于处理的形式存在；“智能经济成为主导，实体经济成为智能经济的一部分”时，“智能素”作为一个集合包含了数字及技术、科学、相关劳动力等生产力要素，实体经济成为围绕“智能素”的辅助作用部分。

元宇宙与数字经济的关系

元宇宙包含还是涵盖于数字经济？范畴大于还是小于数字经济？其实，元宇宙和数字经济的关系不能用大小或包含关系来衡量。首先，元宇宙的本质是具有社会属性的，与数字经济不属于同一概念范畴。国内有专家提出“元宇宙经济”的概念，认为其是数字经济的一个子集，指的是数字产品的创造、交易、消费等所有在虚拟数字世界中进行的经济活动。但这一观点本质上是由于，在元宇宙初期业界普遍认为它是以虚拟世界为主的。但随着对元宇宙了解程度的加深，人们意识到：元宇宙的构成将经历如图8.3所示的三个阶段，即虚实孪生、虚实相生和虚实融生。对应的，元宇宙经济也将向虚拟、现实经济的孪生、相生和融生的方向演进。而数字经济基本上是属于虚拟经济的一部分。从理论上看，似乎元宇宙经济是包含数字经济的。但是，在实际发展中，我们发现元宇宙和数字经济尚在不断发展的过程中，两者的最终概念范畴尚未明确，因而，探讨两者的关系应该更多从逻辑的、发展的角度出发。

图8.3　元宇宙的构建阶段[22]

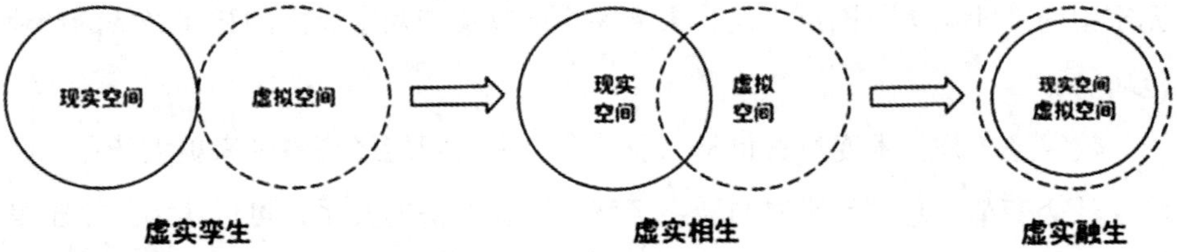

信息来源：《元宇宙视域下的用户信息行为：框架与展望》[22]

由于，智能经济的代表性核心要素智能素是数据、技术、科学和其他生产要素融合的结果。同时，从实体+数字经济阶段的“实体经济与数字经济相结合和同步发展”，到智能经济阶段的“智能经济成为主导，实体经济成为智能经济的一部分”，需要一个实体经济与数字经济相融合的过程。因而，在两个阶段之间需要一个“实体经济与数字经济相融合，各核心要素也同步融合”的过渡阶段。而元宇宙正是一种符合这一基本要求的虚实相融的社会范式。

其实，早在元宇宙这一概念被大众所关注之前，数字经济学家和产业学家就数字经济向智能经济发展的基本路径问题，就有一定的分歧。前者出于发展速度、成效和科技创新等因素的考虑，更倾向于直接构建一个实体经济与数字经济相融合的经济、产业或社会范式。后者则出于产业基础、经济效益和可操作性等因素的考虑，更倾向于通过产业化转型和技术赋能，使实体经济与数字经济逐步协同改造，最终到达融合目标。由于前者提出的方案实现难度较大，也缺乏理论基础；后者提出的方案在成效上的投入产出又制约了相当一部分中小型企业的发展，所以，争论并未停止。之前，我们看到数字经济整体的发展趋势，仍是以后者为主，产业化转型的案例非常多。直到元宇宙开始火爆，我们意识到，元宇宙或许才是支撑前者提出的方案的基础社会范式。得出这一结论的主要原因有三个。一是，元宇宙具有虚实融合的特征，将虚拟世界和现实世界完美融合为一个立体、多维、实时、能够超越时空的交互空间，能够为实体经济和数字经济融合提供环境保障。二是，元宇宙的底层技术包括人工智能、数字孪生、区块链、云计算、拓展现实、机器人、脑机接口、5G等，涵盖了当前实体经济和数字经济的关键技术领域；前端设备包括VR、AR、可穿戴设备、虚拟主机等是具备融合虚拟与现实世界能力的技术；因而，元宇宙的技术体系能够为实体经济和数字经济的发展和融合奠定完备的技术基础。三是，元宇宙的产业涵盖范围更广泛，未来完全能够覆盖数字经济和智能经济的产业范畴。

数字经济是技术变革，也是产业革命。未来智能经济将带来更大产业、经济、社会变革。总结元宇宙与数字经济、智能经济的关系，可以认为元宇宙是“数字经济向智能经济发展，数字社会向智能社会演化”的化学反应的启动/临界点。谁在这个启动/临界点发挥作用，就很有可能在未来主导数字经济、数字社会、智能经济和智能社会的发展方向。这正是大家争先恐后地投入元宇宙发展的原因。同时，推动这种化学反应的困难和风险也是一些人对元宇宙望而却步的原因。

元宇宙的发展趋势

元宇宙什么时候才能到来？许多专家认为，受技术、产业、文化、经济和政策影响，至少需要5～10年，如果达到理想中的成熟形态，甚至需要20年、30年。也有报告称，元宇宙的发展成熟将分为三个阶段，即“技术变革”（2021—2025年）、“工业变革”（2026—2030年）和“终极形态”（2030以后）。尽管如此，对数字化的迫切需求，激发了人们对于数字化实时连接、沉浸互动、虚拟现实连接、多模态模拟的理想期待，由此推动了相关产业、技术和投资市场等各方的前进动力。

从国际发展趋势来看，美国是元宇宙领域的开拓者和领军者，以Meta公司、微软为代表的顶级科技巨头技术公司已早早布局了元宇宙游戏、数字虚拟会议、元宇宙入口技术及虚拟现实设备产业。后续将有以苹果公司为代表的大量科技公司投入元宇宙热点领域。与此同时，美国在脑机接口技术上的布局也早于其他科技发达国家，加上目前云端分布式算力技术方案也已经取得了计算效率上的重大突破，使美国的元宇宙发展具有更多的未来技术优势。我国目前的发展现状是：全国首家获批元宇宙行业协会正式揭牌，标志着国内元宇宙行业“元宇宙共识圈”的组建。2021年以来注册有关元宇宙的商标已经超过4000个，腾讯、字节跳动、百度、小鹏汽车、网易等企业已开始加强对元宇宙领域的布局。由中国国家信息中心领军开发的区块链服务网络[Blockchain-based Service（BSN）Network]已经在全世界130多个地方建立了存储区块数据的公共城市节点，国际上多个大型区块链服务企业、金融机构、科研单位等均与BSN发展联盟建立了联系，以构建连通全球的全球性基础设施网络，并预计将联合多家国际知名银行和科技公司规划建设一个基于各国央行数字货币的全球支付和结算网络。比较中、美两国，美国的技术发展、资本活跃度、市场规模、产业健全度均为国际领先；我国仅市场规模可与美国比肩，其余各项均显弱势，因而当前我国元宇宙发展的模式更侧重整体规划性。除中、美以外，国际上技术先进国家均已加入了积极布局元宇宙的阵营，许多国家都将元宇宙发展列入国家发展计划。

元宇宙产业的基本发展路径为“游戏/艺术—工作—生活”。当前，元宇宙布局的典型代表包括：游戏端，罗布乐思；艺术端，NFT艺术藏品；工作端，脸书与英伟达；生活端，社交、教育场景的应用。相对于较成熟的游戏/艺术领域，现阶段更应该开始关注元宇宙并发展元宇宙在各个产业上的研究和应用。如图8.4所示，元宇宙对产业的影响主要是将加速硬件设备制造业和软件技术开发业等相关产业的发展，且更深入地影响各产业应用的条件、模式和效果，最终影响各产业的相互关系和发展走向。

图8.4 元宇宙的产业影响

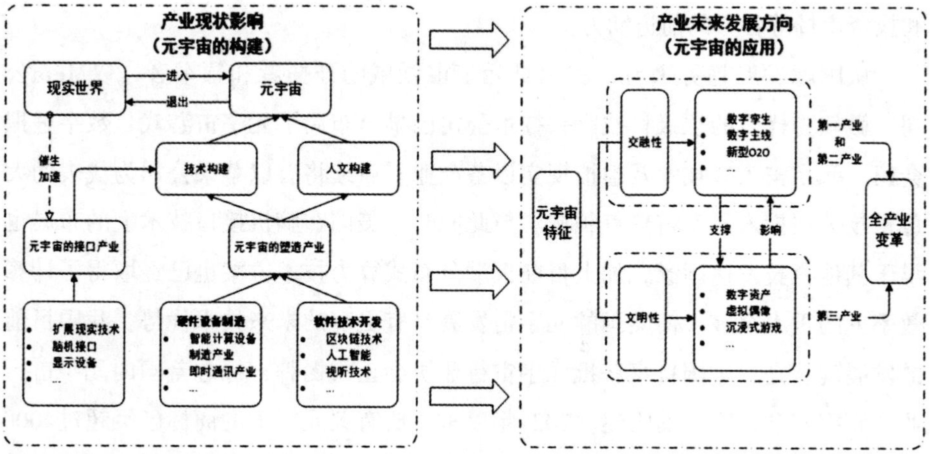

信息来源：《技术和文明的变迁——元宇宙的概念研究》[21]

当前，要促进元宇宙对产业的影响，重中之重是促进和加快元宇宙的接口产业、硬件设备制造产业和软件技术开发产业的发展，以满足人们实现随时随地进出元宇宙的需求。基于当前的技术和产业现状，更具体的应当聚焦在接口产业的设备制造领域，比如扩展现实设备，强化沉浸式装备（脑机接口等）的发明和制造等；硬件设施重点支撑智能计算设备制造产业、即时通信产业、显示设备产业等；软件技术开发方面应加速区块链、人工智能以及相关视听技术等产业的发展[21]。

在元宇宙对产业未来影响上，有专家认为，数字孪生技术是将现实复刻到虚拟空间中，而数字主线技术则是通过对虚拟空间中现实物品映射的模拟和分析，从而达到指导现实具体生产活动的目的。现阶段应重点关注“数字孪生技术”和“数字主线技术”对生产有形产品的产业影响，从而实现对生产的指导，直接对第一和第二产业的生产模式进行全方位改良和变革，颠覆了第一和第二产业内部的产品生产流程[21]。

在研究方面，国外对元宇宙的研究热点大致分为元宇宙本体、元宇宙教育、元宇宙游戏/电影、元宇宙社会、元宇宙商务和其他设计、医疗等领域的应用。在技术上，有专家认为：元宇宙六大核心技术中，电子游戏、网络计算和人工智能技术发展较成熟，形成了一定的产业规模；区块链技术、物联网技术和人机交互技术则差强人意；去中心化技术和应用、NFT不久之后将跌入泡沫破裂低谷期，技术上可能还需要5～10年，甚至10年以上才能发展成熟；中短期最有投资前景的技术和产业领域主要是基于5G和XR技术在研发、教育、商业服务与体验、游戏、虚拟办公、社交、影视文娱、旅游等方面的应用；基于大数据、人工智能和物联网之上的数字孪生技术是另一个快速发展的领域，例如数字工厂将是工业方面的典型应用场景；整体看来，在元宇宙的底层技术和基础设施软硬件方面的发展机会目前很多主要投资是XR软硬件、数字人（虚拟主播，虚拟偶像，个人虚拟形象等）、UGC技术与平台；应用方面有希望获得较快发展的是游戏和商业服务体验类，如旅游、广告展览，设计规划，XR+游戏，旅游，广告等[156]。

尽管元宇宙的发展前景得到了公众的共识认可，但同时也受到了一些批评和担忧。这些负面观点主要集中在概念及理论不统一，制约统一发展；各方投入过热，缺乏理性；核心技术突破需要时间过长，且缺乏协同；对于用户隐私的保护能力、过度沉浸和网瘾风险、对身心健康的不良影响、对用户主观意识的入侵和损害。

针对元宇宙发展现状、未来发展方向和潜在风险，我们认为，在未来很长一段时间，元宇宙技术仍是发展的核心，特别是核心技术的突破将是掌握元宇宙主动权的关键。对我国来说，依靠基础设施、产业和市场优势驱动核心技术发展，可能比突破相关基础研究创新核心技术更容易取得成功。从发展方向来看，下一阶段应开始抢先在元宇宙对于第一、第二产业的布局，以期在元宇宙下一个发展阶段取得先机。元宇宙部分领域的投资热度将在未来逐步步入理性的放缓状态，企业会更注重抓住引发商业颠覆和市场机会的领域的长期跟踪和投入。从政策上看，我国更倾向于采用协同规划的模式支持元宇宙发展，关注元宇宙对全球地缘政治竞争产生的战略影响；同时，针对公众担忧的一系列潜在风险，我国将会加强监管、立法和制度、机制改革；并且政府将更加关注整个行业的发展，以及元宇宙对社会、经济和政治的影响。

三、未来数字经济下的产业发展方向

数字经济有一个重要作用，即在一定程度上与供给侧结构性改革异曲同工，能够解决产能过剩与全要素生产率下降两个产业结构问题。数字经济不仅能解决这两个问题，还能够调整全球产业布局。

供给侧结构性改革和产能过剩

传统经济体系下，产能过剩问题的解决本质上还是依赖经济结构优化、制度改革、技术创新、资金驱动等外界因素的作用。我国供给侧结构性改革对产能过剩问题的解决，成效较为显著。本节集中讨论了传统经济体系下产能过剩和供给侧结构性改革，以及供给侧结构性改革如何解决产能过剩的问题。

1. 产能过剩

传统意义上，产能过剩是指在计划期内，企业参与生产的全部固定资产，在既定的组织技术条件下，所能生产的产品和能够处理的原材料数量过多，超过市场标准的剩余。或者不考虑原材料，将生产产品的能力超出社会需要的过剩称为产能过剩。其中，关于“过剩”有不同的认知。有人认为供大于求即为过剩；有人认为，总供给不正常地超过总需求的状态才是过剩状态。从消费的角度，更倾向于认为包括现有生产能力、在建生产能力和拟建生产能力的总和的产能总量过剩更具有实际意义。

不同于国外仅以设备利用率为指标衡量产能过剩，国内产业专家指出，有些行业受工艺、工序、配套等因素影响，设备与产能并非完全成正比，仅以设备利用的情况探讨产能是否过剩是不准确的。即便如此，我国还没有建立对产能过剩定性、定量的科学评价标准。有学者指出产能过剩体现在产品价格相对下滑、效益大幅滑坡、行业供给超过了行业需求三个方面。也有专家指出产能严重过剩有六项指标：产品库存持续急剧上升，销售呈现停滞状态；产销率大幅下降，供求关系严重失衡；产品价格大幅度回落，长期处于成本线以下；行业出现大面积的企业亏损，企业被迫举债经营；一批企业相继倒闭或破产；进口严重受阻，出口不计成本，国际贸易摩擦频繁发生[157]。这些描述在一定程度上反映了产能过剩增加了宏观和微观经济的不稳定性的表象，但并没有统一产能过剩的判断标准。

产能过剩的直接原因包括投资增长高于消费增长，技术进步加速且政府放松行业准入的管制，使得产能扩张迅速，供给能力的增长明显快于需求能力的增长。产能过剩的根本原因是经济增长方式不合理，具体体现在地方政府干预下的投资和经济增长速度过快，超出实际需求。产业技术没有形成竞争优势之前，产能迅速扩张以占据市场。一些技术密集型产业中对热门技术的投资过热，技术提高速度优于其他领域，难以实现技术市场的整体提高，导致部分产业产能过剩。另外还存在一些行业体制、行政垄断等问题导致的产能过剩问题。

从理论上分析，产能过剩是供给和需求结构失衡造成的。产能过剩是供给与需求相对过剩的概念。解决产能过剩的途径有两个：一是去产能，二是增加社会对过剩产能产品的需求。从理论上讲，去产能不是简单地做减法，要避免减掉优质、高质和不可替代的产能，要综合考虑对经济增长的影响以及对环境的影响程度。去产能是以结构优化为前提的产能减量提质，具体方法是：将过剩产能转移至海外，以资源、能源、环保标准淘汰落后产能，通过兼并重组提升产能的整体质量。出于经济增长需求，除了结构化的去产能，关键还包括促进需求提升。以消费升级为例，消费升级不仅是消费量的增加，更多是消费质的提升，消费对象和消费结构的变化。从需求端入手，增加社会需求，就是要进行财政或货币扩张，推动需求回升。

换一个角度看产能过剩，传统的产能过剩一般针对“生产性产业”而言，指的是以固定资本、劳动力、原材料等要素投入在一定技术水平下的最佳产出，超过了由市场需要决定的实际产量的状况。这一要素论观点，说明了供给和需求结构失衡的背后，是要素投入、产出与消耗的失衡。由于数字经济的数据要素化正是以数据为抓手，将各要素全面地进行优化配置。因此，借助数字经济的发展，产能过剩问题必将得到更好的解决。

2. 供给侧结构性改革

供给侧结构性改革旨在用改革的办法推进结构调整，使要素实现最优配置，提高全要素生产率，增强供给结构对需求变化的适应性和灵活性，提升经济增长的质量和数量。具体地说，供给侧结构性改革就是用增量改革促存量调整，在增加投资过程中优化投资结构、产业结构开源疏流，在经济可持续高速增长的基础上实现经济可持续发展与人民生活水平不断提高；就是优化产权结构，政府宏观调控与民间活力相互促进；就是优化投融资结构，促进资源整合，实现资源优化配置与优化再生；就是优化产业结构、提高产业质量，优化产品结构、提升产品质量；就是优化分配结构，实现公平分配，使消费成为生产力；就是优化流通结构，节省交易成本，提高有效经济总量；就是优化消费结构，实现消费品不断升级，不断提高人民生活品质，实现创新—协调—绿色—开放—共享的发展。其中，需求侧改革主要有投资、消费、出口三驾马车，供给侧则有劳动力、土地、资本、制度创造、创新等要素[158]。

供给侧结构性改革的原因主要在于我国自2015年后，经济呈现“实体经济等传统经济发展态势不佳，而‘互联网+’等新经济发展态势良好”的局面。新形势下，供给与需求均发生了相应的变化，供给侧结构性改革需求急迫。

供给侧结构性改革针对的问题包括：总体产能过剩、中低端产品供给过剩且高端产品供给不足的供需关系结构性失衡；八个方面的结构性问题（高附加值产业、绿色低碳产业、具有国际竞争力产业比重偏低的产业结构，人口的区域分布不合理和区域发展不平衡的区域结构，过度依赖要素一般性生产要素投入的投入结构，废水/废气/废渣/二氧化碳等排放比重偏高的排放结构，过多依赖投资的经济增长动力结构，政府/市场/社会的关系束缚的制度结构，面向全球的利益共享结构和分配差距较大的收入分配结构）和国家治理的现代化理念模式问题。

由此，供给侧改革实质上就是改革政府公共政策的产生、输出、执行以及修正和调整方式，按照市场导向的要求来规范政府的权力，充分发挥市场在配置资源中的决定性作用。供给侧结构性改革提出了从生产端、供给侧入手，以市场化为导向、以市场所需供给约束为标准的政府改革调整供给结构。加快推进科技体制改革、教育人才体制改革、生态文明体制改革、金融体制改革、社会保障体制改革、户籍制度改革、福利保障制度改革、土地制度改革、行政管理体制改革、财税制度改革、区划体制改革、收入分配制度改革、产权制度改革等一系列改革举措，提升全要素增长率，培育新的增长点，形成新的增长动力。

供给侧结构性改革的意义在于，它是中国改革开放以来最深刻的一次政府功能转变。主要是由于在影响经济增长至关重要的土地、劳动力、资本、创新等要素方面，现在制度结构、生产结构还存在着十分明显的供给抑制与供给约束，发挥市场配置资源的决定性作用和更好地发挥政府作用成为改革的核心，以此带来的经济和产业结构调整影响深远。

本质上，供给侧结构性改革的重中之重是释放政府制度约束，对要素市场进行全面改革，以解决供需平衡、各大结构性问题和治理问题，以真正发挥市场在配置资源方面的决定性作用。这个理念和目标与数字经济具有一致性。

3. 供给侧结构性改革如何解决产能过剩问题

有学者指出：发展中国家向发达国家跨越的过程可分为两个阶段，第一阶段是需求决定型经济，生产方式是从劳动密集型向资本密集型转化，收入特征为由低收入向中等收入发展；第二阶段是供给决定型经济，生产方式是从资本密集型向技术密集型转化，由中等收入向高收入发展。新常态下中国经济出现了结构性的变化[159]。中国的结构性问题主要包括产业结构、区域结构、要素投入结构、排放结构、经济增长动力结构和收入分配结构等六个方面的内容。具体地说，在产业结构上，第一产业发展相对迟缓，生产力水平相对较低，高附加值产业、绿色低碳产业、具有国际竞争力的产业比重较低；第二产业增长迅速，但造成了严重的“产能过剩”问题，如钢铁、水泥、平板玻璃和风电设备、电解铝、造船、电力、煤炭、有色金属、建材、化工等行业；第三产业比重较低，且内部结构不合理，经济效益较低。在投入结构上，依赖劳动力、土地、资源等一般性生产要素的投入，人才、技术、知识、信息等高级生产要素的投入比例较低，造成资源能源过度消耗和产业集中在中低端。在排放结构上，生产设备的落后和生产的消费品的不环保等因素造成了中国碳排放量过高。在动力结构上，经济增长将更多依靠技术进步和人力资本质量，经济发展动力从要素驱动、投资驱动转向创新驱动。在区域结构上，人口特别是人才区域分布不合理，导致贫富差距的加大[160]。因而，供给侧改革的重中之重是供给侧结构性改革。

我国供给侧结构性改革的主要原因是我国经济存在产能过剩与全要素生产率下降的问题。一方面，从经济政策的理念看，有经济学家认为，和供给侧管理相比，需求侧管理增加了经济的波动。从供给侧促进经济增长，最终的落脚点就是对生产要素以及全要素生产率的管理。因而，我国供给侧改革强调从生产要素入手通过优化资源配置，提高全要素的利用效率，使供需平衡。另一方面，供给侧结构性改革不仅要提高供给体系质量和效率，还要提升存量，更要确保增量。在中国经济步入新常态后，经济增速放缓，结构性矛盾凸显，经济增长面临动力转换的压力，因此消化过剩产能是转变经济发展方式、转换经济增长动力的重要前提。消化过剩产能，淘汰落后产业是供给侧结构性改革的首要任务，是调整供求关系、促进供需平衡的关键，也是调整经济结构、转变经济发展方式的重要举措[161]。

实际上，全要素生产率与产能过剩并非不相关。因为，供给侧对应生产函数，包含的要素有劳动力、土地、资本、制度、技术创新等。这些要素的创新升级，不仅提升了全要素生产率，还会增加经济增长，在一定程度上解决产能过剩问题。提高全要素生产率，尤其加大自主研发和科技创新的力度提高全要素生产率，就是要从劳动力、土地、资本、技术等要素端全面发力，让资源从产能过剩产业流动到有高需求的新兴产业去[161]。

对于产能过剩，我国学者有的认为是由市场信息不完全引起过度投资驱动的“潮涌现象”所导致；有的认为需从企业产能投资行为和产业政策的视角予以分析；更有学者认为根本原因在于市场长效机制的缺乏，关键要从供给侧的视角解决政府与市场协调的问题[162]。综合来看，我国产能过剩既有市场的原因，又有体制、发展方式、投资结构失衡、国内市场需求下降、企业退出机制不健全的原因。去产能就是要引导周期性过剩行业拓展国内外需求；淘汰结构性产能过剩中的低端产能，提高高端产能的供给能力；支持理解阶段性产能过剩；淘汰素质性产能过剩。

借鉴发达国家化解产能过剩的经验。美国采用引导产能输出的方式，使美国工业生产向外贸发展，消化了美国的过剩产能；推出“再工业化计划”和一系列先进制造政策，加快产业转型升级，化解过剩产能；通过实施创新驱动发展战略，创新驱动产业发展，化解产能过剩。日本则采用“扩大内需化解产能过剩，向海外转移过剩产能，实行企业兼并重组以提高产业的集中度，实行落后产能淘汰政策”的方法解决产能过剩问题。由此，我国专家指出，我国解决产能过剩的方法包括加快产业结构转型升级、加强科技创新形成有效供给、推进生产要素定价机制改革、利用市场机制引导过剩产能退出、实施过剩产能海外转移战略、加快要素市场化改革国内总需求。其中，供给侧结构性改革的主要方向之一，即化解过剩产能，优化产业结构。具体方法为：完善市场退出机制，出清僵尸企业，释放闲置要素资源；深化国企改革，发展混合所有制经济，盘活国企存量资产；引导产业结构向以高技术产业与战略性新兴产业、现代服务业为代表的中高端领域发展[163]。

数字经济与供给侧结构性改革异曲同工

依据前文，我国供给侧结构性改革的主要原因是我国经济存在产能过剩与全要素生产率下降的问题。针对这两个问题，数字经济与供给侧结构性改革具有异曲同工的作用。因而，数字经济对产业发展的主要作用之一即为解决这两个问题，以提高和加速产业经济增长。

1. 数字经济提升要素生产率

以德国工业4.0的“智能工厂”等产业进步为代表，第四次工业革命起源于工业化发展需求和产业发展带来的深刻矛盾。从某种意义上来看，革命性新技术和新工具、新生产要素、新基础设施，是构成革命性新生产力、新生产关系和新组织体系的基础要素。因此，四次工业革命的划分方式如表8.3所示。从前三次工业革命进程来看，革命性基础要素对工业革命的驱动作用是不可替代的。因而，根据第四次工业革命的革命性基础要素，可以深刻理解美英学者所述的“数字革命”的基本要义。在当前的第四次工业革命阶段，围绕“数据、数字化新基建和以数字技术为代表的新兴技术”开展的工作，都可以称之为革命性的工作。

表8.3 四次工业革命的革命性基础要素

阶段	革命性新技术和新工具	革命性新生产要素	革命性新基础设施
第一次工业革命	机械、煤炭、蒸汽机	资本	铁路
第二次工业革命	电力、石油	企业家才能	电网、管道运输、高速公路、通用航空
第三次工业革命	半导体、计算机和互联网	技术、信息	信息基础设施
第四次工业革命	大数据、人工智能、数字技术	数据	数字化新基建

从经济学理论来看，经济增长主要来源于两个方面：一部分来自于更多要素或资源的投入，另一部分则来自于要素生产率的提升。国家经济要维持长期的高质量增长就必须要保持较高的要素生产效率。且经济增长理论认为技术创新或科技进步是提升要素生产率的根本性因素[164]。

从第一次工业革命到第四次工业革命，依次增加的革命性新生产要素有资本、企业家才能、技术、信息和数据。这些革命性新生产要素从技术和要素两个方面提升了要素生产效率。

（1）技术方面

从技术角度来说，工业革命时代往往是新兴技术集中爆发的时代，要素生产率的跃迁式提升是必然的。从第一次工业革命开始，技术的发展既促进了工业的进步，制约了要素生产效率，也决定了经济增长的上限。但相反的，技术本身也受限于工业水平和经济状况。以美国为例，从第三次工业革命中美国的黄金发展阶段之前开始，美国对科技的投入在整体趋势上逐年递增，如果和其产业发展趋势做对比，可以看出，美国科技发展战略基本与其产业发展和经济因素正相关。同时，美国在保障科技应用的范围和效果的战略部署上优于其他国家。由于这些因素，美国基本保证了科技发展对要素生产效率提升的直接转化。加之全球化以后，美国将很大一部分较低要素生产效率的工作转嫁别国。美国在第三次工业革命时期基本维持在高速发展状态。现在我们正处于第四次工业革命阶段，面临新的一轮新兴技术爆发期，科技进步和要素生产效率提升的对应衔接，无疑是经济增长的关键。

（2）要素方面

新生产要素的形成，必定会革新生产力及生产力关系的组织分配和资源配置，甚至促使新生产力及新生产关系的产生。如果说从第一次工业革命到第二次工业革命的要素转变主要体现在动力能源转变的驱动作用对要素生产率的提升上；从第二次工业革命到第三次工业革命的要素转变则不仅体现在这一点上，更体现在各要素网络化链接的全球化发展对要素生产率的提升上；从第三次工业革命到第四次工业革命的要素转变更多强调的是从信息化向数字化转变后，各要素以数字化形态全面渗透生产及生活的各个细化的环节，真正实现打通所有时空隔阂的全球化流动性发展。总之，从整体上来看，四次工业革命的要素生产率提升依靠的是要素的“动力能源提升——信息/数字渗透”发展路径。

分析四次工业革命中革命性新生产要素（资本、企业家才能、技术、信息和数据）对要素生产效率提升的作用。具体地：

资本使劳动力从围绕土地要素的劳动转变为围绕资本要素的劳动，使劳动力从周而复始的固定时间地点的农业劳动转变为具有一定自由选择度的工业劳动。第一次工业革命使人类社会进入机械化生产时代，以蒸汽机为动力的纺织机彻底改变了产品的生产方式，促使劳动者学习新的知识适应劳动要求，因而提升了社会整体的劳动生产率。同时，资本使资源和劳动力聚集起来产生聚集效应，又通过资本地位取得组织生产、资源配置和剩余价值分配的决定权，资本为了获取更多的剩余价值，必须不断优化生产力及生产力关系，以提高全要素生产率。

第二次工业革命的核心变革是使规模化大生产变为主导性生产方式。第二次工业革命后，工业领域竞争激烈，社会整体的劳动生产率差距缩小，全要素生产率的差距拉大。此时，企业家才能的作用显现，企业家对生产领域产品、生产力及生产力关系、组织生产、资源配置和剩余价值分配、合作与竞争判断等各主要因素的系统性决策能力，成为降低生产成本、提升全要素生产率的关键。

第三次工业革命时期，通信和互联网把信息资源带向全球，进而带来了全球化。而全球化加剧了所有要素的全球性流通与连接，不断消除这些要素的时空壁垒。在这一时期，对要素生产率影响较大的差异性要素主要是信息和技术。可以看到，一方面，技术竞争和技术垄断特征在这一时期贯穿始终；另一方面，信息安全和情报信息成为各国国家战略之一。最为典型的国家是美国，既倡导全球化带来的经济繁荣，又致力于通过技术竞争、技术垄断拉开与别国的经济增长差距，同时将核心情报信息、重要产业信息和关键技术信息等关键信息看作国家安全发展（包括经济发展）的重要战略之一。

当前正在发生的第四次工业革命的大量新兴技术表明，技术发展趋势正由“解放双手”向“解放大脑”转变，如果在技术上实现数字化、智能化目标，技术将使要素生产率呈指数提升，这一点是毋庸置疑的。与此同时，第四次工业革命的最重要变革是核心要素信息资源转变为数据要素。在第三次工业革命时期，虽然信息在第三次工业革命时期起到了关键作用，提高了生产率水平，被看作是一种重要资源。但是，信息本身难以完全渗透生产和生活的更细微环节，在现有的经济产业模式下，信息的权属也无法确定，因此信息本身制约了生产和生活效率的进一步提升。第四次工业革命从解决这些问题的目的出发，到实现智能化的最终目标，必然要经历的一个阶段即数字化。数字化向生产和生活的渗透力将是非常强大的，它几乎已经完全化解人们对智能化的疑虑，并即将构建一个全新的高要素生产效率社会。这是由于，数据要素自身效率和配置效率极高，具有较高的知识性价值并利于创新，易于和其他要素融合、合作或渗透达成要素质量提升。同时，企业数字化转型、社会及政府的数字化治理，是优化生产力关系、提高生产力水平，进而提高要素生产效率的首要手段。从长远来看，数字化不但打破了要素间的时空壁垒，还有望打破产业和国家发展壁垒，为智能化提供创新技术和要素资源。另外，数字经济以来，经济增长呈现比第三产业更优的发展趋势，提升了全球消费增长比例，利好要素生产效率。第四次工业革命的技术迭代周期更短，新产业、新业态即将大量涌现，扩张的产业和技术版图，必然带来整体发展的提速，全面提升生产效率。

2. 数字经济革命调整全球产业布局

在四次工业革命中，各国的角色如表8.4所示，中国由旁观者变为追随者、参与者，当前正向引领者转变。技术竞争者由第三次工业革命的美、苏、日、德四国，转变为中、美、日、欧、韩、俄、印等多国。变革速度由前三次工业革命的线性匀速发展，转变为指数级加速发展。

表8.4　中国在四次工业革命中的角色变化

项目	第一次	第二次	第三次	第四次
能源	煤炭	煤炭和石油	以传统能源为主、新能源为辅	新能源的比例不断上升
引领国家	英国	美国、德国	美国	美国
技术竞争者	法国等欧洲列强	英国、日本、法国等	苏联、日本、德国等	中国、日本、欧洲大国、韩国、印度等
变革速度	线性匀速发展	线性匀速发展	线性匀速发展	指数级加速发展
基础设施	铁路、公路、桥梁	铁路、港口、电网	网络基础设施、公共生活服务设施等	“5G”基站建设、特高压、城际高铁和城市轨道交通、新能源汽车充电桩、大数据中心、人工智能、工业互联网
中国角色	旁观者	旁观者	追随者和参与者	参与者和引领者

信息来源：《第四次工业革命与中国对阿拉伯国家的科技外交》[165]

第四次工业革命背景下，各国纷纷开展制造业智能化发展路径。包括德国、美国、中国、日本、欧盟在内的众多国家和组织陆续出台了相关战略政策。其中，最早提出“工业4.0”概念的是德国，目的是解决规模化生产和定制化需求的矛盾。欧盟所走的路线类似于德国的“工业4.0”，但相对更注重产业链、产业生态和制度体系的构建。美国以互联网优势为基础，提出了“工业互联网”的概念，以数字化为基础推进智能化进程。中国不反对德国的“工业4.0”路线，但由于和美国同样具有互联网优势，近年来倾向于选择“工业互联网”的路线。和美国相比，区别在于中美互联网的优势领域略有不同。日本在人工智能技术上的优势比较突出，直接提出了“工业智能化”，充分利用机器人技术优势，组成无人化生产线。总体来看，各国选择产业革命路线的立足点，基本上还是以自身以往的优势为主，对短板的关注度不足。

前三次工业革命时期，工业革命都是先在技术和工业领域革新，再推及政治、经济和社会领域。第四次工业革命的技术、工业领域革新和政治、经济、社会革新同时发生，彼此间相互影响、相互促进，使整个局面更为复杂。第四次工业革命领导主体由技术和工业主体转变为技术、工业、政府、社会和经济主体。典型的例子是各国及组织从早期开始不断出台政策，及时调整政策导向，以解决其他主体面临的实际问题。各国及组织出台的部分代表性政策见表8.5[165]。

表8.5　各国及组织出台的部分代表性政策

国家	时间	政策名称	主要内容
中国	2014年	《中国制造2025》	旨在将“世界工厂”变成“制造业强国”，将“中国制造”升级为“中国智造”，打破西方的高科技垄断
		《“十三五”国家战略性新兴产业发展规划》	
	2016年	《战略性新兴产业重点产品和服务指导目录》	依据规划明确的5大领域8个产业，进一步将我国战略性新兴产业细化到40个重点方向下174个子方向，近4000项细分的产品和服务
德国	2013年	《2020高科技战略》	列出未来十大高科技研发领域，推出德国版的“工业4.0计划”，希望通过技术革新继续走在世界高科技的前列
美国	2016年	“美国制造计划”（ManufacturingUSA）	试图通过战略规划实现高科技产业升级换代，统筹国防部、能源部、商务部、卫生部、美国国家科学基金会、美国国家航空航天局、劳工部、农业部、教育部等部门，以维持高科技的代际优势
	2019年	《美国主导未来产业》	进一步明确了在高科技领域的重点方向——“5G”、人工智能、量子科学等
日本		《互联产业计划》和《社会5.0计划》	提出将必要的商品和服务提供给需要的人，形成超智能的社会服务
……	……	……	……

从政策解读上来看，我国并不支持把德国的“工业4.0”近似于第四次工业革命。值得指出的是，我国迄今为止在技术基础上和美国更接近，同时作为工业大国，我国产业链大而全，如果走“工业4.0”的路线，也是有前景、有基础

的。而实际上，未来的世界整体发展趋势，必然是德国、美国、日本等各国工业智能化路线的集成和融合。

其中，德国“工业4.0”的重要之处是它更早地构建于第四次工业革命之上，并深入其中。德国的“工业4.0”起源于其2006年的《高技术战略》。《高技术战略》旨在支持德国科技的突破进展和创新能力提升，以实现引领国际世界的目标。由于该战略达成的实际效果超出预期，德国科技研发投入及产出指标提升速度较快。但超出德国预期的是，在与美国争夺全球制成品出口第一的地位时，德国很快被中国超越了。与此同时，受到2008年金融危机的影响，美国以及欧洲发达的资本主义国家也提出了“再工业化”计划。德国同时感受到来自发达国家竞争者和部分发展中国家的竞争压力。德国在2010年发布了《思想、创新与繁荣：德国2020高技术战略》，以进一步解决新产业挖掘和增长提升以及可能到来的资源能源危机问题。随后，德国在2011年提出了“工业4.0”战略，指出其作为制造业强国，发展工业4.0是必要的且潜力巨大，坚定了“工业4.0”路线。德国的“工业4.0”致力于通过建立信息物理系统（CPS），使生产线实现智能化升级，以建立生产线上万物互联的工业物联网体系，并通过实现产品全生命周期的监管和柔性化的定制产品制造，提升产品生产效率和降低人工成本，扩大产品市场和缩短生产周期。而在“资源与能源全球性资本下滑，但生产需求和环保要求不断提升”的背景下，全球对碳中和、零排放的关注度和对可再生新能源的渴求度更高。德国认为在寻找到并明确全球新能源发展路径之前，工业4.0能够应对这一要求变化，在一定程度上降碳减排，且提早布局工业4.0的新能源版本升级能够远超传统工业的新能源成效。

美国主导的工业互联网目标是通过感应器收集设备及零部件运行状况数据，进行大数据分析，实现成本降低、效率提升和系统优化，大数据管理、大数据分析软件是其中的关键。比较美国的工业互联网和德国的“工业4.0”，可以看出两者的本质区别在于前者是基于数据网络的工业智能化升级，后者是基于生产周期的智能化升级。美国的互联网优势使其能够解决工业互联网的绝大部分核心问题，除了一个关键点——与外界连接的物联网标准化及其应用。德国的工业4.0战略将标准化列为重要工作之一，在物联网设备网络接口的标准化等方面作出了较好的成绩。出于各国在物联网标准化研究和未来应用需求上的考虑，美国成立了“工业互联网联盟”，美国、日本及德国等国的企业及机构加入其中，共同商定物联网标准化的基本框架以及分析应用创新实践。

日本充分利用了自身的智能化机器人发展优势，全力推进机器人在生产中的应用。在提升机器人技术的基础上，加强企业内外部的连接，整合内外部的生产控制、管理和运营。日本的这一路线，更像是在工业系统中插入无数个智能终端，再将这些终端统一链接并网络化调度优化。这种软硬件结合的多智能体方式独具特色并有一定的优势。

我国和德、美、日的产业革命路线不同。从技术上来看，我国近几年积累的技术成果分布于各关键领域（例如，超级计算、5G通信、工业机器人和物联网等），这些技术与德国的“工业4.0”、美国的工业互联网和日本的智能化机器人的核心技术发展趋势基本吻合。说明我国之前在技术上追赶发达国家的战略取得了较好的成绩，但并没有特别集中于哪一方面发力。从产业上来看，中国工业虽然起步晚，但得益于政策、市场、全球化和技术创新等各因素的支持，产业大而全，有优有精，发展工业智能化的产业基础良好。基于这些原因，当前我国正从德、美、日产业革命路线选择的思路改变为选择新路线和创造新模式的思路。

第四次工业革命的产业布局调整始于20世纪90年代末至2010年的科技竞争及其影响的产业布局调整。此间工业革命的科技竞争具有“发达国家积极出台科技政策指导本国科技发展方向”的趋势，“主要发达国家加大科研投入，带动全球科技投入热潮，促使科研成果激增”的趋势，以及“发展中国家引进和自主创新两手抓，科技进步追赶发达国家”的趋势。

受这些趋势影响，全球产业结构整体升级，从1997年至2010年，全球服务业增加值占GDP的比重从64.83%增加到69.14%，工业占GDP的比重从29.56%下降到27.19%，农业占GDP的比重则从5.61%下降到3.67%[166]。

具体地说，随着发达国家的科技进步，其产业结构升级，新产业的加入和传统产业的调整导致了工业生产在一定程度上收缩。因而，发展中国家在科技发展相对缓慢的情况下，通过技术引进和自主研发促进产业结构升级和国际竞争力提升，反而扩大了工业生产规模。发达国家和发展中国家的工业生产地位差距缩小。在服务业方面，研发投入促进了科技进步，进而促进服务业发展，由于各国产业结构升级形成互动，服务业整体呈现扩张态势。技术进步带动了全球服务业由发达国家部分地向发展中国家流动。在农业生产方面，发达国家受技术进步影响的上升空间不大，而发展中国家的劳动生产力技术性提升的需求和潜力更大，导致发达国家和发展中国家的农业生产一降一升、一缩一扩。

总之，出于这一阶段的产业布局调整，发达国家逐步走向资本和技术密集型生产，而发展中国家逐步走向资源和劳动密集型生产。发达国家和发展中国家在产业布局上的不同侧重，使得两者在全球化中得以合作和差异化竞争，缩短了两者在GDP指标上的差距。

在上一阶段产业调整以后，全球化加剧了发达国家和发展中国家的合作性互补，但是两者在对方优势领域的发展需求是日益提高的。一方面，发达国家技术优势向生产力转换和劳动力的需求更高。另一方面，发展中国家受限于资源能力的上限，对技术创新的渴求度更高。因而，发达国家和发展中国家均需要改变和突破生产布局的契机。

在2011年以后，第四次工业革命进一步调整了全球生产布局，而这一轮新布局的背景不再是科技竞争而是工业竞争。其中，工业生产调整的主要因素是新技术产业领域的扩张和工业竞争的加剧。2011年至今，各国纷纷出台战略性工业政策以提高本国的工业竞争力。在新的工业竞争格局下，新兴产业、高新技术产业、先导产业、高精尖产业等新产业领域得到各国及社会各界更多的投入和支持，发展更为迅速。发达国家从侧重技术战略回归于侧重新技术的工业化战略。发展中国家考虑到在新技术产业与发达国家差距不大，占据优势地位的可能性较大，在政策上更偏向于支持新技术产业的发展。因而，近年来，中国和美国的工业在新技术产业的增长差距不大。各国及组织主体间工业竞争的加剧，使得全球化发展不够均衡，导致了逆全球化态势。这些工业竞争形势，加剧了生产力和生产关系的矛盾，减缓了工业增长速度，增加了工业发展对新技术产业的依赖，使得第四次工业革命的技术变革和工业革命同时发生。同时，逆全球化令各国认识到工业竞争的重要性，但却降低了生产要素全球流动的速度和广度，使各国工业增长迟迟不能突破瓶颈。

在2011年以后，整体上，发达国家的服务业与全球对比占比下降，发展中国家的服务业与全球对比占比上升。在金融危机之前，由于发达国家实施的技术性产业战略，工业化部分外移导致了服务业的提升。但是金融危机使得发达国家在服务业上的优势减弱。而发展中国家的技术发展慢于发达国家，服务业结构性增长晚于发达国家，由于未受金融危机影响，服务业反而呈现上升趋势。

从2011年至今，农业生产布局调整为发达国家的农业生产与全球对比占比下降，发展中国家的农业生产与全球对比占比上升。逆全球化降低了农业的进出口，而发展中国家的农业需求高于发达国家，因此发展中国家有更多动力提升农业生产率，且更愿意投入农业工业化事业。

2011年以后的全球生产布局调整，使各国经济发展水平发生了变化，美国、日本、欧洲为全球生产中心的格局正在逐渐改变，中国、印度等发展中国家的经济增长提升很快，而日、德、英、法等国的经济增长速度有所下降。第四次工业革命的产业布局调整有打破世界发展格局，重新洗牌各国排名的趋势。

3. 数字经济影响下我国近期产能发展趋势

“十三五”以来，我国工业体系覆盖产业领域全面。我国家电、制鞋、棉纺、化纤、服装等产能占全球50%以上。世界500种主要工业品中，中国有220种产品产量位居全球第一，连续十年保持世界第一工业大国地位。我国也是全世界唯一拥有联合国产业分类中所列全部工业门类的国家，形成了以超大规模和完整体系为核心的独特优势[167]。

为进一步保持我国工业的发展优势，在战略上，近几年提高了对新兴产业的重视程度。2019年工业战略性新兴产业增加值较上年增长8.4%。其中，高技术制造业、装备制造业增加值比上年增长8.8%、6.7%，占规模以上工业增加值比重分别为14.4%和 32.5%。这些增长点，促进了我国工业的发展。以煤炭行业为例，2019年全国煤矿采煤机械化程度已达到78.5%，已建成183个智能化采煤工作面。又例如，钢铁行业已经拥有世界上最大最先进的冶炼、轧制设备，钢材品种质量提升实现巨大突破。有色金属工业已全部淘汰落后自焙槽电解铝生产工艺，中厚板高端航空铝材已用于大飞机和军工等领域[167]。

正因为我国工业产业领域广泛，工业整体提升更需要实现从机械化、信息化、自动化向数字化、智能化的快速提升，已到达增速及高质量发展的目标。

因而数字经济快速渗透进各个工业领域。截至2020年6月，企业数字化研发设计工具普及率和关键工序数控化率分别达到了71.5%和51.1%，全国工业电子商务普及率达到了63%，制造业重点行业骨干企业双创平台普及率超过84.2%。在服装、家具等行业的大规模个性化定制，在汽车、航空、航天等高端制造领域协同研发制造，以及工业互联网在石油、石化、钢铁、家电、服装、机械、能源等行业的广泛应用趋势和实践案例，说明了我国工业产业领域普遍受数字经济的深度影响，具有较强的数字化、智能化基础，工业数字化转型初见成效[167]。

近年来，我国工业去产能成效显著，产能利用率基本恢复至正常水平。2019年，全国工业产能利用率为76.6%，较上年提高0.1个百分点，采矿业、原材料行业全年产能利用率分别为74.4%、76.9%，均升至近七年的最高点，其中，钢铁行业产能利用率为80.0%，高于2006年有调查以来的均值。但整体来看，2017—2019的三年间，我国产能利用率在2017年波动较大；2018—2019年前三季度波动不大；2019年前三季度产能利用率低于2018年同期，全年均值仅由第四季度拉升[167]。

2020 年4月，高技术和装备制造业的优势得以呈现，生产率同比增长10.5%、9.3%。到2020 年5月，出口形势好转，多数原材料类行业实现负转正。2020年前三季度，规模以上工业增加值同比增长1.2%。在这种形式下，自2020年4月起，增速提升缓慢，直至9月份，消费品制造业增速实现负转正，工业增长出现拐点，增长面已达到近两年最高点，全国各行业经济形势真正好转。这一现象的主要标志是：2020年1—2月，我国重点工业品增长面远低于近年来平均水平；3月，这一数值略低于疫情之前的最低值；4月起，这一数值已达到疫情之前的正常水平；9月，这一数值已达69.6%，是近两年最高值。其中，挖掘机、混凝土机械、大型拖拉机等基建相关投资类产品连续5个月保持40%以上的高速增长，智能手表、平衡车、服务机器人等新兴产品增速均在70%以上。2021年，前三季度，我国规模以上工业增加值累计增长11.8%，增速与疫情之前水平相当[168]。

受疫情影响，国家统计局数据显示，2020年第一季度全国工业产能利用率仅为67.3%，远低于三年来的产能利用率；第二季度全国工业产能利用率上升为74.4%，仍未达到近三年来的最低值；第三季度全国工业产能利用率达到

76.7%，达到近三年来同期水平。比较2020年各分行业产能利用率，前三个季度，各分行业产能利用率比上年同期增长均为负值。其中，汽车制造业与纺织业最低，分别达到–6.1%和–5.6%；第三季度大部分行业产能利用率比上年同期增长为正值，少数负增长的行业包括计算机通信和其他电子设备制造业、专业设备制造业、纺织业、石油和天然气开采业[167]。

2020年，企业防疫、用工、折旧等成本大幅增加。3—6月规模以上工业企业每百元营业收入中的成本均突破84.5元，各月成本均高于2019年同期。随后我国减税降费政策的落地使企业成本压力有所减轻。至8月份，规模以上工业企业每百元营业收入中的成本同比减少0.47元，进而促进企业营业收入利润率同比提高0.8个百分点。从不同类型企业成本来看，2020年受疫情影响，国有控股企业成本涨幅最大，股份制企业、外商及港澳台投资企业、私有制企业成本基本保持上年同期相当水平[167]。2021年工业企业降本增效成果显现，2021年2月，工业企业每百元营业收入的成本较去年同期减少1.15元，至2021年8月持续保持在84元以下。2021年1—8月，采矿业成本下降最快，制造业、电力、热力、燃气及水的生产和供应业每百元营业收入中的成本相较于2020年同期均有所下降。分企业类型看，国有控股企业成本明显下降，但外商及港澳台投资企业、私有制企业成本下降幅度较小，私有制企业每百元营业收入中的成本最高[168]。

2020年初，工业品出厂价格指数（PPI）连续四个月以高于近两年的下降幅度持续下降。随后，伴随工业生产和市场需求逐步好转，6月起PPI降幅不断缩小，但价格仍处负增长状态。2020年1—8月工业生产出厂价格平均较去年同期下降2.0%，而8月PPI同比下降2.0%。2020年石油价格波动大，5月石油工业PPI跌落至69.5[167]。

针对工业企业利润分析，我国工业企业利润受2020年年初短期影响较大，之后逐步提升。至8月，全国规模以上工业企业利润同比增长已达到19.1%。统计1—8月累计利润，利润率同比下降4.4%，整体与去年同期水平相当。从分行业利润来看，装备制造业、原材料制造业利润较快，8月利润同比增长23.1%、32.5%，对整体工业企业群体利润增长起主要作用[167]。2021年工业企业利润增长保持历史高位。1—9月，全国规模以上工业企业利润总额同比增长44.7%[168]。

四、未来数字经济组织架构变革

数字经济组织理论的目标分为提高生产效率和要素价值、收益和效益的监管调控，分别对应着数字经济生产组织理论和数字经济治理组织理论。目前来看，数字经济生产组织理论主要包括数字经济数字化转型的各部分，针对其的理论研究普遍采用“以实践与技术相结合为主，侧重实践应用”的方法。由于关于数字经济生产组织理论的相关研究被论述的较多，在此我们不再重复论证了。当前我国从工业社会全面进入智能社会，需要数字治理、核心数字垄断和防治社会组织的数字信息垄断，以数字化为基础开展经济和社会活动。本节重点论述数字经济治理组织理论，包括目的、理论核心和未来发展。

数字经济治理组织的目的

我国社会经济发展到现阶段，必须坚持继续快速发展的势头，但需收紧以往快速发展的自由度过高导致的一些问题，加强宏观监管及调控是必然趋势。数字经济时代的到来，标志着信息对经济发展的作用将越来越大。当前互联网的发展模式逐渐脱离了开放互联的初衷，发展为以数据垄断获取最大利益及网络规则权利，并对经济发展和社会价值起到不利影响，因而导致了中心化网络信任危机问题。数字经济治理组织的目的主要是解决中心化网络信任危机问题。

1. 互联网中心化管理的原因和问题

互联网的本质本应该是开放互联的。互联网的发展历史上有5个重要的节点：互联网的诞生、TCP/IP的发明、万维网的推出、社交网络的兴起、移动通信技术的大规模应用。其中万维网是非常重要的一个发明，也是互联网中心化的起源。在20世纪80年代，互联网已经开始成长为世界科技、军事、政府机构中信息共享的巨大网络，但由于技术架构的问题，互联网的信息像被锁在一个个箱子里的宝贝一样，获取时需要密码和钥匙，箱子之间的宝贝也无法相互获得。为了解决这个问题，伯纳斯·李在前人的基础上提出了万维网架构，这个架构有两个重要的特点：第一个是超文本和超链接，它的诞生为后来互联网大数据的形成奠定了基础；第二个是B/S，也就是中心型架构，包括谷歌、脸书、腾讯、阿里巴巴、亚马逊等世界科技巨头和数千万个网站都在采用这个架构。到21世纪，B/S随着互联网科技巨头的出现逐步演变成云计算，成为互联网寡头垄断的代表与核心。总结一句话：为了便于管理，互联网信息存储、计算、传输都是中心化的。

这与互联网发展所处的实体经济时代的经济理念有关。如前文所述，在信息经济时代，互联网将信息作为物质实体来进行管理和运营，围绕着信息，普遍的认知是谁的信息谁来管理，谁的信息谁来运营。互联网回避掉了信息生产成本，没有对信息生产者的信息所有权进行确权。因此，实际上信息一旦上传，信息所有者就变成了互联网。而互联网出于中心化管理的简便和成本易控，必然会对信息进行中心化存储、计算、传输。其中，最关键的是信息数据存储的中心化。因为，谁的信息数据越多越有能力左右数据流向，因此，导致了信息垄断和信息安全两个问题。

（1）信息垄断问题

几家大型互联网公司（如脸书、网飞、谷歌、亚马逊）控制着90%以上的互联网流量，并在私人服务器上存储大量用户数据。这允许它们控制诸如以下内容：谁有权访问这些服务以及访问的程度；在它们平台上的行为和参与规则；收集和售卖用户数据。

这种数据垄断，可以轻易左右舆论走向和事态发展。在可能产生信息误导的同时，就像美国大选所展现的那样，这种系统漏洞很容易被某些参选人利用，并有改变整个国家发展方向的潜在可能。

另外，由于当前网络开放程度和地理开放程度不匹配，信息发展快于经济发展，这种数据垄断可能带来经济垄断。当前的现状是信息经济和实体经济两极分化，信息经济的增长是整体经济增长的2～3倍以上。

（2）信息安全问题

互联网中心化应用是黑客和服务器问题的主要目标。信息平台攻击能够快速地摧毁网络或达到其他恶意目标，给互联网及其用户带来巨大损失。最著名的黑客案件如下。T-Mobile：2018年，超过200万T-Mobile客户的个人数据被黑客窃取。但是，该公司声称没有任何财务数据或密码被泄露。雅虎：2016年

9月，雅虎被黑，超过五亿用户账号被入侵。对于雅虎而言，这不是一件偶发事件，而是继2013年的三十亿账户被黑之后的又一重大黑客事件。易贝：2014年，由于骗子利用员工账号来达到自己的目的，超过1.45亿用户账号被侵入。在有人意识到出错之前，黑客有足够的时间来移动所需数据。

在互联网上，个人隐私问题凸显。每次点击、查看都被分析后售卖给广告商或用来优化用户体验。尽管大部分情况下这些数据使用的结果是更好的产品、体验和关联性更强的广告推荐，但许多人并不愿意自己的数据被利用。

2. 信任机制问题

互联网信息垄断带来了信息欺诈问题和经济制约，安全问题带来了经济损失和名誉损失。进一步导致人们对互联网的信任危机，同时，也促使一些人依靠互联网的信息垄断和安全问题快速地赚取更多利益，打乱经济和社会秩序。

互联网的信任机制问题，不仅带来了各种信息管理及运营乱象，还不利于经济和社会发展。对于互联网自身来说，也使自己错过了一些高价值信息，从而浪费资源或低效率运行；难以判断信息真假，从而得出可能错误的判断或可能带来危机的决策。

信任机制是系统可持续良好运行的前提条件。历史告诉我们，任何不被信任的系统最终都会被新的被信任的系统所替代。互联网发展到这个阶段已不适应客观的数字经济要求，其信任机制已被质疑。因此，建立新的信任机制成为互联网面临的首要问题之一。

3. 解决信任机制问题的关键

要解决信任危机问题，打破互联网的发展模式，构建新的利于社会经济发展的新型网络非常重要。这一新型网络必须具备几个特征：去中心化和高度安全性（避免数据垄断，建立新的网络信任机制）、可构建新的信息价值体系（支持数字经济的良序发展）、自组织（真正实现开放互联）、高效的智能化，基于网络信息可推测社会、经济、科技等发展趋势，且在此基础上可以实现宏观信息监管和相关的调控。其中关键的两点是构建新的去中心化管理体系和提升安全等级。

（1）构建新的去中心化管理体系

如前文所述，互联网中心化管理问题导致了信任危机。互联网大量信息掌控在少数公司手中始终是危险且不符合发展趋势的。只有用去中心化打破这种互联网中心化，把信息归还给民众，使数字经济实现自由贸易，才是建立信息信任机制的唯一途径。前文说过，互联网的中心化起源于万维网。但在2018年3月，万维网创始人伯纳斯·李公开对脸书、谷歌等大型互联网公司进行了批评，指出这些公司在利用人们的个人数据的同时，扩散了虚假信息，并表示自己越来越担心少数公司控制和拥有越来越多的信息和个人数据。针对互联网巨头垄断数据资源的状况，伯纳斯·李试图透过一个软件让用户管理自身的个人数据，而不用像过去一样把数据储存于各家公司的数据中心内。同一时期，意识到互联网中心化问题的另一个群体正在通过区块链技术试图对抗互联网巨头的垄断地位，即利用20世纪90年代对等式网络与密码技术组合形成新的技术框架，用去中心化方式解决互联网面临的问题。

但是，深入分析可以知道，如果说互联网中心化导致的是信息垄断，那么完全的去中心化则可能导致信息过于自由而失控。这就提出了一个新问题，未来的网络必将是去中心化与中心化并存的。去中心化解决的是数据资源垄断问题，实现的是一些需要信息共享/共识的管理、运营、维护等工作的民主决策。在去中心化解决数据资源垄断的基础上，中心化则将从技术和服务层面解决宏观的信息监管及调控，使其与外界整体良序发展，避免误判损失。需要说明的是，去中心化与中心化并非完全割裂的两个层级，而是相对的，是依据现实需求多层级交叉分布或互相包容的。此处为了简化说明，将两者分类讨论。总体来说，分为自组织的去中心化网络和宏观信息监管及调控两部分。

在以上背景下，自组织的去中心化网络必将是围绕信息价值建立的，追求的是信息质与量，而非像当前中心化网络那样盲目追求信息量与流量。从某种意义上来说，网络的去中心化才能完全保证信息的自由度，是信息量子化自由发展的环境保证。因此，在自组织的去中心化网络中，建立信息量子化的信息价值体系也是必需的。与此同时，根据量子经济学，大量量子化信息的中心化统计，才能得出信息价值的概率性判断。理论上这一过程，正是政府从监管到宏观调控的过程。

从管理上来说，数字经济的自组织去中心化网络，将代替实体经济中的集体发挥作用，只不过，这种模式将发生“从固定变动态，从有形变无形”的转变。在宏观信息监管及调控部分，管理的主体仍是政府。因为，信息的特性决定了，它与外界环境的关系在决策中起到了重要作用。显然，和政府相比，民众难以从宏观角度做出快速和准确的判断。因此政府的中心化监管及调控是必需的，只有政府的信息监管及调控才能完成数字经济的宏观调控目标。但是，需要强调的是，政府的信息监管及调控必须以自组织的去中心化网络为基础，以避免社会机构和相关部门的数据垄断和数据垄断所带来的问题。因此，正如上文所述，未来的网络必将是去中心化与中心化并存的，两者并非完全割裂。政府信息监管及调控的中心化是相对于底层的自组织去中心化网络的中心化，和现行的政府信息监管及调控相比还是去中心化的管理模式。总之，为使数字经济良序发展，未来政府职能将发生转变，更侧重宏观信息监管及调控。

（2）提升网络安全等级

区块链的非对称加密技术为网络参与者的身份安全、信息安全和交易安全提供安全性保证。同时，区块链网络的去中心化为信息量子化提供了自由发展的环境保证，因此，其引入量子计算来解决密码安全问题是有先决条件的。量子信息与区块链专家指出这只是时间问题并正在为此做出努力，量子信息与区块链的合作将不断地超过积数倍提升网络安全等级。理论上，区块链的安全性将不再止步于金融级别，实现超高保密等级的信息网络技术指日可待。

数字经济治理组织的理论核心

数字经济生产力生产关系的社会管理模式发展路径正在发生转变，未来将呈现“自组织的去中心化网络和政府宏观监管及调控模式趋势”。这是由于，从数据形成生产力的机制来看，数据无法独立创造价值，必须与脑力劳动结合，基于数据积累的正反馈机制形成“数据—信息—知识—数据”的价值增值闭环[164]。在这一过程中，数字经济组织理论必须以解决自组织的中心化网络驱动问题为核心，以保证数字经济生产力生产关系的增长态势。

1. 驱动自组织的去中心化网络

除去中心化以外，自组织的去中心化网络还有两大核心即共识机制和激励机制。自组织的去中心化网络正是由这两者驱动的。如果说共识机制是民众思想所趋，那么激励机制则是民众利益所向。

一方面，从封建统治和家族管理的集权管理到民主政府和集体管理的中心化管理，是从集权到民主的转变。自组织的去中心化的信息管理是基于每个节点网络地位对等的共识管理。同时，共识机制还提高了民众对网络的认知和信息的掌握，提高了民众的信息生产能力和维护意识，促使优质信息淘汰劣质信息，进而提高网络信息与管理质量。

另一方面，从封建统治和家族管理的集权管理到民主政府和集体管理的中心化管理，是从集权分配到延迟的按劳分配转变。自组织的去中心化的信息管理是及时按劳分配的激励机制，把信息从业者从延时结算或毫无收益的困境中解脱出来。同时，激励机制对正向的信息行为及工作给予激励，并保证信息交易的及时支付，是自组织的去中心化网络信息增值的必要前提。

2. 自组织的去中心化网络现状及问题

提到自组织的去中心化网络就必须提到区块链技术和行业。区块链技术最早应用于金融领域，它和金融领域结合得比较紧密。后来发展为在医疗、版权、交通等领域应用。随着其发展和应用领域逐步扩大，目前为止，区块链行业的新应用场景不断涌现。不管是出于安全、交易便捷、认证保障的目的，还是出于对去中心化、可追溯、透明化的追求，抑或是对于重构信任机制、分配机制、价格机制、激励机制的向往，其最终目标，正如国家政策文件所说：要重构体制机制，完善治理体系，优化规划体系和运行机制；更重要的是要打破垄断、提高安全程度、完善监管、优化配置、普惠收益。

尽管区块链从业者众多，研发技术或者开拓一个新的应用场景，理论上不难。但问题是，虽然不断拓展的应用提高了该领域的效益和收益，达成了基本的数字化目标。但是数字经济以后，区块链将面临三大重要难题：一是，数据量的爆炸式提升与现阶段算力限制的矛盾问题，这一点会依靠量子计算来解决。二是，目前仍然存在一个问题，似乎各个应用领域普遍是数据相对易获取或相对集中、认证确权相对容易、行业范围比较明确、行业规则比较规范的领域。也就是说，未来我们对更多应用场景的需求，需要加强对数据认证、确权难度较高的领域的关注，会有更多、更权威、更专业的机构作为专业的确权认证机构进入区块链行业，并起到不可替代的作用。三是，区块链会像当初的互联网一样，在经济中发挥重要作用。甚至，在数字经济时代，因为数字经济与实体经济的协同、闭环，它将发挥更大的举足轻重的作用。因此，在数字经济时代，数字经济理论和价值观将发生巨大变革，当前区块链如同雏形一般，即将发生相应的技术、理论、价值及生态创新转变。

3. 未来重点方向

对于数字经济，人们的普遍认知是认为它的根本目标是在效率价值提升层面的，目前大量工作也集中在这个层面。少部分人能意识到，数字经济的目标是解决实体经济空白或无法解决的问题。普遍对根本问题缺乏认知，实际上数字经济的表面目标是打破信息化垄断，是要建立新的以治理和监管为目标的国家数字化垄断。因此未来重点方向包括：

（1）解决实体经济空白或无法解决的问题

首先，实体经济存在长期宏观规划、短期经济波动问题，以及人才就业、商品价格、资源及分配等问题。实体经济的这些问题可以在数字经济时代得到合理的数字化解决。

其次，信息生产与信息消费一体化全流程上线以后，存在一个环节衔接的问题，因而信息的确权认证、信息市场定价和交易市场、信息的下架回收与循环利用将备受重视。

（2）数字化垄断

除政府在建立新的以治理和监管为目标的国家数字化垄断以外，未来将有更多组织机构愿意进入政府宏观监管和垄断中，或者成为未来宏观层面与底层自组织之间连接的必要一环。它们在国家数字化垄断中的三个可能站位包括：国家政策指定的某类数字化信息的信息发布者；某项数字化信息能力突出的行业垄断者；国家规模化数字经济垄断的研究者、分析者或执行机构之一。

数字经济治理组织的未来再升级

信息经济的基础是互联网，是依靠信息的连接来关联实体经济和信息经济，实现信息社会的中心化垄断管理模式，促进工业社会发展。但由于信息经济与实体经济区别较大，两者不同步且依靠信息的联系不紧密，导致信息社会管理模式和工业社会管理模式不协调。

数字经济治理组织的网络基础是区块链，是依靠数字的连接来关联实体经济和数字经济，实现“工业+数字社会”的“去中心化自组织+政府监管调控”的管理模式，促进工业+数字社会发展。但由于在实体+数字经济阶段，实体经济和数字经济需要协同，而在协同过程中，两者分别遵循的量子经济学理论和实体经济学理论的差别将带来一系列新的问题和矛盾。最主要的矛盾是，由于两者遵循的经济学理论不同，导致数字经济发展速度远超实体经济，使实体经济和数字经济的主导和辅助作用发生变化，逐步发展为数字经济的主导地位更加突出。到这个时候，实体经济亟须提高发展速度，以跟随数字经济。根据前文所说，这正是智能经济出现的必然时刻。

智能经济的根本目标即与实体经济融为一体，不再区分实体与虚拟，用“智能素”的概念统一了实体与虚拟经济要素，并以此为基础构建了一体化的经济学理论。在数字经济阶段，政府通过数字化的监管调控实现了部分领域、数字所有权及规则制度建立等职能上的垄断，但是底层的去中心化自组织仍然意味着大量的数字及其使用权在个人或社会机构手中。这两个层级的管理模式，不能实现智能经济与实体经济融为一体的目标，不利于智能素的产生。同时如果直接沿用这一管理模式，可能会导致一些安全隐患、资源浪费等不利于社会经济发展的问题。因此，可以预见区块链不是经济社会连接工具的尽头，智能经济的社会管理模式需要再升级。

如果根据经济社会的发展趋势大胆预测，互联网是中心化信息网络，区块链是去中心化数字网络，未来的智能化网络应该是基于智能演算的结构动态的多层级多维度智能化网络。在这种网络基础上，智能经济的社会管理模式是多层级、多维度、动态智能化的，每个参与者都将在其中按照实际需求提供社会管理服务。对政府来说，在数字经济时代，管理以宏观层面监管调控为主，围绕部分关键领域开展垄断。而在智能经济时代，政府直接围绕关键智能素开展垄断及监管，并维持一些保证经济社会良序发展的基本职能。

第九章

数字经济未来展望

我国数字经济发展至今已取得较大的成就，在国际上占据一定的优势。但现阶段仍存在短板与不足。本章从理论思想、发展基础、政策治理三个角度，分别提出了相应的问题及建议。数字经济是一个不断发展变化的经济形态，未来也必然会衍生出新的问题。数字经济发展也将是一个不断迎接挑战，突破历史的过程。

一、理论思想问题及建议

当前，人们对数字经济的认识不充分也不统一，国内外各界包括业界对数字经济内涵及概念的定义有明显差异。根本原因是混淆了数字经济特征的本质与非本质特征。即便如此，不论如何定义数字经济，数字技术、数据要素和数字经济发展路径都是数字经济的理论核心。除此以外，目前国际上也没有可以通用的数字经济核算指标体系，相比于国外，中国更缺乏既适用于中国，又具有国际可比性的数字经济核算指标体系。因而，加强具有中国特色、符合中国实际的数字经济测度和评估的理论研究，创新数据来源，建立跨部门工作机制开展数字经济相关统计调查，兼顾指标的国际可比性，也是数字经济基本理论研究的关键。

发展路径问题及建议

从制度上来讲，数字经济时代要实现政治、经济、社会、科技的一体化协同，需要充分考虑根本目标、资源、劳动力和社会环境的转变。如上文所说，即人在劳动中从“解决温饱”到“解放双手”，再到“解放大脑”的目标转化。资源变少了，结构变了，价格变贵了，替代资源变了；人口变少了，人工变贵了，从事低端劳动的人不足；地域合作加强了，时间越来越重要了，人的关注力有限，按照现在的经济结构，人的工作强度已快达到上限。信息经济从一定程度上关注了这些问题。例如，人的生产时间和消费需求同时大幅增加导致的加班时间延长和消费时间缩短的矛盾问题，引发的快递行业快速发展。但是，信息经济的做法在满足了当前发展需求的同时，加剧了矛盾问题的进一步严重化。如果说信息经济的逻辑是顺势而为，那么数字经济的逻辑是从根本上解决矛盾问题，本质上是使实体经济与虚拟经济协同，大幅度提高劳动效率，合理分配资源，改变劳动力结构和改善社会环境。因此，数字经济发展的一个制约因素，是如何重建社会经济制度以适应数字经济长期发展。

在理论思想方面，数字经济要实现政治、经济、社会、科技的一体化协同，需要充分考虑政治、经济、社会、科技以往理论发展的不统一问题，以及不同社会职能的人在其中发挥的不同作用及站位问题。例如，以往科研人员对于科技发展的关注和评价取决于一系列科研指标，而政府关注的是对科技发展的投入以及产业总体的发展，行业企业则更关注科技及政策对市场和利润的影响。由于目标不一致，导致以上三者在政治、经济、社会、科技发展上的评价标准不统一，对科技发展的看法和行动也不一致。

因此，数字经济发展的一个制约因素，即如果想要达到协同发展目标，还是要从理论上保持一致，至少在现阶段需要在理论上将实体经济与虚拟经济统一起来。例如，实施科技全成本核算。一方面，数字经济会导致技术生命周期缩短，大量新技术涌现，新产品市场的竞争更激烈，资本市场、政府机构对新技术的追捧投资热度更高，但他们对技术的判断显然不够专业。另一方面，数字经济技术团队、组织、企业进入与退出市场成本更低且机会渠道更多，企业对打通产业链提升自身价值的需求更强烈，但他们对产业链的运营却不够熟练。在这种情况下，以新技术为基础的科技金融，特别是技术并购、投融资频次会越来越高。

近期，国内外科技并购市场升温且势头强劲。可以预见，科技巨头公司、央企、国企、上市公司等组织机构都将成为新技术并购的潜在买方。而在数字经济并购中，显然，对新技术特别是颠覆性技术的挖掘，必然需要更高更快速的“技术鉴别能力”，以便在尽职调查中，及时处理技术与知识产权、专利和核心技术团队的相关技术问题，以帮助规避技术、资金、法律及管理风险。另外，不仅并购，在科技金融或金融科技领域内，科技全成本核算的重要性是不容忽视的，它是使数字经济长期良好运行的基础之一，这其中同样需要技术人员的投入。

然而，数字经济要实现政治、经济、社会、科技的一体化协同不是一蹴而就的，有专家按照数字经济对经济的推动作用不同，将数字经济发展分为“资源型”“技术型”“融合型”“服务型”四种。结合四种类型的数字经济，其发展路径主要是三条：发展直接生产及提供服务的数字化产业、将数字经济核心技术融入或替代传统技术形成新兴产业、数字经济核心技术渗透到其他服务产业形成新兴产业。可以看出，当前数字经济的发展选择的是三种路径并行交错，甚至融合协作的模式。

数据要素问题及建议

数据能够成为生产要素的条件是：数据经过数字技术数字化、智能化处理后，将具有6V特征（海量、快速、多样性、真实性、可见性和价值）的大数据转化为能够了解事件真相、寻求事件之间关联、建立最有效的预测模型、实现对不可见因素的当前和未来状态预测的信息。即，数据作为生产要素具备了一些信息时代大数据不具备的特征。一是，数据生产要素经过数字化、智能化的处理具有唯一性及可直接投入生产领域的特征。二是，数据生产要素与其他要素之间不具有相互替代性。三是，受网络数据聚集效应的影响，数据生产要素的定价基础及价格运行机制与其他生产要素完全不同。四是，信息基础设施的投入成本高，数据生产要素的产权制度与其他要素完全不同，数据产权属性涵盖公共品、私人品及准公共品。

基于以上总结的数据生产要素以及大数据的特征，在当前数据生产要素的发展阶段，数据生产要素主要面临这几个问题。一是，数据生产要素的价值高低与数据量的多少无关，而是取决于对数据收集、储存、计算、分析、开发利用及智能化的能力，将大数据转换为可用于决策判断、预测分析的信息。同时，数据使用的开放程度越高，消费者更容易寻找、取用到可互通性和可用性的数据，培养国民的数字素养，以提升一个国家数字收集、储存、分析与开发利用及智能化的能力，以保障国家数字经济生产力的提升和国家数字经济的竞争力。二是，数据要素流通上，数据要素确权难，数据产权保护制度与技术不完善，数据要素流通交易的所有权转让模式存在实施困境和安全隐患，数据要素流通监管难。

因此，在数据要素市场配置中，需要根据其特点不断完善要素产权制度、交易规则、监管机制等，构建更加完善的数据要素市场化配置体制机制。具体来说，一是，针对数据保护、数据公开、数据交易、数据侵权认定、法律救济等方面，合力构筑数据流转的法律保障，完善数据产权相关法律体系。积极探索区块链、边缘计算等新兴数字技术在数据产权划分及实现方面的应用等符合数字经济发展规律的数据产权实现形式。二是，完善数据基础架构，推动数据分类分级，实现政府数据的有条件开放和无条件开放，鼓励企业、科研院所、第三方机构等社会组织参与政府数据的开发和应用。制定我国跨行业、跨部门的企业元数据、数据目录、数据产品的标准，打通政府和市场的数据联通机制，加快数字经济社会的数字化转型，加快实现企业数据在要素市场流转、交易、共享。三是，完善数据要素市场经济性监管和社会性监管制度，完善数据交易需求方和供给方的资格审查流程。规范数据交易平台的进入与退出准则，针对数据市场加大反垄断、反不正当竞争及消费者权益保护的行政执法力度，以保证数据交易服务质量和市场竞争导向良好[169]。四是，加强要素配置改革，健全要素市场化运行机制，扩大要素市场化配置范围、规模与领域，引导各类要素协同向先进生产力集聚，提升要素配置效率和效益，激发要素市场活力和潜在要素资源效能。

具体到数据要素化的产业阶段，数据要素化是一个过程。起初会处于数据量爆发、海量数据充斥的状况，之后需要数据筛选与处理，沉淀转化为真正的数据要素。这一个过程也是真正产生数据价值的过程，要想实现真正的数字化可能走两条路：一是坚持原来的老路，使信息经济和实体经济两者往中间聚合，形成产业主导的数据市场。二是走一条新路，建设一体化的数字经济标准化交易市场。

目前互联网和工业领域的人，更倾向于走之前的老路，因为投入成本少，走得快，但发展前景不十分确定。以互联网为例，支持第二条路的原因是如果直接一体化，互联网的基础理论经营模式都会发生重大变化，如果走老路相对保险，改造成本也小。以工业为例，支持第一条老路的原因是生产线改造成本大，且目前产业标准是确定的，格局也是明确的，更重要的是不承担技术风险，走工业互联网的唯一动因是数字化升级带来的价值提升。

产业专家更倾向于走新路，虽然投入大、风险高，但可能实现指数级的生长。以产业专家观点为例，支持第二条新路的原因是：我国和美国等发达国家相比具有一定的产业优势，例如，市场最大、产业体系完整、科技起飞、消费端基础好。因此，在现阶段不应该走原来的老路。因为，老路只是在原有轨道上高质量增长，使产能区域性扩散，增强产业链韧性。只有新路才可以抓住新科技革命和产业变革的机会，探索智能经济的新型产业范式。根据专家观点，应关注以下当前的几个不良趋势：技术的消费倾向严重及产业布局有失偏颇；结构扁平化导致的终端安全等问题；政府监管不足的行业垄断倾向；各项技术及行业标准不统一；投入过高但发展夸大且评价体系缺失；权限机构缺失或不明确；从业者从业能力及全局化思想认识有待提升。

数字经济技术问题及建议

有专家指出，数字经济的重要性在于科学范式的变革，而科学范式的变革源于技术的革命。认为海量数据促使人类储存、计算、分析、挖掘、交换、处理、利用开发数据的能力得到全面提升，由此引发了一场晶片、记忆体、云计算、演算法等高效快速的数据技术革命，进而促进了智能技术及数据处理技术快速发展。这些技术上的重大突破改变了人类社会的认知世界和世界的物质存在形式、实践方式、价值取向，使传统的“以模型为主的理论范式、以实验为主的经验范式和以模拟为主的计算范式，所关注的是事件的真理性、客观性以及事件之间因果关系”的科学研究范式转变为“通过大数据平台对理论、实验、模拟等不同渠道所产生的大数据进行数字化，来发现事件之间的相关关系，以此来更为深入地了解事件真实性”的新科学研究范式。以此创造新的思想、观念、知识、方法，全面地提升人类对不同事件未来变化的预测力，探讨未知领域、创新现代科技、发现新的需求、创造社会财富[170]。

本质上所有技术发展都是因为原本技术路线不能满足发展需求，当这一问题引发的矛盾冲突达到了大规模或难以解决的时候，就会导致新技术集中爆发的技术变革。例如，5G技术的到来是源于生产及消费效率提升的局限，6G技术的目标是为生产及消费的数字化和智能化打下通信基础。人工智能的发展是源于生产及消费自动化难以满足人的从“解放双手”到“解放大脑”的实际需求。区块链技术是源于互联网倾向于信息消费，不能构建实体经济与虚拟经济协同发展的网络，特别是互联网的中心化与经济社会发展的网络及技术扁平化的趋势不一致。量子技术起源于技术发展到现阶段追求基本原理和事物本质的趋势成为主流，因此需要更微观化、精准化的分析及演算。因为这些原因，说明当前正处于新技术集中爆发的技术变革时代，全世界将这一时代发展的原因归结为数字经济的到来，正是因为数字经济是源于实体经济与虚拟经济的不协同导致的经济与社会发展不均衡。

但从数字技术角度来定义数字经济，将数字经济看作大数据、互联网和人工智能等技术的融合结果，已经不能囊括数字经济的整体含义了。未来快速发展的总趋势即在于政治、经济、社会、科技的一体化协同。数字经济实则是贯穿了数字化、智能化的经济形态。未来所有经济运行及其相关行为都将以数字化、智能化的方式被解析、演算和控制。因而，数字经济发展有一个制约因素，即如何实现这一目标，底层的技术逻辑、架构和标准如何，以及各技术的发展情况。数字经济技术也将面临前所未有的挑战。

当前我国数字经济技术面临的主要问题有：一是，与发达国家的企业相比，中国企业的信息化投入较低、研发人才相对短缺、基础技术研发资本相对匮乏，数字平台技术创新与规模效应不足，使技术进步与经济增长受限。例如，中国互联网企业更看重场景应用及服务化创新，发展模式更倾向于做大规模与市值，企业内部管理数字化与技术创新能力较弱[171]。

二是，数字经济技术不聚焦造成主导发展范式不清晰。数字经济的底层技术包括大数据、云计算、人工智能、数字孪生（CPS）、区块链、量子计算、5G/6G、工业互联网、边缘计算、物联网、移动互联网、人机交互、安全技术等。人工智能、3D打印、物联网、大数据、云计算、5G、区块链等都被认为是数字经济技术的主要创新技术，但对于推动此次新科技革命的通用技术众多，导致数字经济科技发展范式模糊化，新科技在传统产业中的渗透和应用中路线不明确。例如，在数字化转型中，“工业互联网”“智能制造”及“产业互联网”对数字化转型的路径和目标有着不同的理解和做法，分别侧重新型网络基础设施建设、制造智能化及互联网产业转型。

三是，关键核心技术受制于人。主要表现在，我国科技创新原始创新能力不足、科技成果转化不畅等问题突出，制造业部分关键基础材料、零部件缺失，部分基础产品性能、质量难以满足整机用户需求，导致一些主机和成套设备、整机产品“缺芯”“少核”“弱基”。2020年统计数据显示，我国在核心基础零部件、关键基础材料、基础技术和工业等产业对外技术依存度在50%以上。在集成电路、精细化工、生物制药、半导体加工、电子产品、机械行业、工业软件以及操作系统等的关键核心技术上，我国自主创新能力不足，产业发展严重依赖进口。即便是在数字经济的关键领域——人工智能，我国在底层算法、开源框架上基础仍比较薄弱。同时，在大数据、云计算、物联网等方面缺乏核心技术[168]。

四是，未来难点在于这些通用技术的跨界、交叉、集成及融合。以新兴ICT技术融合应用为例，我国已开始重视技术融合，但仍面临云计算、大数据、区块链、人工智能等领域专家及复合型人才缺乏的问题，“核心技术自研力量不足，多技术的融合创新动力不足”的问题，以及技术融合应用的场景不十分明确的问题。

五是，云计算、大数据、人工智能和物联网等数字经济通用技术的主要技术控制和专利权并不在我国，而是集中在美国、德国、以色列、日本等国。未来技术的发展周期（科创生命周期）会变短，因此科创的支撑辅助、引导服务、风险预警、价值评估和统筹规划工作非常重要。同时，在知识产权方面，数字经济技术的渗透性更强，需要更有实效的知识产权保护，但是，我国的知识产权保护法律体系仍有所欠缺，对于新生的数字经济领域事物缺乏有效的知识产权保护经验，缺乏高效的行政保护机制。

针对以上问题，我国数字经济技术发展应注意以下几个方面：一是，弥补短板，开展数字前沿科技研发攻关，提高数字技术的研发能力和产业创新能力，集中发力并突破国际技术和产业竞争中的核心关键技术。二是，主动参与、引领全球数字经济交流合作，以多种形式融入全球数字经济创新合作体系共同研发数字技术，全面开展科技、市场和人才国际合作，形成良好的全球数字经济创新合作生态。三是，坚持实施国家创新驱动发展战略，提高自主创新能力，加强先进科研力量在数字经济关系国计民生的重大关键问题上的科研合作。四是，在关键技术短板行业，以国家战略为导向，加强基础共性技术问题的基础与应用研究，加速培育一批拥有核心竞争力的数字经济企业，打破外国技术制约，逐步推进中国数字标准的国际化。五是，完善自主知识产权保护机制，加快形成标志性的自主创新成果，加强科创的支撑辅助、引导服务、风险预警、价值评估和统筹规划工作，加速关键核心技术的推广和普及。

二、发展基础问题及建议

我国巩固及发展数字经济基础，应注重培育壮大数字经济新动能。重点应关注产业问题，培育数字经济新业态、新模式，推进数字化转型的产业化和规模化应用。以新型基础设施建设为契机，提升实体经济数字化、网络化、智能化水平，以数字化拓展实体经济发展的新空间。加快数字经济要素化，充分解决供需不均衡等问题，并协同区域数字经济发展，最大程度地发挥数字经济向高质量发展转型中的最大功用和价值。

新基建问题及建议

2019年我国数字经济同比增长15.6%，远高于其他国家数字经济增长速度。与之形成鲜明对比的是，2020年我国新基建投资总量近1万亿元，仅占当年全社会固定资产投资额的1.9%，新基建建设力度仍显不足。正由于我国基础设施建设滞后于数字经济发展的需求，因而出现以下问题：

一是，以新一代技术集簇为代表的信息基础设施不够聚焦，促进智能化应用和效率提升的融合基础设施不够完善，新科技和创新型人才等创新基础设施还存在不足，导致产业数字化发展领域还存在着发展范式不清晰、智能化程度不足、效率提升作用不够、技术和人才要素存在短板等问题[172]。

二是，新基建的高技术门槛，具有高度的不确定性，使建设者难以有效监管，对新型基础设施技术路线选择和建设规模决策也更加困难，这也意味着新基建更须以市场需求为导向。但是，新基建更新迭代的周期短，价值折旧期限短，在市场经济条件下，容易产生供需错配的配置问题，造成巨大的资源浪费，难以支撑数字经济可持续发展。

三是，传统信息基础设施分属不同部门和平台，存在一定壁垒和效率低下问题，需实现协同共用；且传统基础设施建设规模不足、数字化管理水平不高，急需数字化转型。因而，融合发展成为传统基础设施数字化转型的主要途径，但在转型过程中，仍面临参与主体多、数据规模大等方面的挑战。

四是，我国新基建总体规模较小，还存在严重的地区分布不均问题。城市数字基建建设水平远高于农村地区，东部地区建设水平远高于中西部地区，导致新基建水平不均衡，难以支持城乡以及东西部各方优势的充分发挥，难以产生数字经济的集群效应。

五是，中国目前在新基建方面的建设重点仍集中于5G基站、大数据中心等硬件设施，信息系统软件、运营管理机制、法规标准等软环境发展相对滞后，难以提供数字经济发展所需配套服务。

六是，新基建加大网络安全风险，难以为数字经济发展提供安全保障。以5G为例，网络终端大幅度增加，网络攻击入侵点随之增多，且5G技术场景涉及大量商业机密及隐私数据。但是，目前我国的网络安全产业尚未形成规模化集聚效应，新基建目前并没有可靠的安全防御体系保证数据安全。

为解决以上新基建问题，我国政府已大力支持并主导5G、大数据、人工智能等新基建建设及投资。为进一步解决这些问题，现提出建议如下：

一是，加快构建服务数字化转型、智能化升级、融合化创新的新型基础设施体系，充分发挥新基建在数字产业化、产业数字化过程中的赋能效应、协同效应和乘数效应，高标准、高起点、高质量地全速推动新型基础设施建设。

二是，面向未来社会及产业需求，发挥政府引导作用，吸引社会各界积极参与“新基建”，做好规划和行动指南，避免造成新型基础设施的严重产能过剩和资源浪费。

三是，参考技术成熟程度、市场情况和不确定性，适度超前开展“新基建”工作，适当放松我国的市场准入管制，吸引企业加入参与“新基建”工作，并促进政府与企业的合理分工，特别是在新兴产业领域，拉动新兴产业规模的扩大发展。

四是，出台数字经济“安全基建”的国家标准，包括软件供应链安全、技术和业务漏洞检测、隐私与内容风险监测、应用可信等多个维度的标准，并以“安全基建”和安全可控的技术体系来支撑“新基建”的发展。

五是，做好中长期规划，通过设立产业引导基金、完善担保基金、设立PPP项目等方式充分调动投资力度，特别是加强基础研究、“新基建”软环境、用户侧支持力度，并大力吸引社会资本参与建设“新基建”。

六是，加强对“新基建”关键核心技术中的重大科学问题的研发，为突破关键核心技术，完善创新生态系统建设，推进“政产学研用”联合开展关键共性技术攻关。

七是，强化监管，提高我国“新基建”的质量和效率，将国家质量基础设施（NQI）纳入“新基建”建设发展中，为我国“新基建”建立国际标准，并为我国“新基建”提供制度基础。

供需问题及建议

目前，中国各个行业企业面临供需两端高度分散、技术和数字化基础薄弱的问题，以及城乡收入和地域收入差别较大导致需求多元化的问题。中国特色平台发展模式适时地解决了这些难题。以工业互联网平台为例，我国平台起步较晚，与国际先进水平相比存在一定差距，关键技术被国外垄断，核心能力薄弱，生态相对滞后。且在传统模式的影响下，产业转型升级的发展压力较大，仍难以摆脱供给侧结构性改革、环保约束带来的行业短期增长受限以及产能过剩尚未杜绝带来的问题。

由于数字经济运行会决定供给侧结构重塑，供给侧结构重塑会反作用于数字经济运行。因而，数字经济的发展，无疑是解决供给侧结构性改革问题的契机。一方面，随着大部分厂商数据智能化和网络协同化水平的提高，挖掘、搜集、整合、分类、加工和处理大数据能力相应地提高，运用云计算和机器学习等手段匹配大数据能力也相应地提高，其产品和服务的供给结构将不可避免地发生变化。另一方面，厂商供给侧结构重塑会更接近社会有效需求，致使产量和价格确定会给厂商带来最大化效用，促使厂商进一步提高数据智能化和网络协同化。

而对于现阶段来说，在产业供需问题上，需要解决的核心问题是：依靠数字经济发展，发挥其对供给侧结构性改革的正向作用，则必须在构建符合数字经济运行实际的理性选择理论、资源配置理论和产业组织理论的基础上进行讨论和实践。而填补这一理论空白并非易事。

区域分布问题及建议

我国数字经济发展不均衡，存在区域差异。东、中、西部地区的宽带速率、数字企业集聚、技术效率等地区差异非常显著，数字经济发展规模呈现从东南沿海向西部内陆逐渐降低的趋势。东部地区数字经济水平明显高于中西部地区，其中，北京、广东、上海、江苏和浙江的数字经济水平大幅领先于全国水平，而大多数地区数字经济水平低于全国平均水平。数字经济时代先导产业ICT产业的企业总部和研发部门主要集中在北京、上海、广东、浙江等少数东部省份，数字经济红利呈现出城市多农村少、东部多中西部少的分配格局。

以我国网络发展区域差异为例，由于经济水平和网络资源基础差异，我国中西部地区和农村地区落后于东部地区和城市，两者之间存在着明显的数字经济发展鸿沟。截至2020年3月，我国城镇地区互联网普及率为76.5%，较2018年底提升1.9个百分点；农村地区互联网普及率为46.2%，较2018年底提升7.8个百分点[173]。农村地区上网率低，网络化、数字化水平受到极大发展阻力。解决我国网络发展区域差异问题的方法包括：提供网费优惠、硬件补贴、上网知识培训等政策支持，并加强网络基础设施及提升网络服务便捷性，促进中西部地区和农村地区上网率及网络使用效率的提升。

分析我国数字经济区域发展分布不均衡的原因可知：主要原因在于数字化

应用、数字化产业变革和数字化基础设施差距。在数字化基础设施建设上，东部地区普遍优于其他地区；西部地区数字化资源不足、基础设施不完备。在数字产业化变革上，东部地区已进入深度融合的发展阶段，地区数字化生活、企业和政府数字化转型水平较高，数字技术应用和渗透率高；其他大部分地区仍处于初级发展阶段，发展驻足于生活消费领域，企业和政府的数字化转型以及产业数字化均发展缓慢。解决这些问题的方法包括：加快西部和部分中部地区数字化基础设施建设，加强5G基站、大数据中心等新一代信息通信网络基础设施顶层设计，扩大5G网络、光纤网络的有效覆盖区域，完善数字化、网络化和智能化发展基础，并强化城乡间、中西部地区之间数字基础设施互联互通和信息资源共建共享，并推动全国数字网络基础设施建设，为不同区域的数字经济协同发展提供保障；加快东北和西北地区数字化创新应用和融合，培育新业态、新模式，增强产业创新及数字化转型能力，集中力量补发展短板，推动各行各业智能化、网络化、协同化发展，推进数字化产业变革；发挥东部地区在数字技术创新、产业发展经验、政策引导作用、对外合作开放等方面的引领示范作用，将东部地区数字经济发展经验和成功模式向中西部地区扩散，做好地区间产业转移、对接、承接和合作工作[174]。

地区经济增长水平、外资依存度、政府干预度、人力资本水平和居民工资水平是数字经济发展的主要驱动因素，改善这些因素是缩小区域发展差异的主要手段。其中，居民工资水平的提高既能促进本地区数字经济发展，又能促进邻近地区数字经济的发展，是这些因素中较为关键的因素。为缩小收入差距，应提高公共就业和创业服务数字化水平，推进各类就业信息共享开放；推行福利性政策，提高地区居民福利水平，促进地区经济高质量发展。根据东部地区发展经验，外资依存度对地区数字经济水平的促进作用也非常显著。为提升这一因素的作用，应积极拓展数字经济国际市场，构建应对国外技术壁垒和发展障碍的支撑体系；建立完善国际综合服务支撑体系；加强国际交流与合作。

同时，政府应建立数字经济风险防范预警、运行市场风险监测体系，采取合理治理措施，有效防范防控数字经济运行风险；加强对数字经济发展方向的引导和监管，推进市场结构优化，健全企业退出引导体系、执行体系、金融体系、保障体系等，提高数字经济的资源配置效率。除此之外，消除数字经济区域发展差距还需要鼓励不同区域，特别是中西部地区发挥和挖掘特有的地区优势，走出适宜自身发展的道路；完善区域协同政策，充分发挥大城市、城市群对周边区域的带动和辐射效应，促进数字要素跨地区、跨部门、跨行业有序流动，依托“一带一路”、西部开发、东北振兴、中部崛起等重大国家战略，创新区域合作机制，推动区域间共建数字化协同共享平台，推进区域数字经济一体化协同发展；对政策资源进行合理的宏观调控，充分发挥政府财政在数字经济水平较差的中西部地区的有效干预作用，将有限的政策资源向中西部地区倾斜，加快推进中西部地区数字化基础建设，提高中西部地区劳动力水平，促进中西部地区经济增长。

产业问题及建议

我国数字经济产业规模大、领域广，面临的挑战众多，目前主要集中在以下几个方面。首先，在全球数字贸易中，以欧美为代表的各国均力争取得数字经济竞争优势，中国等新兴市场国家在全球数字经济网络空间国际治理体系竞争中处于相对不利地位。我国部分关键原材料依赖国外采购的领域面临供应链断裂风险，国际经贸环境不确定因素增多，产业链稳定风险增大。

其次，产业数字化转型过程中亟待突破的难题有传统产业链协同难、产品全生命周期管理难、供应链信用成本高、产业基础能力短板明显。同时，当前很多传统产业缺乏资金、技术和人才，且产业数字化转型组织架构不匹配，业务管理模式不匹配，产业数字化转型组织、流程仍需优化，拖慢了数字化转型进程。当前，三次产业数字经济仍然呈现三产优于二产、二产优于一产的不均衡发展特征，不利于数字经济整体发展。

再次，在数字经济重点领域，数字消费领域的各类消费型供给大于需求，竞争激烈，特别是跨境电商发展受制于全球化不确定因素的制约。我国互联网用户基数庞大，消费者数字化程度全球领先。我国互联网平台具备规模优势、技术先进、人才优质的特征优势，具备提供广覆盖、高效便捷、低成本的基础设施服务能力。我国互联网平台不仅具备消费行业数字化能力，还逐步扩展到产业互联网等其他领域。政府及市场主体等各方对产业互联网认识不统一，产业互联网面临问题众多，数字化转型重技术、轻管理、财政投入多、社会融资不足、数据垄断及算法滥用。特别是制造业企业，数字化转型基础薄弱、数据不流畅。未来随着技术的进步，产业互联网未来将向体量更大的平台方向发展。针对未来中国特色的平台发展模式，政府致力于完善相关政策及提升监管能力。近一两年来，陆续出台的相关政策说明，我国政策目标明确且与其他各发达国家基本一致，即，要明确平台社会义务和责任，建立公平公正竞争的监管措施，维护市场竞争秩序，加强用户服务及安全权益保护。与此同时，信息通信产业是数字经济基础产业之一。作为全球化分工最为充分、价值链较为复杂的信息通信产业，未来产业全球供应链存在以区域为中心进行聚集的潜在趋势。我国虽然已形成多个信息通信产业“长板”领域，但与高质量发展目标相比，与发达国家水平相比，在创新能力、生产效率、高端供给等方面仍然存在较大差距，核心技术受制于人，基础技术产业体系和高附加值环节薄弱，产业链短板问题依然突出。产业升级既面临发达国家压力，也面临新兴国家追赶，叠加全球政治和贸易格局的不确定性，未来外部形势依然严峻。

最后，整体来看，与欧美发达国家相比，我国数字化渗透率相对较低，数字化采购与销售的重要性易被忽略，难以形成数字化供销闭环。数字经济国内市场的商业模式创新、业态创新、技术创新失调。一方面是市场商业模式和业态创新更发达，关键核心技术创新稍显发展缓慢。另一方面是通用技术发展迅速，超越社会组织和社会文化的发展速度，我国市场发展秩序有待完善。另外，数字经济是由数据智能化和网络协同化共同构成的市场模式。从数据智能化和网络协同化来看，中国的绝大部分的厂商还处在互联网+的数字经济起步阶段，只有少数厂商进入了人工智能+阶段。中国数字经济的整体格局是流通领域的数字化程度相对较高，加工制造领域相对较低。现阶段的加工制造运用人工智能技术匹配消费者行为，只能匹配历史数据，无法预测未来数据，使得加工制造业数字经济运行的覆盖面较窄。

针对以上问题，提出相应的政策建议如下：第一，全面提升各产业企业数字化和智能化水平，促进传统产业数字化转型升级，探索数字经济赋能的产业新模式，全力培育多层次融合产业体系，打造数字经济赋能的产业新生态。第二，全面加强数字技术领域自主创新，加快推动产业数字化转型，利用数字技术对传统产业进行改造升级，构建数字化的生产、经营、管理体系，提升我国在数字经济产业的竞争力。第三，加速推进产业链数字协同融合，优化营商环境，提高对外开放程度，充分发挥知识与技术溢出效应，不断发展壮大数字经济。

三、政策治理问题及建议

近年来，人才、安全保障、数字化治理等政策治理问题较为突出，制约着数字经济的发展。国家和地方层面不断细化数字经济治理政策，已突破这些政策治理瓶颈。数字经济治理优化与政策创新，需要充分考虑国情现实，把握我国政策环境与执行优势，找准重点领域、突破口与着力点。

人才问题及建议

总体来看，我国数字经济领域一线城市招聘数字经济人才的规模较大，仅“北上广”的招聘总量已超过全国的55%以上，人才市场区域分布差距较大。从区域总体分布上看，岗位数呈现东、中、西部逐步减少的特征，东部沿海地区数字经济岗位需求量较大，同时，东部地区高端岗位集聚，就业岗位跨省流动也更频繁。

中国市场以中小企业为主，人才缺口大，人才培养模式跟不上人才需求增加速度。目前我国的数字化人才集中于产品研发部门，精通数字化运营、数字化战略管理、数字营销的人才紧缺。从人才就业形势看，小微企业就业辐射带动效应强，招聘岗位总量多。上市公司薪资水平较高，对于高学历和高技能人才需求偏好明显。从薪资来看，数字产业化领域薪资高于产业数字化。但产业数字化是就业吸纳主体，呈现三产岗位数量大于二产大于一产特征。长期来看，数字经济人才由一产向二产和三产流动趋势不可避免，相较之下第一产业数字经济人才吸纳和培养至关重要。第二产业数字经济就业受高科技产业推动明显，就业容量仍有提升空间。第三产业中科研和生活性服务业是就业需求主战场，薪资水平符合各行业差异。从人才就业行业来看，数字经济人才主要集中在商务服务业、软件和信息技术服务业、批发业、科技推广和应用服务业等。

近年来，我国数字经济人才问题越发突出，主要体现在以下几个方面：一是，我国数字经济发展在一定程度上依赖数字经济相关技术的发展，人才缺口已成为关键瓶颈。以区块链为例，高素质技术型人才和应用型人才稀缺，据统计，北京地区虽为国内高技术人才集中的领先地，但截至2019年底，区块链人才市场招聘人数与求职人数比值仍一直保持在9倍左右。二是，我国教育体制、人才供给和培养模式无法满足产业需求，导致现阶段既了解传统行业技术、业务流程与发展需求，又能够掌握和应用数字技术的复合型高端人才严重缺乏，有融合实践经验的高素质人才更是紧缺。三是，我国的知识产权保护法律体系仍有所欠缺，对于跨界的改变缺乏有效保护，由于我国知识产权保护领域复合型人才缺乏，导致在一些新兴或融合边缘的数字经济领域的知识产权保护力度弱。四是，我国区域人口流动加速，加深了人才供给结构的不平衡，进一步拉大数字经济的就业差距。同时，人才加速向第三产业转移，可能带来一产和二产数字经济人才供给不平衡问题。五是，产业数字化受人才要素匮乏的制约，导致一些企业存在数字化转型战略不清晰、数字化转型能力不够、数字化人才储备匮乏、数字化转型保障不力等问题及障碍，难以实现数字化转型目标。

数字化应用普及和数字化产业变革，受人们数字素养和应用能力的影响较大。针对以上问题，我国应强化数字经济发展所需的新知识和数字化应用新技能的普及和推广教育，应加强创新型数字化人才的培养。具体方法为：全面推进数字经济创新人才培养及创新人才投入优先保障机制，加大对数字经济创新型科技人才的集聚，进一步优化人才实施机制。推进不同区域数字经济创新人才协同培养，推动城乡创新人才一体化发展，积极促进区域创新人才一体化发展，推动不同区域的数字经济创新人才共同发展。加强数字经济企业家创新人才队伍建设，鼓励和支持数字技术、数字市场及数字创新人才整合，建立有效的企业家创新人才评价机制，鼓励和推荐优秀的数字企业家提供教育支持服务。打造高规格的数字经济创新人才培养平台，调整优化高校数字学科专业结构，增强数字专业人才的培养力度，深化数字经济创新人才管理试验区建设，加快形成具有国际竞争力的数字经济“双创”人才集聚和人才激励机制[175]。

安全保障问题及建议

数字经济的发展带来了进一步的安全问题。特别是在数字化转型、产业升级的现阶段，新型网络平台的大量涌现，新基建及相关设备的大量应用，以及数据要素化的大范围扩张，使得高危漏洞数量增加，网络攻击点增多，关键基础设施面临安全隐患，对现实物理世界及实体经济也带来了安全风险。这些风险，有可能威胁到制造、金融、交通、能源等关系国民经济命脉的重要领域，也有可能导致个人信息甚至国家重要信息的泄露和非法收集买卖，使得经济社会安全乃至国家安全遭受严重威胁[176]。

在大数据时代，交易者能够低成本、便利、及时、准确地获得所需要的各种信息，对信用的识别更为便利。大数据，比如淘宝网，信用关系是以法定流动的电子货币和第三方支付机构信用为前提的。但是，我国大数据发展数据安全保障法制并不完善，也存在有法不依、执法不严问题，当前面临数字经济转型期这一特定阶段内的独特安全挑战，更显得力不从心[170]。

数字经济的产权形成变化、财产所有权的弱化、新组织形成等，引起了信用关系巨大变化，其特征就是信用关系的技术化。在数字经济中，人们之间的交易活动由线下移到了线上，由实体世界转移到了数字世界，由能直接感觉到的可见世界转移到了不可见世界，因而数字化信用技术成为了数字世界中的交易活动信用关系的保障。和大数据时代一样，数字经济的信用关系也是以法定电子货币为前提的，除此之外，还有打破时空限制、实现资源有效配置、为消费者提供定制化产品及服务的网络平台也是一种重要的信用关系。网络平台信用关系的核心在于相关的法律制度保护消费者权益及为整个网络平台信用的担保。目前，网络平台的智能交易已经能够在人的意志安排下自动完成相应交易，也能够在情景环境变化时自动地做出反应而调整其交易行为。这种信用关系既具有便捷灵活性，又使得投资者及监管者都无法准确识别及评估此类信用关系的本质及风险。目前达到投资顾问的智能化及风险识别之间的平衡，是监管者应该关注的重大理论问题[170]。

同时，作为数字经济可信的基础技术，区块链、智能合约、数字加密货币技术的应用可以把信用关系的技术化推向极端，在一定程度上促进数字经济安全水平的提升。区块链即建立网络上的去信用化的数字世界，用技术化来界定的信用关系代替市场上的传统的信用关系。但是，在安全和隐私保护方面仍存在不足。建立在最核心的区块链共识基础上，区块链共识规则往往隐藏了设计者的利益诉求。另外，在技术上，区块链采用的是国际通用的密码算法、虚拟机和智能合约等核心构件，并非完全自主可控，存在内生的安全缺陷，可能存在无法预知的漏洞问题。

我国数字经济配套制度相对缺乏、监管理念相对落后，当前数字安全保障制度不完善，包括相关法律法规、行业规范、社会契约等在内的正式制度和由价值观念、网络伦理、网络文化等产生的非正式制度均没有形成固定的共识范本。因此，当前“数字孤岛”和“数据滥用”并存，政府公共数据和公共信息获取渠道及在部门区域间交流均不畅，数据联通、整合与共享不足，个人数据缺乏保护；政府和企业以及民众沟通信任机制尚未建立，数字经济创新活力受到影响；安全监管不足，法律和政策保障缺失，信息数据过度采集不当使用和非法泄露问题时常发生，抑制了数字经济的消费市场[177]。因而，建设数字安全保障制度是当前解决数字经济安全保障问题的关键。

除此之外，应加强劳动力数字技能素养，提高全民数字安全防范意识，为数字经济发展提供条件保障。一方面要建立数字人才安全培训机制，引进和培养数字安全人才。要积极推进数字安全技术研究工作，在关键核心技术领域早做突破、尽快落地。另一方面，要提高公众数字安全素养和法律法规认知，使公众在日常生活生产中更加明确数字安全的合理合法应用规范。

治理问题及建议

数据治理问题是数字经济健康发展的首要问题，数字经济发展跨领域与跨地区特点突出。数字经济的发展显著领先于政府制度规范，传统政府管理已不能适应跨界融合发展，传统政府事前审批、人工检查、现场督察的治理手段显然难以适应数字经济发展需求，治理方式亟待优化创新。

我国数字经济新兴业态与法律滞后矛盾突出，执法者常面临无法可依的困境。其一，我国数字经济监管法律法规尚不完备，个人数据隐私保护立法滞后，商业数据持有企业的权属保护、制止恶意盗取商业数据行为等也缺乏明确统一的支持数据共享流动和数字商务创新发展的法律保护，公共数据开放共享的法律法规相对缺乏，部分已经颁布的法规层级较低且不统一，严重阻碍数字经济发展。其二，我国监管体制明显不适应数字经济发展要求，监管机构多头管理问题非常突出，中央和地方的属地分权监管与数字经济跨越地理空间的网络化经营之间的冲突也很突出。政府监管行政过程和行政行为的正当性不足问题也比较突出。其三，政府与平台的监管治理主体关系尚未理顺，政府监管错位、越位问题非常突出，政府监管机构缺乏对平台私人规制者角色履行的有效监督问责，政府监管机构与平台之间严重缺乏有效的监管协同。其四，数字经济监管手段缺乏问题仍十分突出，政府监管仍然偏好行政性事前准入监管，政府监管缺乏对大数据和现代信息技术的充分利用，仍然以监督检查的被动式行政执法来履行监管职责，在互联网金融领域的运动式行政执法具有非常高的经济代价[178]。

我国数字经济监管制度短板导致数字经济治理理念、方法、运行和手段均不规范，使我国一直在网络主权和发展信息技术之间、保护个人隐私和数据价值挖掘之间、网络平台应尽责任和发展权利之间，存在不平衡等问题。不同区域、产业、人群间的数字鸿沟现象也较为明显。数据统计方法赶不上技术更迭速度，垄断和不正当竞争、不规范经营现象、数据保护风险加大等问题时有发生，数据确权、价值衡量、交易使用等方面仍存在较大困难和挑战。

另外，我国在国际规则制定和议题设置方面的经验和能力仍需提高，根据跨境电商的产业特点进行话语创新（包括跨境数据流动、源代码保护等数字贸易核心内容）的能力不足，防御策略有待改进，不能有效应对贸易壁垒。

针对以上问题，提出建议如下：第一，建立明确的数字经济治理法律法规体系和相对完善的数字经济监管法律体系，尽快制定出台个人信息保护法、公共信息公开法和数字版权法等，填补数字经济相关领域的空白，加快各产业，特别是新兴领域的发展。第二，构建“平台+政府”双中心协同监管治理体制，发挥平台私人规制者作用，合理界定平台的基本责任，发挥平台自我监管的主体作用。第三，形成与数字经济相适应的监管机构体制，设立专门的数据监管机构，加强对大数据的监管，逐步构建超越部门和地区利益的综合性数字经济监管机构，加强对中央有关行业部门和地方政府部门出台有关政策的审查监督，进一步完善综合监管体制，确保监管政策的全国统一标准和地方灵活适用的最佳组合。第四，完善行政程序以实现审慎包容监管原则的制度化，建立落实政府监管政策制定的影响评价制度、监管政策制定的公共意见征询制度和监管政策实施绩效后评估制度。第五，创新数字经济监管实施体制和采取有效政策手段，政府监管放松偏重事前准入监管，构建政策重点差别化的全过程监管体系，数字经济监管应更多地采取市场研究和基于大数据技术的市场监测与预警的监管政策方式，加强平台透明度要求[178]。第六，完善数字经济发展的顶层设计，做好数字经济发展规划，加大知识产权保护力度并建立技术创新激励机制，制定数字经济安全风险防控制度和创新创业发展制度，完善政府协同并优化政府管理服务模式，形成良好的环境秩序。第七，推动全球共同协作，制定全球治理规则，健全相关的隐私、伦理、法规等方面的制度，更好助力数字经济双循环新发展格局。

参考文献

[1] 数字经济及其核心产业统计分类(2021)[J]. 中华人民共和国国务院公报, 2021(20): 16–30.

[2] 赵立斌, 张莉莉著. 数字经济价值链重构与产能利用率提升[M]. 北京:科学出版社, 2020.

[3] 赛迪顾问. 2020中国数字经济最具价值企业白皮书[R]. 2020.

[4] 李长江. 关于数字经济内涵的初步探讨[J]. 电子政务, 2017(09):84–92.

[5] 王峰. 浅谈工业数字化驱动下的新工业革命[J]. 科技中国, 2018(01):23–25.

[6] 沈军. 数字赋能, 创新驱动, 以绿色发展助推产业转型升级[J]. 水泥工程, 2020(01):1–6+46.

[7] 清华大学社会治理与发展研究院. 中国区块链产业生态地图报告(2021)第三期[R]. 2021.

[8] 中国信通院. 数字贸易发展白皮书(2020)[R]. 2020–12.

[9] 亿欧智库. 新变化 新趋势 新风口——2020中国云计算行业研究报告[R/OL]. 2020–10. https://www.iyiou.com/research/20201030763.

[10] 甲子光年. 2021中国云计算行业研究报告[R/OL]. 2021–08. https://jiazi-pc.oss-cn-beijing.aliyuncs.com/images/2021%E4%B8%AD%E5%9B%BD%E4%BA%91%E8%AE%A1%E7%AE%97%E8%A1%8C%E4%B8%9A%E7%A0%94%E7%A9%B6%E6%8A%A5%E5%91%8A_%E7%94%B2%E5%AD%90%E5%85%89%E5%B9%B4.pdf.

[11] 中国信通院. 云计算白皮书(2021)[R]. 2021–07.

[12] 发现报告. 云计算第三次浪潮洪波涌起[R/OL]. 2021–06–21. https://www.fxbaogao.com/insights/detail/12.

[13] 万联证券. 云计算景气上行系列专题(二):云计算+5G新基建, IDC前景可期[R/OL]. 2020–03–17. https://www.fxbaogao.com/pdf?id=1967171.

[14] 未来智库. 云计算行业深度报告:全产业链持续高景气[EB/OL]. 2020-11-18. https://baijiahao.baidu.com/s?id=1683684502296283253&wfr=spider&for=pc.

[15] 王笑, 张第, 许丹丹, 王晓霞, 崔羽飞. 运营商在5G时代数字经济的机遇和挑战[J]. 信息通信技术, 2020, 14(01):46-52.

[16] 中国信通院. 中国5G发展和经济社会影响白皮书(2020年)[R]. 2020-12.

[17] 钟义信. 信息社会:概念, 原理, 途径[J]. 北京邮电大学学报(社会科学版), 2004(02):1-7.

[18] 孙伟平. 信息社会及其基本特征[J]. 哲学动态, 2010(09):12-18.

[19] 李一. "数字社会"的发展趋势、时代特征和业态成长[J]. 中共杭州市委党校学报, 2019(05): 83-90.

[20] 李晓华. 面向智慧社会的"新基建"及其政策取向[J]. 改革, 2020(05):34-48.

[21] 方凌智, 沈煌南. 技术和文明的变迁——元宇宙的概念研究[J]. 产业经济评论, 2022, 48(01):5-19.

[22] 吴江, 曹喆, 陈佩, 贺超城, 柯丹. 元宇宙视域下的用户信息行为:框架与展望[J/OL]. 信息资源管理学报:1-17[2022-02-20].

[23] 吴桐, 王龙. 元宇宙:一个广义通证经济的实践[J/OL]. 东北财经大学学报:1-11[2022-02-20].

[24] 数字经济发展研究小组, 中国移动通信联合会区块链专委会, 数字岛研究院. 中国城市数字经济发展报告(2019-2020)[R]. 2020.

[25] 中国信通院. 全球数字经济新图景(2020年)——大变局下的可持续发展新动能[R]. 2020.

[26] 中国信通院. 全球数字经济白皮书——疫情冲击下的复苏新曙光[R]. 2020.

[27] 工信安全. 2019-2020年度数字经济形势分析[R]. 2020.

[28] 赵立斌, 张莉莉. 数字经济概论[M]. 北京:科学出版社, 2020.

[29] 中国信通院. 中国数字经济发展白皮书(2020年)[R]. 2020-07.

[30] 逄健, 朱欣民. 国外数字经济发展趋势与数字经济国家发展战略[J]. 科技进步与对策, 2013, 30(08):124-128.

[31] 李艺铭, 安晖. 数字经济:新时代 再起航[M]. 北京:人民邮电出版社, 2017.

[32] 王振. 数字经济蓝皮书:全球数字经济竞争力发展报告2017[M]. 北京:社会科学文献

出版社, 2017.
[33] 鲁泽霖. 欧盟数字经济政策发展演进[J]. 合作经济与科技, 2018(20):24–25.
[34] 工业互联网产业联盟. 主要国家推动制造业数字化转型的政策研究报告[R]. 2020–05.
[35] 陈骞. 欧盟推动数字经济发展[J]. 上海信息化, 2016(4):80–82.
[36] 董超. 欧盟数字化战略特点及对我国的启示[J]. 中国经贸导刊, 2021(26):23–25.
[37] 王刘平, 谭德家. 美、欧经验对我国数字经济高质量发展的启示[J]. 电子产品可靠性与环境试验, 2021, 39(z1):96–99.
[38] 闫德利, 高晓雨. 美国数字经济战略举措和政策体系解读[J]. 中国信息化, 2018(9):8–11.
[39] 祝守宇, 蔡春久. 数据治理:工业企业数字化转型之道[M]. 北京:电子工业出版社, 2020.
[40] 赛智时代. 美欧英日新数字经济发展研究[EB/OL]. 2021–03–11. https://www.ciomanage.com/front/article/6339.html.
[41] 九次方大数据. 纵览6国数字经济政策, 在变革中拥抱未来[EB/OL]. 2019–07–05. https://baijiahao.baidu.com/s?id=1638164525326648348&wfr=spider&for=pc.
[42] 华尔街财经. 制造业数字化转型如何乘风破浪? 有一种模式叫中国联塑![EB/OL]. 2021–10–13. https://xueqiu.com/1750631962/199991833.
[43] 国务院办公厅. 国务院办公厅关于加快电子商务发展的若干意见[R/OL]. 2008–03–28. http://www.gov.cn/zhengce/content/2008–03/28/content_3862. htm.
[44] 金江军. 数字经济引领高质量发展[M]. 北京:中信出版社, 2019.
[45] 刘小凤.日本e–Japan战略实施状况[J]. 全球科技经济瞭望, 2005(7):6.
[46] 刘小凤. 日本从e–Japan向u–Japan战略转变[J]. 全球科技经济瞭望, 2005, 000(007):18–22.
[47] 杨炎. 国际对比视角下我国数字经济发展战略探索[J]. 科技管理研究, 2019, 39(19):33–42.
[48] 刘平, 孙洁. 日本以“互连产业”为核心的数字经济发展举措[J]. 现代日本经济, 2019, 38(04):24–33.
[49] 薛亮. 日本推动实现超智能社会“社会5. 0”[EB/OL]. 2017–04–05. http://www.istis.sh.cn/list/list.aspx?id=10535.

[50] 蓝庆新，彭一然. 日本“数字新政”战略动机与发展特征［J］. 人民论坛，2020(25):128–131.

[51] 刘京蕾. 互联网时代的全球主要国家信息化战略［J］. 互联网周刊，2015(10):58–60.

[52] 赵锐. 评《德国数字纲要2014–2017》:战略目标、举措和启示［J］. 电子政务，2015(8):12.

[53] 中国科学院科技战略咨询研究院课题组. 产业数字化转型:战略与实践［M］. 北京:机械工业出版社，2020–06.

[54] 柏玉珊，田小军. 德国发布数字战略2025，持续推动数字经济转型［EB/OL］. 腾讯研究院，2016–04–01. https://www.tisi.org/4547.

[55] 王改静. 德国《国家工业战略2030》发布［EB/OL］. 通信产业网，2019–12–27. http://www.ccidcom.com/gyhlw/20191227/X3GwCJK6ctbSq1jF51757jadt70n4.html.

[56] 马丽. 大数据时代的德国信息化战略［N/OL］. 学习时报，2014–11–10. http://152.136.34.60/html/2014–11/10/nw.D110000xxsb_20141110_1–A2.htm.

[57] 徐永楠. 敲响数据信息安全警钟［N/OL］. 中国国防报，2018–04–19. http://www.81.cn/jwgz/2018–04/19/content_8008272.htm

[58] 崔宏伟. “数字技术政治化”与中欧关系未来发展［J］. 国际关系研究，2020(05):21–40+155.

[59] 黄浩然，陈鹏. 构建数字命运共同体的内涵、意义及路径［J］. 理论建设，2021，37(04):64–70.

[60] 董青岭. 警惕数字时代的西方话语霸权［J］. 人民论坛，2021(29):28–32.

[61] 姜疆. 数字经济与主权国家的博弈［J］. 新经济导刊，2017(10):34–38.

[62] 张茉楠. 数字主权背景下的全球跨境数据流动动向与对策［J］. 中国经贸导刊，2020(12):49–52.

[63] 董小君，郭晓婧. 数字贸易规则主导权博弈中的对策选择［J］. 开放导报，2021(02):87–95.

[64] 徐金海，周蓉蓉. 数字贸易规则制定:发展趋势、国际经验与政策建议［J］. 国际贸易，2019(06):61–68.

[65] 汪丽. 2020年“战略自主”框架下的欧洲数字主权建设全面提速［J］. 信息安全与通信保密，2021(03):31–37.

[66] 董一凡. 抵制美国数字霸凌的“欧洲路径”［EB/OL］. 环球时报，2020–08–25. https://

opinion.huanqiu.com/article/3zbXQUXT8V0.

[67] 中国电子协会.《欧洲数字主权》的解读与启示[EB/OL]. 2020-10-12. https://www.scimall.org.cn/article/detail?id=4566789.

[68] 宫云牧. 欧盟的数字主权建构:内涵、动因与前景[J]. 国际研究参考, 2021(10):8-16.

[69] 姜志达. 欧盟构建"数字主权"的逻辑与中欧数字合作[J]. 国际论坛, 2021, 23(04):64-80+157-158.

[70] 王婧. 欧盟为科技巨头制定 搜索排名规则[EB/OL]. 2020-12-09. https://www.sohu.com/a/437127532_162758.

[71] 李艳. 美国强化网络空间主导权的新动向[J]. 现代国际关系, 2020(09):1-7+58.

[72] 张郁安. 全球主要国家和地区数字政策及其战略考量[J]. 中国信息安全, 2021(02):67-69.

[73] 张东冬. 转向"数字霸权":美国国家人工智能战略及其国际影响[J]. 当代世界与社会主义, 2020(05):158-168.

[74] 欧阳日辉. 数字经济:中美竞争新赛道[J]. 中国经济评论, 2021(06):24-27.

[75] 姜志达, 崔越. 数字霸权与美国对华科技遏制的影响[J]. 和平与发展, 2021(05):18-33+135-136.

[76] 郎平. 数字时代美国对华科技竞争的特点[J]. 战略决策研究, 2021, 12(03):85-100+103-104.

[77] 陈小鼎, 李珊. 美国数字基建的现状与挑战[J]. 现代国际关系, 2021(10):46-54+64.

[78] 李潇, 高晓雨. 关注国际数据治理博弈动向 维护我国数据主权[J]. 保密科学技术, 2019(03):35-38.

[79] 王灏晨. 数字规则主导权博弈新动向[J]. 瞭望, 2019(22):3.

[80] 张坤. 美欧数字贸易规则动向、分歧与合作前景[J]. 中国商论, 2020(15): 89-91.

[81] 邓崧, 黄岚, 马步涛. 基于数据主权的数据跨境管理比较研究[J]. 情报杂志, 2021, 40(06):119-126.

[82] 王中美. 跨境数据流动的全球治理框架:分歧与妥协[J]. 国际经贸探索, 2021, 37(04):98-112.

[83] 邹杨, 齐佳音. 数字经济与大数据企业跨境数据合规专栏之——美国数据主权与数据跨境规制研究[J]. 中国高新科技, 2021(11):67-68.

[84] 刘云. 中美欧数据跨境流动政策比较分析与国际趋势[J]. 中国信息安全, 2020(11): 75–78.

[85] 翟崑. 数字全球化的战略博弈态势及中国应对[J]. 人民论坛, 2021(17):86–88.

[86] 曲鹏飞. 全球数字治理的中国方案:背景、内涵及路径[J]. 中国井冈山干部学院学报, 2021, 14(04):99–107.

[87] 陈健. “数字丝绸之路”:应对西方数字帝国主义的中国方案[J]. 东南学术, 2021(04):56–65.

[88] 胡悦. 全球数字贸易的中国发展路径研究[J]. 商展经济, 2021(02):41–43.

[89] 刘如, 周京艳. 我国数字经济外循环面临的跨境数据流动政策问题与对策[J]. 科技中国, 2021(04):53–56.

[90] 张娟, 张志强, 阮伟南, 张雪. 科技强国最新数据战略及其实施态势分析[J]. 世界科技研究与发展, 2021, 43(03):286–298.

[91] 赛迪顾问. 中国数字经济城市发展白皮书(2021)[R]. 2021.

[92] 中国信通院. 中国数字经济发展白皮书(2021)[R]. 2021–04.

[93] 王雨青. 新时代下数字经济助推双循环发展路径探究[J]. 中国产经, 2021(13):140–141.

[94] 国家互联网信息办公室. 数字中国发展报告(2020年)[R]. 2021–04–25.

[95] 王晓红, 谢兰兰. 新发展格局下数字经济发展战略研究[J]. 开放导报, 2021(04):80–91.

[96] 王涵. 北京市产业布局与上市公司研究报告[R/OL]. 2020–07–22. https://mp.weixin.qq.com/s/xB1yoGehfDEbqozJASnbxA.

[97] 相雪梅, 王成韦, 于冲冲. 复杂网络视角的长三角城市群经济关联结构研究[J]. 安徽行政学院学报, 2020(3):52–59.

[98] e线城市一线城市. 中国城市的圈层关系, 城市联系度与城市关联度[EB/OL]. 2021–03–02. https://new.qq.com/omn/20210302/20210302A08E7N00.html.

[99] 秦海林. 2020中国数字经济发展指数(DEDI)发布[J]. 互联网经济, 2020(9):12–19.

[100] 朱文晶. 加强长三角数字经济产业链协同治理[N/OL]. 中国社会科学网–中国社会科学报, 2021–03–31. http://www.cssn.cn/zx/bwyc/202103/t20210331_ 5322973.shtml.

[101] 陈建军, 陈菁菁, 黄洁. 长三角生态绿色一体化发展示范区产业发展研究[J]. 南通大学学报(社会科学版), 2020, 36(02):1–9.

[102] 陈宗珩. 2021上海市数字经济发展研究报告[R/OL]. 亿欧智库, 2021–01–24. https://

www.iyiou.com/research/20210124828.

[103] 熊励，蔡雪莲. 数字经济对区域创新能力提升的影响效应——基于长三角城市群的实证研究[J]. 华东经济管理, 2020, 34(12):1-8.

[104] 新华三集团数字经济研究院. 长三角城市数字经济指数白皮书(2020)[R]. 2020-08.

[105] 艾尚乐. 粤港澳大湾区数字营商环境构建的核心问题与发展对策[J]. 商业经济研究, 2021(19):170-173.

[106] 黄海盈. 粤港澳大湾区商贸与物流一体化发展研究[J]. 中国储运, 2020(11):137-139.

[107] 中国信通院广州分院. 粤港澳大湾区数字经济发展与就业报告(2020年)[R]. 2020-11.

[108] 唐蕊. 成渝地区双城经济圈科技创新协同发展研究——基于京津冀、长三角、粤港澳城市群的比较视角[J]. 重庆行政, 2020, 21(05):80-82.

[109] 新华三集团数字经济研究院. 粤港澳大湾区城市数字经济指数白皮书(2020)[R]. 2020-12.

[110] 朱金周，方亦茗，岑聪. 粤港澳大湾区数字经济发展特点及对策建议[J]. 信息通信技术与政策, 2021(02):15-21.

[111] 蒋竹媛. 基于数字经济的成渝经济圈的现代产业体系建设[J]. 商业经济, 2021(04):39-40.

[112] 刘小差，冯瑜. 统筹成渝双城经济圈产业要素合理流动和高效集聚[J]. 中国发展观察, 2020(12):51-55.

[113] 刘洋. 成渝视角:产业协同发展还需走多远?[J]. 四川省情, 2021(08):16-20.

[114] 中国信通院，新华三集团数字经济研究院. 中国城市数字经济指数蓝皮书(2021)[R]. 2021.

[115] 商务部流通产业促进中心. 中国产业带数字化转型——生产、流通与消费的高效协同报告[R/OL]. 2020-05. https://www.sohu.com/a/397122348_689495.

[116] 农业农村部市场与信息化司，农业农村部信息中心. 2020全国县城数字农业农村发展水平评价报告[R].2020.

[117] 初英杰. “数字”让乡村更美好[EB/OL]. 2021-03-22. https://m.gmw.cn/baijia/ 2021-03/22/1302181206.html.

[118] ICA联盟. 中国农牧家禽行业智慧养殖白皮书[R]. 2018-08.

[119] 余姚市农业农村局. 浙江今年将完成100个数字农业工厂试点示范[EB/OL]. 2020-

06–15. http://www.yy.gov.cn/art/2020/6/15/art_1229131813_52993490.html.

[120] 李海舰, 张璟龙. 关于数字经济界定的若干认识[J/OL]. 企业经济, 2021(07):13–22 [2021–08–09].

[121] 王媛媛, 张华荣. G20国家智能制造发展水平比较分析[J]. 数量经济技术经济研究, 2020, 37(09):3–23.

[122] 赛迪智库. 区块链+数字经济发展白皮书[R]. 2021–03.

[123] AIITRE融合发展联盟. 务实推动工业互联网创新发展, 全力打造两化融合“升级版”[EB/OL]. 2019–11–21. http://shengchuit.com/shichangxinwen/404.html.

[124] 赛迪智库. 数字经济新业态新模式发展研究报告[R]. 2020.

[125] 袁国宝. 数字经济:新基建浪潮下的经济增长新引擎[M]. 北京:中国经济出版社, 2021–01.

[126] 中国交通报. 来领略新一波交通运输“超级数字工程”[EB/OL]. 2021–05–31. http://news.cnr.cn/native/gd/20210531/t20210531_525500526.shtml

[127] 中国金融信息网. 2020年全国文旅市场分析及2021年展望[EB/OL]. 2020–12–30. http:// www.xinhuanet.com/fortune/2020–12/30/c_1126926023.htm.

[128] 人民网. 商务部:我国已连续8年成为全球规模最大的网络零售市场[EB/OL]. 2021–10–29. http://finance.people.com.cn/n1/2021/1029/c1004–32268442.html.

[129] 中国信通院. 中国信息消费发展态势报告(2020)[R]. 2020–12.

[130] 中国电子信息产业发展研究院. 数字经济新业态新模式发展白皮书(2020年)[R]. 2020–08.

[131] 孟方琳, 汪遵瑛, 赵袁军, 姚歆. 数字经济生态系统的运行机理与演化[J]. 宏观经济管理, 2020(02):50–58.

[132] 李艺铭, 温晓君, 王凌霞, 郑子亨. 2021年下半年我国电子信息制造业走势分析与判断[EB/OL]. 2021–08–27. https://www.ccidgroup.com/info/1105/33560.htm.

[133] 中国信通院. ICT产业创新发展白皮书(2020年)[R]. 2020–10.

[134] 中国信通院. 数字中国产业发展报告(2020年)——信息通信产业篇[R]. 2020–05.

[135] 普华有策ph. 2021–2027年软件与信息技术服务业投资前景预测报告[EB/OL]. 2021–10–23. https://baijiahao.baidu.com/s?id=1714366458819168794&wfr=spider&for=pc.

[136] 中国安全防范产品行业协会. 中国安全防范行业年鉴(2020版)[M]. 中国人民公安大学出版社, 2020.

[137] 方国栋, 张恒. 安防行业报告:传统需求放缓, AI拓展产业边界[R/OL]. 招商银行研究院, 2020-11-05. https://wk.askci.com/details/f547e53cc71e43e6a1c6c393e61057ac/.

[138] 艾瑞咨询. 2021年中国AI+安防行业发展研究报告[R]. 2021.

[139] 渤海证券. 计算机行业专题报告:行业空间持续拓展, 网安行业成长可期[R]. 2021.

[140] 鲍怡廷, 郭佳伶. "十四五"开篇, 智慧城市建设迈上新台阶:爱分析·中国智慧城市行业趋势报告[R/OL]. 爱分析, 2021-01. https://www.ifenxi.com/research/content/5744.

[141] 华为. 数字之城:智慧城市未来发展白皮书[R]. 2021.

[142] 中国信通院. 智慧城市产业图谱研究报告(2020年)[R]. 2020-12.

[143] 唐怀坤. 下一个十年 智慧城市发展的八大趋势[J]. 通信世界, 2020(03):15-17.

[144] 中国信通院. 数字时代治理现代化研究报告:数字政府的实践与创新(2021年)[R]. 2021-03.

[145] 中国信通院. 数字碳中和白皮书[R]. 2021-12.

[146] 中国信通院. 中国5G发展和经济社会影响白皮书(2021年)[R]. 2021-12.

[147] 中国大数据产业生态联盟, 赛迪顾问股份有限公司, 赛迪智库. 2021中国大数据产业发展白皮书[R]. 2021.

[148] 中国信通院, 中国人工智能产业发展联盟. 人工智能核心技术产业白皮书[R]. 2021-04.

[149] 刘亚廷. 前沿报告　典型应用　创新趋势　2021中国5G+工业互联网大会发布多项最新成果[N/OL]. 人民邮电报, 2021-11-22. http://www.cnii.com.cn/gxxww/rmydb/202111/t20211122_324977.html

[150] 张恬. 新冠疫情对全球产业经济的影响及中国式机遇[J]. 特区经济, 2020, (10):15-17.

[151] 盘和林, 胡霖, 杨慧. 新基建:中国经济引擎[M]. 北京:中国人民大学出版社, 2020.

[152] 孙克强. 新基建与高质量发展研究[M]. 南京:江苏人民出版社, 2021.

[153] 任泽平, 马家进, 连一席. 新基建[M]. 北京:中信出版社, 2020.

[154] 黄博. 充电桩行业深度报告:新基建春风已来, 充电桩景气向上[R/OL]. 川财证券, 2020-05-17. https://wk.askci.com/details/855ab577568b4e4a9664211aa3dfd5ee/.

[155] 马瑞山, 殷中枢, 郝骞. 新基建行业专题系列二:充电桩, 总有基建正年轻[R/OL]. 光

大证券, 2020-05-13. https://wk.askci.com/details/1ea825c5874449789bfc33c50a2222e2/.

[156] 郑磊, 郑扬洋. 元宇宙经济的非共识[J]. 产业经济评论, 2022, No.48(01):28-37.

[157] 产能过剩产生的原因及对策[EB/OL]. 2017-09-05. https://www.xuexila.com/yuanyin/762824.html.

[158] 大公财经. 知名经济学家陈世清先生谈什么是"新结构经济学"[EB/OL]. 2016-06-01. http://finance.takungpao.com/mjzl/mjhz/2016-06/3327822.html.

[159] 苏萍. 供给侧结构性改革助推中国经济转型升级[J]. 现代商贸工业, 2017(10):3-4.

[160] 潘凤云, 杨梦雅. 供给侧结构改革与技术创新[J]. 经济研究导刊, 2018(03):15-16+41.

[161] 王朝明, 张海浪, 李亚茹. 供给侧结构性改革中的失业风险研究——基于消化产能过剩与产业结构调整升级[J]. 经济问题探索, 2019(03):10-18.

[162] 周开国, 闫润宇, 杨海生. 供给侧结构性改革背景下企业的退出与进入:政府和市场的作用[J]. 经济研究, 2018, 53(11):81-98.

[163] 沈坤荣, 赵倩. 以供给侧结构性改革推进经济创新发展[J]. 经济纵横, 2016(09):6-11.

[164] 杜传忠, 郭美晨. 第四次工业革命与要素生产率提升[J]. 广东社会科学, 2017(05):5-13+254.

[165] 孙德刚, 武桐雨. 第四次工业革命与中国对阿拉伯国家的科技外交[J]. 西亚非洲, 2020(06):108-134.

[166] 王立勇, 杨发琼. 第四次工业革命背景下全球生产布局调整分析[J]. 国际贸易, 2021(02):19-29.

[167] 中国信通院. 中国工业经济发展形势展望(2020年)[R]. 2020-11.

[168] 中国信通院. 中国工业经济发展形势展望(2021年)[R]. 2021-12.

[169] 戚聿东, 刘欢欢. 数字经济下数据的生产要素属性及其市场化配置机制研究[J]. 经济纵横, 2020(11):63-76+2.

[170] 易宪容, 陈颖颖, 位玉双. 数字经济中的几个重大理论问题研究——基于现代经济学的一般性分析[J]. 经济学家, 2019(07):23-31

[171] 杨卓凡. 我国产业数字化转型的模式、短板与对策[J]. 中国流通经济, 2020, 34(07):60-67.

[172] 赵剑波. 新基建助力中国数字经济发展的机理与路径[J]. 区域经济评论, 2021(02):

89–96.

[173] 李勇坚, 叶青, 代志新, 上官莉娜, 阮静. 完善治理体系 加快数字化发展[J]. 财政监督, 2021(04):33–45.

[174] 张雪玲, 吴恬恬. 中国省域数字经济发展空间分化格局研究[J]. 调研世界, 2019(10):34–40.

[175] 吴画斌, 许庆瑞, 陈政融. 数字经济背景下创新人才培养模式及对策研究[J]. 科技管理研究, 2019, 39(08):116–12.

[176] 陈辉. 关于数字经济的一点浅识[J]. 统计科学与实践, 2019(08):61–63.

[177] 蓝庆新, 赵永超. 双循环新发展格局下的数字经济发展[J]. 理论学刊, 2021(01):24–31.

[178] 唐要家. 数字经济监管体制创新的导向与路径[J]. 长白学刊, 2021(01):106–113.

后 记

信息与通信技术、人工智能等技术的发展把我们带入了一个新时代——数字经济时代。置身其中，欣喜于科学技术发展带给人类的进步与幸福，同时也深感我国发展自主可控的核心技术与产业的责任重大。在数字经济领域，我们几乎同步于欧美，有了占领产业链上游的基础和赛道。

核心技术是产业发展的关键支撑、动力源泉和安全保障。只有技术掌握在自己手中，才能有效降低发展中的风险，不被人家卡脖子，不被人家抄后路、设后门。在数字经济时代尤其是这样。成千上万的机器，如果被不良用心的人远程操控，后果不堪设想。中国有最好的市场和最好的人才，有强大的自主创新能力，有能力在其发展所需的重大原创能力、产业基础能力、成果产业化能力等方面系统发力，占据产业链的上游。中国必须拥有，也一定会拥有核心技术。

数字经济把生产链接起来，让生产处于智能控制之下；把服务链接起来，实现服务大面积分工；把产业链接起来，智慧化供应链和产业链；把生产、服务和产业链接起来，实现整体升级换代。这需要新一代技术的支撑和引领，核心技术关键领域发生了改变，产生了新的赛道和发展动能，创造出更多新兴增长点和技术需求点。数字经济的发展开辟了新场景、新业态、新产业，提供了大规模消费市场，将形成多条创新产业链，吸引和培育大批创新创业者加入。

中国是唯一一个提出将数字经济产业大致划分为数字产业化和产业数字化

的国家。在数字产业化上，我们的优势更为明显。然而，数字经济的主体是产业数字化，将传统产业智能化升级，这是根本。在这个方面我们还不如美国、德国和英国，他们在技术、资本和产能等方面积累比我们丰厚得多，比我们走得快，走得稳，是我们赶超的关键。只有协同好数字产业化和产业数字化的发展才能更快速、更有效地解决这个问题，这其中起到基础性和战略性作用的还在于软件产业的开源。我国目前是开源大国，但还不是开源强国。只有重视并大力发展开源软件产业，才能真正实现虚拟经济与实体经济的融合发展，协同数字产业化和产业数字化，共同优化提质数据要素。开源项目、开源社区、开源生态，将帮助更多企业完成迅速、低成本的数字化转型，辅助政府实现全方位、高效率的数字化治理，支持社会完美地实现数字社会的构建。

因此，在本书中，我们从政府推动经济与社会治理发展、数字经济产业发展和个人数字生活与发展机遇的视角，剖析数字经济技术、产业、业态和模式，对研究探索数字经济及其前沿与核心技术发展路径有启发和借鉴价值。身处社会、政府、产业中的每一个人都会开卷有益——政府和企业可以借鉴如何把创新能力集聚起来，培育自主可控的核心技术和产业，推出自己的创新技术和产品；创新创业者可以关注核心技术需求、前沿引领技术研究，更好地把控机会；每一个人都可以学习更好发掘数字生活与机缘的知识和技巧。

最后，特别感谢（按照姓氏笔画排名）马莺、 王志轩、孔博源、 毕娟、齐向东、沈伟、 张文飞、 李志东、 陈晓、 陈建军、 林少伟、 郭广坤、徐国强、董爱生对本书的撰写、出版所倾注的大量心血，提供的高价值、高质量的指导和帮助，对本书以及后续丛书策划、撰写、编辑、出版具有十分关键的作用。